アルク選書

フォーカス・オン・フォームとCLILの英語授業

生徒の主体性を伸ばす授業の提案

和泉伸一・著

はじめに

　日本の英語教育に何らかの形で貢献したいと勇んで書いた前著『「フォーカス・オン・フォーム」を取り入れた新しい英語教育』（大修館書店）を出版してから、はや6年が過ぎた。おかげ様で、日本各地の読者に読んでいただき、また、たくさんの方々から授業の糧にしたとの声をいただき、著者としては嬉しい限りである。同書は、後に韓国語にも翻訳され、韓国でも出版されている（『Focus on Form 을이용하는새로운제2언어교육』2012, 尹岡丘（訳）、韓国：図書出版 人文社）。日本のみならず、東アジアの英語教育の向上に、少しでも役に立つことができ、嬉しく思っている。

　前書は、第2言語習得（Second Language Acquisition: SLA）の理論・研究と英語教育の実践の橋渡しになればとの思いで執筆したが、読み返してみると、まだまだ理論中心の学術的な内容が多かったようである。全国の教育セミナーや教員研修会などを訪れた際、教育現場の最前線で働かれている先生方から、さまざまなフィードバック、激励、またお叱りの声をお聞かせいただいた。それに基づきこの6年間、筆者なりに、特に実践応用面での熟慮を重ね、試行錯誤を繰り返してきた。本書は、そこから生まれた新たな取り組みや考えを、一つの形としてまとめたものである。第2言語習得研究をバックボーンとして、理論的な部分を残しつつも、より実践的な内容とするよう努めて書いたつもりである。

　ここで、本書のタイトルであるフォーカス・オン・フォームとCLILについて、簡単に説明しておきたい。「フォーカス・オン・フォーム」（focus on form）とは、従来型の形式ばかりに焦点を当てる言語教育アプローチである「フォーカス・オン・フォーム**ズ**」（focus on form*s*）と、意味内容に焦点を当てて教える「フォーカス・オン・ミーニング」（focus on meaning）の双方の問題を解決するために考案された、第3のアプローチと呼ばれる言語指導方法である。意味内容とコンテクストがある言語使用環境の中で、必要な言語形式に相応の注意を向けていくことで、流暢かつ正確な言語能力の育成を目指す。一方、CLIL（Content and Language Integrated Learning：内容言語統合型学習）とは、言語学習と内容学習を融合して教える中で、外国語の「聞く」「話す」「読む」「書く」の4技

能の育成を目指す教育アプローチである。「4つのC」と呼ばれる、Content（内容）、Communication（言語）、Cognition（思考）、Community（協学）を統合した形で、言語教育の質的向上を狙いとしている。

　フォーカス・オン・フォームとCLILは、その由来や理論的発展の背景は異なるものの、どちらも意味内容と言語形式の両方に注目した教え方であるので、教育実践面から言うと、オーバーラップしている部分がかなり多い。それぞれの考え方や特徴については後に詳しく述べるが、用語の使い方として、本書では、教育アプローチ全体を指すときは「CLIL」を用い、より具体的にコンテクストの中で形式に焦点を当てる活動や指導を意味するときは「フォーカス・オン・フォーム」を使うようにしたい。本書で貫かれている主張は、日本の英語教育はCLILを基本的教育アプローチとすべきであり、そこで創出される豊かな教育環境の中で、言語指導の手段としてフォーカス・オン・フォームを実践していくべきであるということである。世界のグローバル化は待ったなしで進行し、そこで果たす国際語としての英語の重要性は増すばかりである。そういった世界において、CLILとフォーカス・オン・フォームを取り入れた英語教育を実現していくことは、人材育成はもちろんのこと、真の人間教育の実現のためにも、必須の課題であると考える。

　本書を読んでいただく前に、この本の執筆の背景として、筆者個人の体験について少し触れさせていただきたい。筆者が上智大学で英語及び英語教育学や応用言語学に関する専門科目を教え始めてから、はや15年の歳月が経つ。その間ずっと、全ての授業を英語で教えてきた。筆者自身、日本では形式中心のフォーカス・オン・フォーム**ズ**によって英語を学び、22歳の時に初めてアメリカ留学を通して海外経験をした。そのため、4技能全てにおいて英語を使いこなすことには、長年随分苦労してきた。英語を教え始めてからの最初の数年間も、英語で授業を行うことには、さまざまな挑戦と障害が立ちはだかった。

　教え始めた当初、特に緊張したり嫌だと思っていたのが、生徒や他の先生方に、自分の英語の間違いを見つけられたり、指摘されたりするこ

とであった。特に、帰国子女の多いクラスや、英語のネイティブが学生として含まれるクラスを教える際は、自分の英語が彼らにどう聞こえるのかが気になって仕方がなかった。その当時、何度も自分に言い聞かせたことは、「日本人である自分が、国際語としての英語を一生懸命身につけて、それをコミュニケーションの手段として堂々と使って、何が恥ずかしいのか」ということだった。それでも、授業でさほど緊張を感じなくなるまでには随分時間がかかった。

　緊張の連続だったその当時、授業で英語を使いながら気づいたことがある。授業中（また学会発表や講演会等でも）、手が震えてしまったり、声が上ずったりなど過度に緊張してしまうときは、大抵、自分の意識が話す内容よりも、格好の方に向いてしまっていたのである。格好や形式を気にすればするほど、緊張度が増してしまい、いかに恥をかかずにその場を切り抜けられるかが、一番の課題となってしまっていた。その結果、いくら事が無事に終わったとしても、そこに達成感はなかった。その反省点を踏まえて、どう見られるかよりも、何を伝えたいのかということに注意を向けていったときに、自然と緊張度は和らぎ、自分らしく、また気持ちよく語ることができるようになったのである。心の持ち方の微妙な違いで、達成感も大きく変わってきた。そういった経験から、人前で話すときはいつも、伝えたい内容やメッセージにできるだけ注意を注ぐように心掛けている。それは、応用言語学や英語科教育法などの専門科目の授業だけでなく、英語の授業でも同様である。

　振り返ってみると、このような経験は、自分自身の英語授業実践の中で、フォーカス・オン・フォームズとフォーカス・オン・ミーニングのアプローチを行ったり来たりしながら、授業方針について葛藤していた時期と一致する。当然のことかもしれないが、何を伝えたいのかということに注意し始めてから、ようやく授業のポイントがどんどん明確になっていったように思う。また、フォーカス・オン・ミーニングに慣れるに従って、言葉の使い方にも注意する余裕が出てきた。ただ単に、文法や語彙の使い方が正確だとか、発音や抑揚がネイティブらしいということではなく、意

味を伝える上で、言葉をどう効果的に使えばいいかということに気を配れるようになったのである。これがまさに筆者の心の中で起きたフォーカス・オン・フォーム、つまり"意味重視の言語使用の中で形式に注意を払うこと"なのである。その後は、授業や研修会などの充実度も増し、生徒や参加者からのフィードバックも目に見えて向上したと実感している。

このように、フォーカス・オン・フォーム**ズ**からフォーカス・オン・ミーニング、そしてフォーカス・オン・フォームへと変わっていく流れは、授業改革にだけ当てはまるのではなく、教師自身の考え方や姿勢、また教師の授業態度といった心の奥底の次元にも当てはまるのではないだろうか。そういった教師一個人の内的変化が、授業改革という目に見える外的変化へとつながっていくのだろう。そういった意味からも、本書を読む読者の１人でも多くが、まず自らの授業姿勢や態度をフォーカス・オン・ミーニング、そしてフォーカス・オン・フォームへと変えていってくださることを心から願っている。

本書は、上智大学からいただいたサバティカル（研究専念期間）に、ニュージーランドのオークランド大学で客員研究員として在籍している間に執筆した。ニュージーランドに来た当初は、それまでに慣れ親しんだアメリカ英語とはあまりにも違うニュージーランド英語にかなり戸惑ったが、さまざまな国籍の入り交じる環境で暮らすことは、とても有意義な経験であった。ニュージーランドでは、英語が母語であろうと外国語であろうと、皆がそれぞれのアクセントと言い回しで、自信を持って話している。イギリス英語、アメリカ英語、ニュージーランド英語、オーストラリア英語に限らず、中国人英語、インド英語、タイ英語、ベトナム英語、韓国人英語、日本人英語、何でもありである。英語は英語でもさまざまな形がありながら、それがごく当たり前という雰囲気の中で、皆が言いたいことを一生懸命伝えようとしていた。また、相手のことも真摯に聞こうとする態度が、とてもよく感じ取れた。そこには、英語はこうあらねばならないといった固定観念や差別はほとんどなく、さまざまな民族が、意思疎通をして共存するために英語を使っている。

今回のニュージーランドの経験から、改めて国際語としての英語の大切さを身に染みて感じたと同時に、日本の英語教育を何としても向上させなければならないとの使命感を新たにした。1人でも多くの日本人英語学習者が、単なる「飾り」ではなく、意思疎通のための大事な「手段」として英語能力をしっかりと身につけ、それを存分に使って活躍していけるようになってほしい。そのためにも、充実した英語教育をぜひとも皆さんと一緒に実現させていきたいと思う。そのような情熱を持って、本書の執筆に当たらせていただいた。

　ここで、本書の構成を簡単に記そう。第1章では、言語習得3大要素である形式・意味・機能のつながりの重要性について見ていく。第2章と第3章では、フォーカス・オン・フォームとCLILそれぞれについて、その理論的外観と特徴について述べていき、続く第4章と第5章では、中学と高校の英語授業の実践例を紹介していく。第6章では、高校の英語授業で特に重要となってくるリーディング指導について、その問題点と解決策を論じる。第7章では、高校の教科書を使った具体的な授業案を紹介する。そして、最終章となる第8章では、それまでの章を振り返り、今後の英語教育の向かうべき方向性を確認する。

　本書の構成は、大きく見ると、理論的外観を示した後で、授業実践案を紹介する流れとなっているが、読者によっては、実践案に目を通してから、理論的解説を読む方がいい方もおられるかもしれない。その際は、第1章を読んだ後、まず第4・5章を読んで第2・3章に戻り、第6章の前に第7章を読んでいただけるといいだろう。また、各章の最後には、第2言語習得研究や英語教育に関する最近の論文の中から、筆者が特に興味深いと感じたものを選んで紹介するコラムを設けてある。各章には入りきらないが、日本の英語教育を考える上でぜひ知っていてもらいたいものを記してあるので、それぞれ各章とは独立した読み物として読んでいただければと思う。

　なお、本書は読者の読みやすさを最優先して、学術書のように文章内で参考文献を記載しないでおいた。そのため、特に具体的な引用等があ

る場合以外は、あえて文献は記されていない。もし参考文献を知りたいという場合は、巻末の参考文献表を参考にしていただきたい。また、以下の関連書籍も、合わせて参考にしていただければ幸いである。

- 『「フォーカス・オン・フォーム」を取り入れた新しい英語教育』大修館書店
- 『CLIL（内容言語統合型学習）：上智大学外国語教育の新たなる挑戦 第1巻 原理と方法』渡部良典、池田真との共著、上智大学出版
- 『CLIL（内容言語統一型学習）：上智大学外国語教育の新たなる挑戦 第2巻 実践と応用』池田真、渡部良典との編著、上智大学出版
- 『CLIL（内容言語統一型学習）：上智大学外国語教育の新たなる挑戦 第3巻 授業と教材』池田真、渡部良典との編著、上智大学出版
- Izumi, S. (2013). "Noticing and L2 Development: Theoretical, Empirical, and Pedagogical Issues." In J. M. Bergsleithner, S. N. Frota, & J. K. Yoshioka, (Eds.), *Noticing and second language acquisition: Studies in honor of Richard Schmidt* (pp. 25-38). Honolulu: University of Hawai'i, National Foreign Language Resource Center.

最後に、本書の出版に当たって、以下の方々にお世話になった。妻であり同志である和泉裕紀子、上智大学での教え子であり、同時に応用言語学研究チームでの共同研究者である園田敦子氏とDaniel Shultz氏には、原稿改訂に当たって貴重な助言をいただいた。また、株式会社アルクの南美穂氏には、出版に際して多大なる協力をしていただいた。この場を借りて、心から謝意を述べさせていただきたいと思う。まだまだ思慮が足りない部分もあるとは思うが、今後も読者の皆さまと知恵を分かち合い、さらなる成長と発展を目指していければと願っている。

和泉 伸一

目　次

はじめに　2

第1章　形式・意味・機能のつながり　13

言語習得の3要素　14
　　言語形式・意味内容・言語機能　14
　　生きた英語と死んだ英語　15
　　3要素の結びつきを学ぶ必要性　16
　　授業実践の中での3要素　17
3要素の関係性と具体例：コンテクストの重要性　19
　　Do you have any money? の意味は？　19
　　Where do you want to go? の正しい言い方は？　21
　　関係代名詞の何がいけないの？　22
　　受動態はいつ使う？　25
　　It should have been me. を和訳すると？　28
コンテクストを意識させる授業活動　31
　　関係代名詞の場合　31
　　比較級の場合　33
　　現在完了形の場合　34
　　どちらの方が押しが強い？　36
まとめ　40

Column 1：Izumi, Shiwaku, & Okuda(2011) と Ogawa & Izumi(2015)
　　分析的・体験的学習と英語力自信度の関係　42

第2章　フォーカス・オン・フォームを取り入れた英語教育　45

日本の英語教育の現状　46
　　言語形式を重視してきた従来の英語教育　46
行き過ぎたコミュニカティブ・アプローチ　49
　　意味内容と言語機能への偏り　49
　　コミュニカティブ・アプローチの落とし穴　50

フォーカス・オン・フォームの目指す英語教育　51
　　　　　フォーカス・オン・フォームの解釈　51
　　　　　フォーカス・オン・フォームの目指す3要素のバランス　51
　　　　　フォーカス・オン・フォームの種類　55
　　　　　フォーカス・オン・フォームの手法　59
　　　まとめ　65
　Column 2：Izumi, Miura, & Machida(2016)
　　　教師にとっての体験的学習の重要性　68

第3章　CLIL（内容言語統合型学習）の目指す英語教育　71

　　　統合型のCLILアプローチ　72
　　　　　言葉の「学ぶ」と「使う」の融合　72
　　　　　使わずに学べるか？　73
　　　CLILの「4つのC」　75
　　　　　「4つのC」で教育の質を向上させる　75
　　　CLILのさまざまな利点　77
　　　　　多重知能と記憶メカニズムへの働きかけ　77
　　　　　オーセンティシティーとモチベーション　79
　　　　　生徒の自律性の育成　80
　　　　　教師にとっての利点　82
　　　CLILのバリエーション　85
　　　　　4つの観点から分類　85
　　　CLILとフォーカス・オン・フォームの関係　88
　　　　　さまざまな教授法とフォーカス・オン・フォーム、CLILの関係　88
　　　　　EFL/ESLの二元論を越えて　88
　　　　　形式重視〜意味重視の教育　90
　　　　　CLILとフォーカス・オン・フォーム　91
　　　まとめ　92
　Column 3：Sato & Lyster(2007)
　　　ネイティブと学習者同士での会話、どちらが効果的か？　93

第4章 フォーカス・オン・フォームの活動:中学編 97

I want to be a chef.　98
　教科書の発展例1　98
　ティーチャー・トークのポイント　105
　発展的活動の他のアイデア　107

I will show you some pictures tomorrow.　111
　教科書の発展例2　111
　発展的活動の他のアイデア　116

My parents want me to be a doctor.　120
　教科書の発展例3　120
　日常生活での場合　125

まとめ　127

Column 4：Storch(2002)
　ペアワークを成功させるためには何が大事か？　130

第5章 フォーカス・オン・フォームの活動:高校編 133

フィードバック手法　134
　フィードバックの与え方の例　134

教科書の文章の活用　140
　テキストの書き換えタスク1　140
　テキストの書き換えタスク2　143

アウトプットからインプットへ　145
　アウトプットの特性を生かす　145
　テキストの再生タスク1　145
　テキストの再生タスク2　149

同時通訳練習とフォーカス・オン・フォーム　153
　ロールプレーで行う即興同時通訳　153

まとめ　158

Column 5：Charkova & Halliday(2011)
　文法教育の what と how の問題　160

第6章　CLILを志向した「森から木へ」の英語授業のすすめ　165

リーディングにおけるコンテクストの役割　166
　　言語理解におけるコンテクストの重要性　166

インタラクティブ・リーディング　172
　　言語理解のプロセス　172
　　相互補完モデルとリーディング指導のあり方　173

従来型リーディング指導の問題点　175
　　従来型は「木から森へ」の指導法　175
　　「英語教育改善のための英語力調査事業報告」の示すこと　175
　　「木から森へ」の授業の問題点　177

「森から木へ」の英語指導法　181
　　ラウンド制、CLIL、フォーカス・オン・フォームの融合　181
　　「森から木へ」の授業の流れ　183
　　「森から木へ」の指導法の特徴と利点　185

まとめ　188

Column 6：Lee & Macaro(2013)
　　母語の効用　190

第7章　「森から木へ」の授業例　193

レッスン全体像　194
　　教科書の内容の確認　194

トップダウン活動　198
　　ラウンド1：オーラル・インタラクション　198
　　ラウンド2：スキャニング　203
　　ラウンド3：スキミング　205

ボトムアップ活動　207
　　ラウンド4・5：ワード／フレーズ・ハント（日→英・英→日）　207
　　ラウンド6：文法・語法フォーカス　211
　　ラウンド7：チャンク・リーディング　215
　　ラウンド8・9：チャンク・トランスレーション（英→日・日→英）　217

発展的活動：ラウンド10　220
　　パート1：世界の水問題について考える　220
　　パート2：仮想水について考える　223
　　パート3：仮想水貿易と日本について考える　225
　　パート4：将来の見通しと我々の責任について考える　228
「森から木へ」の授業作成の留意点　231
　　その他の活動　231
　　教案作成のヒント　232
　　教材準備の手順　234
まとめ　235

Column 7 : Yonezaki & Ito(2012)
　　効果的な音読の仕方　236

第8章　これからの日本の英語教育に向けて　239

教育言語の問題について考える　240
　　日本語か英語か？　240
第2言語習得モデルから英語教育を考える　244
　　第2言語習得のプロセス　244
　　第2言語習得のよくある誤解　246
　　フォーカス・オン・フォームの役割　252
テストと評価について考える　254
　　授業内容を反映したテスト作成　254
「振り返りシート」の活用と「省察的実践」のすすめ　257
　　振り返りシートの活用　257
　　省察的実践のすすめ　258
まとめ　260

Column 8 : Shin(2012)
　　「英語は英語で」を阻む要因への挑戦　262

索引・参考文献　266　　　終わりに　276

第1章
形式・意味・機能のつながり

本章では、言語習得の3要素とは何かについて紹介する。特に3要素の相互の密接な関係性について、具体例を通して考えていきたい。最後には、授業で導入できるコンテクストを意識させる目的の活動を紹介する。

- 言語習得の3要素　14
- 3要素の関係性と具体例：コンテクストの重要性　19
- コンテクストを意識させる授業活動　31

言語習得の3要素

言語習得やコミュニケーション能力の育成を可能にする重大3要素がある。ここではその3要素について紹介していく。

言語形式・意味内容・言語機能

　英語の習得であろうが、日本語の習得であろうが、変わらない重大要素が三つある。この要素は、子どもの母語習得であっても、大人の第2言語習得であっても変わらない。そして日本のようなEFL（English as a foreign language：外国語としての英語学習環境）、またはアメリカなどの英語圏でのESL（English as a second language：第2言語としての英語習得環境）であっても変わらない。その不変とも言える3要素を学んでいくことこそ、言語習得の鍵と言っても過言ではないだろう。その中の一つでも欠けると、言語習得はうまくいかないし、コミュニケーション能力の育成は事実上不可能となる。その重大3要素とは、一体何か。

　その一つは、**言語形式（form）**である。文法規則、語彙、イディオム、発音形態といった言語形式を身につけずして、言葉を使いこなすことは不可能である。二つ目の要素は、**意味内容（meaning）**である。言葉は形式だけでは成り立たない。その中に伝える意味内容があるからこそ、それを伝える手段となる形式が重要となる。文字通り、意味（存在意義）を持つことになる。話題となるトピック、テーマ、もしくは伝えるべきメッセージと言ってもいいだろう。最後の三つ目の要素は、**言語機能（function）**である。言葉がどういった場面で、何の役割を果たすために使われるのか。コンテクスト、状況、タスク、使用目的と呼んでもいいだろう。図1にこの三つの要素の関係を三角形として表しておこう。言語形式が「どのように」言葉を使うか（how to express）という形式面を扱うのに対して、意味内容は「何を」表すのか（what to express）というメッセージ面を扱い、言語機能は「いつ」、「どこで」、「何の目的のために」言葉を使うか（when / where / for what purpose to use language）を表す。

図1 ● 言語習得に必須の3要素の結びつき

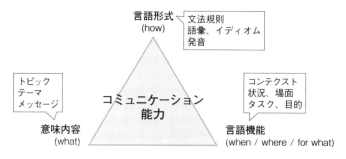

生きた英語と死んだ英語

　一例として、This is an apple. を取り上げてみよう。言語形式に焦点を当てて考えると、それはbe動詞の現在形を使い、指示代名詞の単数形を主語にした文として捉えられる。主語はThisと単数形なので、それに呼応する動詞も単数形態を取らなければならず、areではなくisとなる。補語であるappleは可算名詞なので、単数形のときは不定冠詞であるaが必要となる。しかしappleの始まりの音は/æ/と母音であるため、不定冠詞の形状はaではなくanとなる。ここまでが、言語形式である。意味に目を向けると、和訳は「これはりんごです」となる。より詳しく言えば、「これ」つまりここに置いてある物、もしくは私が持って見せている一つの物は、「りんごという名前の物ですよ」となるだろう。ただ、これだけでは実生活とのつながりが見えず、「死んだ英語」とさえ言える。

　このような初歩的な表現でも、何の脈絡もなく突然使われることはない。そこにはそれを発する意図があり、伝える状況と目的があり、その中で初めてその意味することも解釈可能となってくるはずである。日本語でも、唐突に「これはりんごです」と言われることはないだろう。もし誰かがそんなことを突然言ってきたら、「はっ？」「あなた誰？」「それで？」「だから何？」となるに違いない。

　では、いつ、どういったときにThis is an apple. は使われるか。例えば、普段我々が知っているりんごとは違った色や形状のりんごがあったとする。それを人に見せて紹介するときに、そのような表現は自然に使われるだろう。図2のような画像を見せて、You know what this is? This is an apple. と言えば、返答としてNo kidding. Is that really an apple? It looks cool. などと返ってくるかもしれない。また、日本の梨しか知らない人に、西洋梨を紹介するときなどにも、This is a pear.と言って紹介することは、ごく自然な言葉遣いとなるだろう。つまり、This is ...は、何かを紹介する場面でよく使われる表現と考えられる。これが言語機能である。コンテクストがあると、英語が生きてくる。コンテクストと意味内容は、「死んだ英語」を「生きた英語」に変えるためには必須なのである。

図2 ● "This is an apple."

写真：アフロ

3要素の結びつきを学ぶ必要性

　他の文法形態でも同様であるが、This is ...という文法形態は、単なるbe動詞の現在単数形で「これは……です」といった無味乾燥なものではなく、伝えるコンテクストがある中で生き生きと使われる表現である。実生活の中でThis is ...を聞く場面で筆者が一番多いと感じるのは、人を紹介するときである。例えば、I want to introduce you to someone. John, this is Tomoko. Tomoko, this is John. といった具合である。ただ、日本人英語学習者がThis is ...の表現を友達紹介などでこのように使うことはまれである。代わりによく聞くのは、He is ... She is ...である。大学の授業で、友達紹介の場面を設定すると、学生たちはほぼ決まってHe/She is ...を使う。授業で、紹介したい人がその場にいるのにHe/She is ...を使うのはおかしく、失礼な響きさえあることを伝えたところ、1人の生徒は「でも、This is ...だとThis is a pen.を連想させ、人を物扱いしているようで、余計に失礼になってしまうのではないか」と言い返されたことがある。残念ながら、その生徒はその後も友達紹介でHe/She is ...を使い続けていた。

　これらの生徒たちの何人が、This is ...を生きたコンテクストの中で習ったのかはわからないが、かなり形式に偏った学び方をしてきたのではないだろうか。もし彼らがThis is ...を生きたコミュニケーション場面で学んでいないとすれば、それが必要な場面で想起できなくても、何ら不思議はないだろう。言語形式は、

文法規則であっても語彙であっても、コンテクストの中で伝える意味を表す場面に遭遇することでしか、本当には身につけることができない。言語習得とは、**形式・意味・機能の結びつき（form-meaning-function connection）** の学習に他ならないからである。そして、その結果として、**コミュニケーション能力 (communicative proficiency)** が育っていくのである。ここで強調すべきは、結び・つき・というところにある。説明や解説を基に、それぞれの要素をバラバラに学んだとしても、相互の関連性がわかっていなければ、実際に使えるようにはならない。我々が日常接する言葉は、ほぼ例外なく形式・意味・機能がぴったりと結びついた形で使われている。3要素の結びつきの重要性は、学習環境、学習年齢、母語などに関わらず、不変である。

授業実践の中での3要素

　ここまで言語習得に必要な3要素の重要性について述べてきたが、英語教育の観点から考えると、重要な問いかけは「では、英語科の授業の中で、どこまで3要素に注意を払った授業を行っているか」ということである。この問いかけは、4技能全てに当てはまる。スピーキングでは、どこまで場面や達成目的を意識した活動を行っているのか。我々が言葉を発するときは通常、言わんとする意味を考え、その状況に応じて発話しているはずであり、意味や場面を考えない単なるおうむ返しや機械的ドリルが目的の発話はあり得ない。そこに形式操作だけのエクササイズ（exercise）を行うのか、それとも意味を伝えることを目的とした**タスク（task）** を行うのかの違いが生じてくる。

　練習の仕方は、そこで身につけられる能力や技能と密接に関わってくるので、エクササイズとタスクの選択の違いは、言語習得上、極めて重要である。人間の脳は無数の神経細胞（neuron）から成り立っていると言われ、脳神経細胞同士が密接な結びつきを強めて、複雑かつ柔軟な神経回路網（neural network）を構築していくとされる。その過程を、「学習」と考えることができる。その観点から考えると、我々が授業で課す活動で、一体何と何の結びつきや関連性の神経回路網を強めていこうとしているのかが、問われなければならないだろう。能動態を受動態に、現在形を過去形に、肯定文を否定文にといったドリルに焦点を当てたエクササイズでは、形式と形式の結びつきは学べても、それを場面や意味と結びつけた学びにはつながっていかない。文法学習と機械的な練習問題ばかりやって

いてもコミュニケーション能力が身についていかないのは、そういった観点から考えると、至極当たり前のことであろう。これに対してタスクでは、場面や課題達成を明確にし、そこで必要な意味や情報・意見を交換するための形式選択を行わなければいけないので、形式・意味・機能の3要素の結びつきが強くなっていくと考えられる。

　では、リスニングではどうであろうか。我々は毎日の生活でいろいろなことを耳にするが、聞く理由や目的のないことを一生懸命に聞こうとすることはめったにない。大抵の場合、聞く場面設定がはっきりしているだろう（例：テレビのニュース、駅でのアナウンス、職場での同僚との会話、妻からの電話等）。聞く目的も、聞くべきポイントも、多少曖昧でもわかっていることが多い。それでは、英語授業ではどうだろうか。理解確認のためだけの、テスト形式のリスニング練習（isolated listening exercises）を行っているのか。それとも、コンテクストと目的のあるリスニング活動（例：情報や意見交換のためのリスニング、やること、行く場所、時間などを確認するためのリスニングなど：contextualized purposeful listening task）を行っているのか。人は場面や状況設定に助けられながら、日常生活で音声の聞き取りを行っているのが普通だが、それが存在しないのがリスニング・エクササイズであり、そういったリスニングは初期の学習者には特に難しい課題となる。

　リーディングやライティングでも同じことが言える。ただ和訳するだけや、そこに登場する新出文法や単語を学ぶためだけの読解作業なのか。それとも、扱われているトピックやテーマを使って、自分たちの生活に関連づけて考えるためのリーディングなのか。ライティングでは、単文構成の日本語を英訳するだけの活動なのか、それとも読み手を意識した形で、自らが伝えたい内容を書く作業となっているのか。もし読み手との意思疎通といった目的が欠如していれば、いくら形式的なライティング練習を繰り返しても、コミュニケーション能力にはなかなか結びついていかない。

　さて読者は、スピーキング、リスニング、リーディング、ライティングの指導において、形式・意味・機能の3要素の結びつきを、どこまで考えて指導しているだろうか。また、日頃の教材研究や授業準備の際に、3要素をどこまで意識しているだろうか。

3要素の関係性と具体例：コンテクストの重要性

言語習得に必須の3要素の理解をより深めるために、以下で取り上げたいくつかの文法形態を通して一緒に考えていただきたい。

Do you have any money?の意味は？

　Do you have any money?という文は、言語形式で言うと、一般動詞を使った現在形の疑問文である。主語と動詞を一致させるため、主語が2人称のyouなので、doを文頭に持ってきて作られた文である。では、この文の意味するところは何か。「お金を持っていますか？」という訳で本当にいいのだろうか。以下に三つの場面を提示するので、それぞれの疑問文に対する返答を考えていただきたい。

場面1　*While you are walking in a dark street at night, somebody in a dark outfit approaches and asks you:*

Man：Do you have any money?
You：＿＿＿＿＿＿＿＿＿＿＿＿＿＿＿＿＿

場面2　*A mother is talking to her teenage daughter who is about to go out. She asks her:*

Mother：　Do you have any money?
Daughter：＿＿＿＿＿＿＿＿＿＿＿＿＿＿＿＿＿

場面3　*You file a report to the police about getting robbed. After completing the report, when you are about to leave, the police officer asks you:*

Police officer：Do you have any money?
You：＿＿＿＿＿＿＿＿＿＿＿＿＿＿＿＿＿

さて、それぞれの場面における読者の返答は何であっただろうか。いずれの場合も質問はDo you have any money?なので、学校文法的に考えると、答えは、肯定ならYes, I do.、否定ならNo, I don't.となるだろう。だが本当にそれでいいのだろうか。場面1では、夜中に道端で黒服に身を固めた見知らぬ男がDo you have any money?と言うのであるから、金品目当ての強盗の可能性が高い。すなわち、Do you have any money?の真意は、「金をよこせ」(Give me your money.)となる。そうすると、それに対する返答は、No, I don't have any.か、より安全なのは、Take it.とお金を差し出すことだろう。まさか、Yes, I do.とだけ答え、ただ黙っているなどして、身を危険にさらすようなことがあってほしくはない。

　それでは、場面2の場合はどうだろうか。母親が娘の出がけにDo you have any money?と言ったら、どういう意味になるか。おそらく母親の意図は、これから出掛ける娘を気遣って、「お金は十分に持っている？ 少し渡しておこうか？」(Are you OK? Do you want me to give you some money?)ということになるのではないだろうか。もしそうなら、それに対する適切な返答は、Actually, I need some.や、Don't worry, Mom. I am OK.などとなろう。ここで場面1と同じように、娘がTake it.というフレーズを使ったら、母親はどう思うだろうか。

　場面3では、被害者が強盗事件を警察に通報し、事情聴取を終えた後、警察官からDo you have any money?と言われた状況である。さて、ここで警察官は「お金をくれ」と言っているのか、「お金をやる」と言っているのか、それとも全く別の意味なのか。解釈に多少のばらつきはあるかもしれないが、一つの可能性として、「家に帰るだけのお金を持っていますか？」(Can you get home?)が考えられる。つまり、その意図するところは、「大丈夫ですか？」「少しお金を貸してあげましょうか？」「送ってあげましょうか？」となるであろう。とすると、それに対する返答も、I'm OK, I can walk home.や、I need a ride home.といったことになるだろう。

　どの場面でも、質問文は同じDo you have any money?「お金を持っていますか？」である。しかし、その意味は、Give me your money! Do you want me to give you some money? Can you get home?と、状況によって大きく異なってくる。要するに、コンテクスト抜きで文の意味を理解することは、不可能なのである。中学1年生レベルの文であっても、そのことに変わりはない。

Where do you want to go? の正しい言い方は?

　別の文を考えてみよう。Where do you want to go? という表現は、一般動詞の現在形を使ったwh-疑問文であるが、その正しい発音の仕方はどうなるだろうか。どういった抑揚で言うべきだろうか。読み進める前に何通りか試してみて、どれが一番良い読み方かを考えていただきたい。

　以下の三つの場面で、どういう言い方をしたら一番適切か。実際に場面を想像しながら声に出して言ってみていただきたい。

場面1　*You are talking to a little child who is lost in the middle of the street:*

You： Where do you want to go?
Child： _____

場面2　*You are on a date with your boyfriend/girlfriend. You ask him/her where he/she wants to go on his/her birthday that is coming up soon:*

You： 　　　　　　　Where do you want to go?
Boyfriend/Girlfriend： _____

場面3　*Your friend keeps saying, "I don't know. How about you?" whenever you ask him where he wants to go. You become irritated at his response and ask him one more time:*

You： Where do you want to go?
Friend： _____

　場面1は、迷子になっている子どもに話しかけている場面である。普通、こういった場面で子どもに話しかける際、上から目線で偉そうに話す人はいないだろう。上体をかがめて両手をひざに置いた姿勢で、子どもが怯えないように優しく話しかけるのではないだろうか。ひょっとしたら、話すスピードも少し遅くする

かもしれない。Where do you want to go?の前後にWhat happened? Where is your mom?などと言うと、より自然さが増すだろう。

　場面2では、恋人に誕生日に行きたいところを尋ねているので、その感情が発話に表れて当然である。今度は上体をかがめる必要はないが、代わりに愛情たっぷりの笑顔をもって、Where do you want to go?と言うのではないだろうか。もし言葉を続けるなら、Do you want to go to the movies? Or maybe Disneyland? It's a special day, so we can go anywhere you want to go.となるかもしれない。ここで言うWhere do you want to go?は、迷子の子どもに言う場合と決して同じではないはずである。

　場面3では、優柔不断な友人に、しびれを切らしたときに言う発話で、「俺じゃなくてお前に聞いているんだよ。お前の意見はどうなんだ」といったイライラした感情が発話に表れてくるのではないだろうか。そうすると、自然と強調はyouに置かれ、Where do YOU want to go?となるだろう。I know where I want to go. But I'm asking you where YOU want to go. Tell me what you really think.と前後に据えると、より雰囲気が伝わってくる。

　コンテクスト抜きでは文の本当の意味がわからないのと同様に、発音に関しても、コンテクストを考えなければ適切な言い方はできない。個々の音素の発音や、音のつながり、抑揚は当然重要であるが、文が発せられる場面や内容を意識して発話することも、コミュニケーションでは欠かせないことである。どんな場面で、誰を相手に、どんな内容を話すかによって、発話速度も、抑揚も、強調する単語も変わっていく。相手を無視して、ただペラペラと話しているだけでは、コミュニケーションは成り立たない。授業で音読練習をする際にも、いつも「大きな声で、ハキハキと」と通り一辺ではなく、話者が置かれた状況と伝えたい意味によっては、小さな声でオドオドと発話することがあっても当然である。

関係代名詞の何がいけないの？

　次の会話は、アメリカに留学する日本人男子学生と、アメリカ人の友人との間で実際に交わされたものである。この会話の直前に、アメリカ人の友人は、この日本人男子学生が女子学生と仲良く話しているのを見かけたので、一体誰と話していたのかと尋ねている。さて、日本人学生が何と言ったか、その何がおかしかったのか、なぜそういう会話の経緯となったのかを考えていただきたい。

> 場面　*A Japanese student is asked by his American friend who he was just talking with:*
>
> American： Who is that woman you were just talking with?
> Japanese： She is the woman who I live with.
> American： Oh, come on. You don't have to hide it from me.
> Japanese： What do you mean? I am not hiding anything ...

　アメリカ人学生の質問に対して、日本人学生が文法的には正しい答え方をしたのに、なぜアメリカ人学生はYou don't have to hide it from me.と言ったのか。その理由は、日本人学生が言ったShe is the woman who I live with.にある。この文の何がいけないのか。ここで日本人学生は、関係代名詞を使ってわざと複雑な文で答えているが、形式的な文の正確さとは裏腹に、その文が意味することが意図している内容とそぐわなくなってしまっている。The woman who I live with（「私が一緒に住んでいる女性」）とは一体誰を指すのか。girlfriendなのか、それともwife、sister、roommate、はたまたlandladyか、もしくはmotherか。いずれの場合も、本来なら一言で言えることを、ここではわざわざthe woman who I live withと6語も費やして言っている。それが話をややこしくさせているのである。

　日本語でもそうだが、英語の会話では、「簡単に言えることはできるだけ簡単に言う」（Be simple.）という暗黙のルールがある。言葉をわざと必要以上に複雑にする場合は、そこには何らかの別の意図が含まれることが普通である。例えば、She is my wife.と言えば、「彼女は私の妻です」となるが、She is my *current wife*.と言えば、「彼女は私の現在の妻です」となり、それでは過去の妻もいるのだなというメッセージが伝わる。同様に、He is my boyfriend.とHe is the man I am dating right now.とを比べると、"付き合っている人"という意味では同じだが、長くなる分だけ後者は別の意味が生じてくる（この話者は、頻繁に彼氏を変える!?）。

　もしティーンエージャーの子どもが、自分の父親を指して、He is my mom's new husband.と言ったら、それはどういう意味に捉えられるだろうか。単に「自分の新しい父親です」という意味に留まらず、「お母さんにとっての新しい夫であって、私は父親として認めない」といった意味になるかもしれない。もし素直に紹介するならば、He is my (new) father.もしくは、He is my stepfather.とシンプル

に言うだろう。日本人男子学生がShe is the woman who I live with.といった発言に対して、アメリカ人の友人にDon't hide it.と返されたのも、話者がわざわざ曖昧な表現を使ったために、何か隠し立てをするつもりだと解釈されたからだと考えられる。実は、これは筆者自身の体験を基にした例であるが、当時、文法面ばかりを気にしていた自分にとって、この文の滑稽さは思いもつかなかった。

◯ 関係代名詞限定用法とは？

　文が文法的に正確であることと、コミュニケーションで的確であることとは、必ずしも一致しない。関係代名詞は確かに便利な文法形態だが、いつどこでも使っていいわけではない。言語形式には、それを使うにふさわしい場面があり、役割がある。だから、形式だけを単独で学んでも、それを適切に使う能力には結びつかない。それでは、関係代名詞を使う適切な場面とは何だろうか。参考として、次の文を見ていただきたい。いずれも、関係代名詞が自然な形で使われている例であるが、三つの文に共通している関係代名詞の言語機能とは何だろうか。

場面1　*While shopping:*

I don't know how to say it in English, but I am looking for <u>something that rings in the morning to wake you up</u>.

場面2　*When asking about a woman:*

Do you know <u>the woman who Tom is talking with</u>?

場面3　*When looking to hire a secretary:*

I am looking for <u>a secretary who can use a computer well</u>.

　最初の例では、関係詞のthat rings in the morning to wake you upがsomethingという言葉を修飾して説明を付け加えている。I am looking for something.だけだと、何を探しているのか相手にはわからない。だから、somethingを説明する文を付け加えるために、関係代名詞が使われている。場面2の例でも、Do you know the woman? と言っただけだと、どの女性を指しているのかわからない。だから、どの女性かを特定するために、who Tom is talking with と情報を付け加えている。場面3の例では、秘書が必要と言っているが、どんな秘書でもいいわけではなく、who can use a computer well と条件を挙げて、候補となる secretary を限定している。

　いずれの場合も、詳しい説明や条件を付け加えることによって、名詞句の意味を特定しようとしている。それが関係代名詞の限定用法（defining / restrictive relative clause）であり、その名前の由来でもある。こういった必要なコンテクストに応じて関係代名詞は使われるのであって、ただ単に文と文をつなげるためだけに使われる文法規則ではない。当たり前と言えば当たり前の話であるが、教える側の教師も、教わる側の生徒も、必ずしも気づいていない重要な点である。

受動態はいつ使う？

　英語授業で受動態を導入する際、よく使われる説明は、能動態の主語と目的語の位置を交換することで受動態文を作るというものである。図3はその典型的な例である。

図3 ● 受動態を導入する際の典型的例

	主語	動詞	目的語
能動態	I	love	you.
受動態	You	are loved	by me.
	主語　be動詞　過去分詞		by　動作主

　さて、ここでは言語習得上、何が問題になるだろうか。言語形式はわかったとして、意味はどうだろう。また、一体いつ You are loved by me. といった文を使うことができるのだろうか。ここで、上の受動態文が自然に使われる場面を考えていただきたい。筆者は「いい意味」での使われ方と、あまり「好ましくない意味」での使われ方の、少なくとも二つの解釈が思い浮かぶが、それがどのような場面だかわかるだろうか。

　まず、いい意味での使われ方はこうだ。少女が悲しそうに泣きながら "Nobody

loves me."とお母さんに訴えている。それに対して母親は、少女を抱擁しながらいとおしげなまなざしで、"Don't worry. You are loved by me."と慰めている。ここで母親が I love you. と言ってもいいのだが、You are loved by me. の方が言葉の流れとしてはスムーズだろう。次に、あまり好ましくない意味の使われ方を見てみよう。いつものように学校に行くと、げた箱に手紙が入っている。その手紙を開けてみると、"Dear Teacher: You are loved by me."と書かれている。読者がこのような手紙を受け取ったら、どういう気持ちになるだろうか。嬉しい？ ほほえましい？ それとも恐ろしい？ ポイントは、I love you. とストレートに書かれているのではなく、You are loved by me. と押し付けがましく書かれているところである。日本語に訳してみても、似たようなニュアンスが伝わってくる：「あなたは私に愛されているんですよ（わかっていますね。いつも監視していますよ）」。ストーカー問題にまで発展しそうな内容である。同じ You are loved by me. という文章でも、状況によってここまで受け取り方が変わってしまうのである。

それでは、受動態は一般的にいつ使われるのか。I love you. も You are loved by me. も、基本的な意味内容は同じはずである。それなのに、なぜ二つの別の言い方が存在するのか。一番目の解釈では、I love you. よりも You are loved by me. の方がより自然だと書いた。それはなぜか。その前の文で、少女が Nobody loves me. と言っているからである。つまり、スポットライトが「私」ではなく「少女」に当たっているので、そのまま少女を主語にして文を作っている。ここで I を主語にしてしまうと、せっかく少女が中心にあったのが、スポットライトが「私」に向いてしまい、話の焦点がシフトしてしまう。つまり、話の焦点が何であるかを状況の中で判断して、選択された主語に合わせて動詞形態を変えるのが、受動態の役割と言える。

Given-new 原則

同じ要領で、次の文章を考えてみていただきたい。最初の文に続く文（下線部）として、AとBのどちらがより自然だと思われるだろうか。

I had a piece of a delicious cake for dessert. ＿＿＿＿＿＿＿＿＿＿＿＿
 (A)　A new pastry chef made it.
 (B)　It was made by a new pastry chef.

両方とも同じ意味なので、厳密には「正解」といったものは存在しないが、話の流れから、Bの方がより自然と考えられる。なぜか。英語には（日本語もそうだが）**given-new原則（given-new principle）** といったものがあり、旧情報を文の最初の方に、新情報を文の後の方に置くことが好まれる。この例では、a delicious cakeが旧情報（つまり、すでに与えられた情報）であるため、代名詞のitに置き換えられて文頭に配置され、a new pastry chefが新情報として文の後に配置される。このような法則は、基本的に、人の脳の情報処理過程の負担を減らすために存在すると考えられている。つまり、すでに話題に上がっている事柄は、脳内で処理しやすいので、それに言及してから新たな情報を提示する方が、新たな情報を提示してから既存の話題に触れるよりも、脳に課される負担が少ないと考えられる。

ここで大事なことは、受動態とは単に能動態の変更形ではなく、コンテクストの中で必要性があって選択される文法であるということである。それ故に、能動態から受動態、受動態から能動態へと形式だけを変形するエクササイズだけをいくら行っても、それを適切に使えるようにはなっていかない。やはり、状況や場面を考えてこそ言語形式は生きてくるのであり、そこに初めてその存在意義も学習理由も生まれてくるのである。

ちなみに、英語の受動態はgiven-new原則以外にも、次のような場面で使われるのが自然である。

- 動作主がわからないとき（例：The movie was filmed in New Zealand.）
- 動作主が余計、または重要でないとき（例：Mt. Fuji was designated as a World Cultural Heritage Site in 2013.）
- 動作主を隠したいとき（例：All the cookies have been eaten.）
- 動作主ではないものを強調したいとき（例：Insulin was discovered in 1921 by researchers at the University of Toronto.）
- 文章に客観性を持たせたいとき（例：The data was collected from 100 schoolchildren in Tokyo.）

教える際も、ぜひこういったコンテクストや状況設定を大切にしていきたい。

It should have been me.を和訳すると?

　最後にもう一つ問題を出そう。英文和訳問題である。次の文をできるだけうまく和訳すると、どのような日本語になるだろうか。まず読者自身で独自の和訳を考えた上で、下に示す例のどれが一番いいかを考えていただきたい。

It should have been me.

（A）　それは私であるはずだったのに。
（B）　本当は私であるべきだった。
（C）　僕がそうなれば良かったんだ。

　いかがだろうか。答えは、「どれも間違い」、もしくは「どれも正解」である。場面や状況によって文の解釈は大きく変わるので、想定された状況によってどれでもよくなる可能性がある。換言すると、コンテクストがわからなければ、的確な訳はわかり得ないということである。それでは、次に挙げるそれぞれの場面で、どういった訳が適切だろうか。それぞれの和訳を考えていただきたいと思う。

場面1　Your friend borrowed your car and was involved in a car accident. Seeing him lying in the hospital, you say to him: *It should have been me.*

場面2　You broke up with a boyfriend/girlfriend you really loved. Now you know that he/she is getting married to somebody else soon. While attending the wedding ceremony, you couldn't help saying to yourself: *It should have been me!*

場面3　You threw away a lottery ticket because you thought it was a losing ticket. But it turned out that the ticket was a big winner worth 100 million yen. Somebody picked up the ticket and claimed the money. You shout out loud: *It should have been me!*

場面1では、自分が車を貸したせいで、友達が事故にあってしまった。その責任を感じて発した言葉だとすると、「本当は怪我しなきゃいけなかったのは僕なのに」「僕が貸したのがいけなかったんだ」「僕でなく君がこんな目にあってしまってごめん」といった訳が可能だろう。場面2では、泣く泣く別れた人が、今、別の人と結婚しようとしている場面で、思わず口に出してしまった言葉である。「私が結婚するはずだったのに」「そんなはずじゃなかったのに」、また思い切って、「人生って残酷！」といった訳が考えられよう。場面3では、当たりの宝くじを知らずに捨てたら、それを拾った人が得したという場面である。「お金持ちになるのは私のはずでしょ！」「俺の1億円を返せ！」「それってなくない?!」これもさまざまなバリエーションが考えられる。どの場面でも、「怪我」「結婚」「お金」と言った言葉は、It should have been me. の文には含まれていない。こういった言葉はコンテクストから汲み取られる意味なのである。

　映画の字幕や、小説の和訳作業では、その場面だけでなく、話者の性格や、感情、背景的事情等、さまざまなことを考慮した上で、一番しっくりとくる訳を考えることになる。翻訳は、表面的な言語形式だけを見ただけでは決してできる作業ではなく、豊かな知識と柔軟な想像力が要求される仕事である。授業で和訳を行うなら、ぜひとも参考にしたいことである。

まとめ

- 言葉はコンテクストがあって初めて意味を成すものであり、コンテクストが変われば、同じ文でもその表す意味は大きく変わってくる。
- いくら文法規則や単語が理解できたとしても、コンテクストなしには文が本当に意味することは理解できない。
- 逆に、コンテクストがあれば、使われている文法や単語がたとえよくわからなくても、意味をつかむことは可能である。It should have been me. の例も、具体的な場面がわかっていれば、仮定法過去完了をまだ学んでいなくても、理解は十分に可能である。
- コンテクストがわからなければ、適切な翻訳はできない。仮に表面的な和訳ができたとしても、それは必ずしも文の理解を反映するものとはならない。
- 形式と意味と機能を結びつけた学び方をしなければ、コミュニケーション能力を身につけることはできない。

これまで3要素のさまざまな具体例を示してきたが、次のセクションでは、より踏み込んで、いくつかの文法規則や表現を例にとって、どういった発想がコミュニケーション能力を発展させていく上で重要なのかを考えていきたい。

コンテクストを意識させる授業活動

コミュニケーション能力を伸ばす指導をするためには、本来なら意味あるコンテクストが先に来て、その後から文法面に焦点を当てるというのが理想である。しかし、ここではあえて従来型の形式指導を前提にして、それに意味と機能をつなげていく授業活動を考えたい。一番肝心なのは、教える教師自身が言葉の意味と機能に敏感になることであるので、ここで提案する活動は、生徒に試す前に、まず教師自身が答えを考えながら読み進めてほしい。

関係代名詞の場合

前のセクションで関係代名詞の例を出したが、よくある英語授業では、関係代名詞は次のように二つの短文をつなげる操作として教えられている。

> ◆ I have a friend.
> ◆ The friend lives in Tokyo.
> →　I have a friend who lives in Tokyo.
>
> ◆ The boy is holding a big tree.
> ◆ The boy is running in the park.
> →　A boy who is holding a big tree is running in the park.

しかし、こういった例文はコンテクストがないため、意味内容は今一つはっきりしない。二つ目の文は特に不思議な文であるが、実際に関係代名詞を教える際に使われていたものである。大きな木を抱えている男の子がどうやって公園を走ることができるのだろうか。もしこういった疑問が出てこないとすると、それこそ意味に全く注意を払っていないという証拠である。さて、それでは、最初の例文であるI have a friend who lives in Tokyo.という文がどういったコンテクストの中で使われるか、考えていただきたい。使用場面を考えて、その文が自然と使われる対話の流れを考えることがここでのタスクである。

> TASK 1
>
> When do you think you would use the following sentence? Make a dialog so that the sentence is used naturally in context.
>
> "I have a friend who lives in Tokyo."

読者は、どのような具体例を考えついただろうか。以下に示す対話は、筆者が教える大学の応用言語学ゼミの学生に即興で考えてもらった代表例である。

> 場面1　*Student A passed the entrance exam of a university in Tokyo and is telling this to Student B:*
>
> A：I am going to go to a university in Tokyo from April.
> B：Congratulations! That sounds great.
> A：But I don't know what it's like to live in a big city like that.
> B：I see what you mean. *I have a friend who lives in Tokyo.* If you like, I can contact him to see if he can help you.
> A：That would be wonderful. Could you do that for me?

> 場面2　*A and B live in Okinawa, and A's friend lives in Tokyo:*
>
> A：*I have a friend who lives in Tokyo.* He is going to come to Okinawa during summer vacation.
> B：Really? That sounds nice.
> A：Do you want to join us when we go to the Churaumi Aquarium?
> B：Great, I want to come with you. Actually, I've never been there.

> 場面3　*A and B are watching TV which is reporting about how Skytree is crowded with people:*
>
> A : *I have a friend who lives in Tokyo.* He said it was awful to line up for hours when he visited Skytree the other day.
> B : I know what you mean. It's hard to get to the top of the tower even for people who live in Tokyo.
> A : I guess we will have to wait for a couple of years at least before we can go there.

それぞれ独自の会話文の中で該当文が生き生きと使われていると思うが、いかがだろうか。

比較級の場合

次は比較級について考えてみよう。二つの物や人を比べて、どちらの方が長いか短いか、高いか安いか、重いか軽いか、おいしいかまずいかなどを語るときに使われるのが比較級である。だが、比較するには、それなりの理由がなくてはならない。さて、それでは考えていただきたい。以下の文はどういった状況で使うことができるだろうか。使用場面を考えて、それが自然な形で使われるダイアログを作っていただきたい。

> TASK 2
>
> When do you think you would use the following sentence? Make a dialog so that the sentence is used naturally in context.
>
> "Who is taller, Ken or John?"

以下に、筆者が行った各地の教員研修会で出されたアイデアを示そう。

第1章　形式・意味・機能のつながり

場面1　*At the school library:*

A：Who is taller, Ken or John?
B：I think Ken is. Why?
A：I want to get that book on the top shelf, but I can't reach it.
B：Maybe Ken can help. Hey, Ken, can you come over here?

場面2　*A grandmother is seeing her twin grandsons for the first time in many months:*

Grandma：I haven't seen you for ages. Who is taller now, Ken or John?
Ken：　　I am taller than John, Grandma!
Grandma：Is that right?
John：　　No, I am taller than Ken. He is lying!
Grandma：Well, you both have grown so big.

　場面1では、高いところにある本を取るために、一番背の高い人の助けが必要だという場面設定である。比べる人が3人以上いれば、最上級の質問（Who is the tallest person in class?）となるが、クラスで背が一番高いと思われる2人の生徒の比較なので、この表現がうまく当てはまる。場面2は、よくあるおばあちゃん・おじいちゃんと孫との間での会話である。しばらくぶりに会う孫の成長に目を細めるおばあちゃんと、自分たちの成長ぶりをアピールしようと躍起になる孫たちとの会話である。これらの他にも、バスケットボール選手の身長を比較する例なども見られた。いずれの場合も、ただ見ただけではすぐにわからないような場合に、比較級の使用が必然となってくるのである。

現在完了形の場合

　現在と過去を結ぶ表現として現在完了形が用いられるが、時間軸を図式化した形で、次のように教えられることが一般的である（経験用法の場合）。

図4 ● 現在完了形（経験用法）を説明する際の典型的例

そして、現在完了形の疑問文は、肯定文からの順序入れ替えとして、次のように説明される。

図5 ● 現在完了形（経験用法）の疑問文を説明する際の典型的例

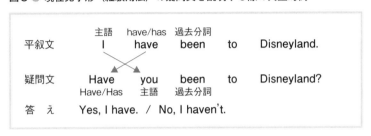

ここまでの形式面の説明は、特に問題があるわけではない。しかし、実践的コミュニケーションを考えた場合、Have you been to Disneyland?といった現在完了形の疑問文は、いつ使われるのが望ましいだろうか。人は、何の脈絡もなく、他人の経験について質問することはないし、質問する意図があって当然である。それではここで、コンテクストのある自然な対話文を考えていただきたい。どんな会話ができるだろうか。

> TASK 3
>
> When do you think you would use the following sentence? Make a dialog so that the sentence is used naturally in context.
>
> "Have you been to Disneyland?"

第 1 章　形式・意味・機能のつながり　　35

いかがだろうか。以下は、解答例である。

場面1　*Person A is interested to see if person B wants to go to Disneyland with him:*

A：Have you been to Disneyland?
B：Yes, I've been there many times.
A：I see. That's too bad. I was thinking that maybe we could go there together next weekend.
B：Great idea. How about going to DisneySea instead?

場面2　*Person A wants to know which hotel is good for her to stay at when she goes to Disneyland next month:*

A：Have you been to Disneyland?
B：No, I've never been there. Why?
A：I was wondering if you knew any good inexpensive hotels to stay at nearby when I go there next month.
B：I heard there are actually many reasonably priced hotels a few stations away.

さまざまな場面での使用が考えられるが、ここでは会話のきっかけとして現在完了形が使われている。場面1では、デートに誘うのに、いきなりLet's go to Disneyland.やDo you want to go to Disneyland?と言うと、あまりにも唐突なので、その前段階として「～に行ったことがある？」と切り出している。場面2でも、Do you know any good budget hotels near Disneyland?といきなり聞くのではなく、まず行ったことがあるかどうかを聞くことで、話の流れをスムーズにしている。現在完了形・経験用法が、有効に使われる自然なコンテクストと言えるだろう。

どちらの方が押しが強い？

　もう一つ考えてみよう。否定疑問文を教える際、一般的に教師や参考書が強調

する点は、質問がAre you from Japan?と肯定疑問文でも、Aren't you from Japan?と否定疑問文でも、答えが「私は日本出身です」と肯定ならば、Yes, I am.、逆に否定ならば、No, I am not.となるという点である。特にAren't you from Japan?といった否定疑問文に対しては、日本語の「いや、日本出身ですよ」につられて *No, I am*.、「はい、違います」につられて *Yes*, I am *not*.と答えがちだが、英語ではそういった答え方はしない。

　ここで説明されていることは、日本人学習者に否定疑問文とその答え方を教える上で大事なことだが、それ以外に、どんなコンテクストで否定疑問文が使われるかを教える例はあまり見ない。そこで、考えていただきたいのが次の例である。「タバコを吸うか」「吸わないか」と質問する際、次の二つの言い方が考えられるが、それぞれどんなときに使われるだろうか。

TASK 4

When would you use the following sentences? What are the differences in usage?

(a) Do you smoke?
(b) Don't you smoke?

　TASK 4が難し過ぎて答えに詰まるようなら、次のTASK 5に進んでもいいだろう。

TASK 5

Which expression fits the following dialog better?

(a) Do you smoke?
(b) Don't you smoke?

Dialog 1：*You are planning a travel to Cuba, where cigars are famous souvenirs.*

A：I am going to Cuba for sightseeing! Maybe I can get you a pack of nice cigars for a souvenir.

B：Really, but then I'd have to give it to somebody else.

A：Why? ＿＿＿＿＿＿＿＿＿＿＿＿＿＿＿＿

B：I used to, but I quit years ago.

Dialog 2： *You have found a nice restaurant to go to for lunch, but there is only a smoking section available right now.*

A：It seems they have only a smoking section available in that restaurant at the moment. ＿＿＿＿＿＿＿＿＿＿＿＿＿＿＿＿

B：No, I don't. But I don't mind.

A：OK, let's eat there then.

　Dialog 1の答えは、Don't you smoke?、Dialog 2はDo you smoke?が適当であろう。両者を入れ替えると、話の流れがおかしく感じられる。どちらの場合も、問うている意味は同じであり、答えも、吸うならYes, I do、吸わないならNo, I don't. と変わらない。では違いは何か。(a)のDo you smoke?が通常の質問とするなら、(b)のDon't you smoke?は、話者の先入観が入った表現となっている。つまり、(b)では、話者は相手がタバコを吸うものと思い込んで「吸わないのですか？」と聞いているのに対して、(a)ではそういった思い込みなしに「吸いますか？」と中立的な立場から尋ねている。

　話者の思い込みから来る返答者に与えるプレッシャーが、どちらの文型が使われるかによって多少なりとも変わってくる。Do you smoke?に対しては、YesでもNoでもどちらでも答えやすいが、Don't you smoke?に対しては、Noと答えにくい空気を少し感じないだろうか。人によっては、Of course not! You think I am a smoker!? と強く反発してくることもあるだろう。

　これと同様のことが付加疑問文でも起こる。次の例を見ていただきたい。(c)は上昇調の抑揚で、(d)は下降調の抑揚で言っていると想定していただきたい。さて、どちらの質問の方が、No, I don't. と答えるのにプレッシャーを感じるだろうか。

(c) You smoke, don't you? ↗
(d) You smoke, don't you? ↘

答えは、(d)である。あえて和訳するなら、(c)は「あなたはタバコ吸うんだっけ、吸わないんだっけ？」、(d)は「あなたは確かタバコを吸うんだよね？」といった感じになるだろう。微妙な違いだが、話者の思い入れが違っていることが、文法形式の選択から抑揚に至るまで影響を与えている。前述の(a)(b)と一緒にすると、(a)から(b)、そして(c)から(d)へと徐々に話者の思い込みが強くなっていっていることがわかろう。

(a) Do you smoke?
(b) Don't you smoke?
(c) You smoke, don't you? ↗
(d) You smoke, don't you? ↘

弱 ↓ 強　思い込みの度合い

さて、おさらいとして最後にもう一問。

TASK 6

Imagine that you go shopping. You pick up an expensive-looking cup for a closer look when you find a small chip in it. Suddenly, a salesclerk approaches you from behind and asks you the following question. Which sentence would make you most nervous, and why?

(a) Are you going to buy it?
(b) Aren't you going to buy it?
(c) You are going to buy it, aren't you? ↗
(d) You are going to buy it, aren't you? ↘

お店に買い物に行った際、高額の商品を手にとって見ていたら、ある部分が少し欠けていることに気がついた。そのとき背後から、店員が突然声を掛けてきた。自分がやったことではではないにしろ、なぜかドキッとするのではないだろうか。

そのドッキリ度が、質問形態によってどう変化するか。それぞれの場面を心に浮かべ、発音してみて、体感してみていただきたい。

まとめ — 本章では、言語習得においての形式・意味・機能の3要素の結びつきの大切さを見てきた。概念的な説明の後で、いかに3要素が密接に関わりあっているかについて、具体的な事例を通して一緒に考えてきた。文法のためだけの文法規則など存在しない。文法も語彙も生きた意味を伝えるために、具体的な場面の中でダイナミックに使われている。それが言葉の本当の姿である。同じ文章でも、コンテクストが変われば意味が変わる。全く逆の意味となることさえある。場面や対話の相手が変われば、強勢の置き方も、発声の仕方も、話す姿勢さえも変わる。コンテクストがわからなければ、的確な翻訳など決してできない。要するに、従来型の文法指導も、訳読作業も、音読指導も、もっと言語機能と意味内容に注目していかなければ、本当に有効な言葉の指導とはならないのである。

　本章の最後のセクションでは、日頃からよく触れる例文を素材にして、コンテクストと意味を意識させる活動と解答例を示した。ぜひ授業で有効活用していただきたい活動であるが、まずその前に大事なことは、教師自身が、英文の意味とコンテクストに対して、日頃から敏感になることである。英語で映画、ドラマ、トークショーなどを見たり、ペーパーバックや新聞などの英文を読んだりして、自らが生きた英語にできるだけ触れていく努力が大事である。授業準備の際も、教科書に登場する英文を、単なる「例文」として捉えるのではなく、「生きた文章」として扱い、形式面だけでなく意味内容や言語機能にも十分に注意を払って読んでいただきたいと思う。もしその文に何の命も感じなければ、ぜひそこに息（意味）を吹き込んでいただきたい。そういった我々教師の日頃からの努力が、自らのコミュニケーション能力を磨き、そして教える生徒のコミュニケーション意欲と能力を育むことにつながっていくだろう。

　次の章では、言語3要素の観点から、今一度日本の英語教育の現状を振り返ってみたい。そして、これから英語教育が目指すべき道として、フォーカス・オン・フォームを取り入れた英語教育の姿について紹介していきたいと思う。

第 1 章

Column ❶ Izumi, Shiwaku, & Okuda (2011) と Ogawa & Izumi (2015)

分析的・体験的学習と英語力自信度の関係

　コラムで最初に紹介したい研究は、Izumi, Shiwaku, & Okuda（2011）とOgawa & Izumi（2015）である。これらは日本人英語学習者を対象にした研究であり、そこに示される結果は、日本の英語教育を考える上で大変重要である。Izumi, Shiwaku, & Okuda（2011）では、アンケートを使って、日本人大学生が英語学習に関してどのような考え方を持っているのかを調査している。質問内容は、大きく三つに分かれる：（1）英語学習に対してどのような考えを持っているか、（2）これまで英語をどのように学んできたか、そして（3）その結果、現在の自分の英語力に対してどの程度自信を持っているかである。ここでは、特に重要と思われる結果をまとめて記そう。

- 学習者には、**分析的学習（analytic learning**：文法学習や練習問題などを重んじた学習方法）を強く信じる人と、**体験的学習（experiential learning**：4技能にわたって実際に使っていくことを重んじた学習方法）を強く信じる人がいた。
- 分析的学習観（例：「文法を理解することは大事だと思う」）を持つ学生は、分析的学習（例：「文法問題をたくさんやる」）を多く行い、体験的学習観（例：「英語を話すことは大事だと思う」）を持つ学生は、体験的学習（例：「英語をたくさん話す」）を多く行ってきている。
- 体験的学習をしてきた人ほど、自身の英語力に対しての自信度が全般的に高くなる。それに対して、分析的学習をしてきた人は、英語力の自信度が変わらないか、もしくは低くなる傾向が見られた。

　最後の点をより具体的に言うと、体験的学習を行ってきた学習者は、その学習量に比して、スピーキングやリスニング能力とともに、リーディングや

ライティング力でも自信度が高くなる。同時に、英語使用に際しての緊張度と間違いを恐れる度合いが低くなり、これまでの英語学習に対する満足度と今後の伸びに対する期待度も高くなる傾向が見られた。一方、分析的学習を多くしてきた学習者は、その学習量に比して、スピーキングやリスニング能力で自信度が低くなり、リーディングやライティング力でも自信度が変わらないか、あるいは低くなる傾向が見られた。英語使用に際しての緊張度と間違いを恐れる度合いは、高くなる傾向があった。これらの学習者で、明らかに自信度の向上が見られたのは、「英文法について説明する能力」だけであった。

この研究のフォローアップとして行われたOgawa & Izumi（2015）の研究では、別の大学で学ぶ英語能力が相対的に低い学生に対して、同様のアンケートを試みている。その結果は、次の3点にまとめられる。

- 英語力の低い学生は、分析的学習観をより強く持ち、一方、英語力の高い学生は、体験的学習観をより強く持つ傾向が見られた。
- 英語力の高い学生も低い学生も、分析的学習は同程度の頻度で行っていたが、体験的学習においては、英語力の高い学生の方が低い学生よりもより多く行っていることが確認された。
- 体験的学習を多く行ってきた学生の方が少ない学生よりも、自分の現在の英語力に対しての自信度が高くなることが認められた。

これらの結果から何が言えるか。まず何よりも、外国語学習では、その言葉を実際に使って学ぶことが重要だということである。体験的学習は、テスト結果に見られるような客観的な学習成果の向上だけでなく、学習者が感じる主観的な自信度にも大きな影響を与える。ともすると、教師は客観的結果のみに目を奪われがちであるが、実生活上で重要になるのは、どちらかというと主観的自信度である。いくらテスト結果が良くても、それに伴う自信がついてこなければ、積極的に英語を使おうという意欲や行動は生まれにくい。また、英語は正確に使わなければダメだという意識が強く植えつけられてしまうと、実力が十分に出せなくなってしまう。人前で実力を出せずに、気がついたらその能力が錆びついていたとか、プライドだけが高く、実は劣等感にさいなまれていたということになりかねない。つまり、自信度は、能力と同等か、時にはそれ以上に重要となるのである。

学習者間で自信度が大きく違うということは、彼らがどのような授業を受けてきたかということと密接に関係している。特に日本のような学習環境では、学校でどのような英語教育を受けたかが、生徒の英語学習に対する考え方に大きな影響を及ぼす。生徒が実社会で自信を持って英語を使えるかどうかは、現在彼らが受けている英語授業にかかっているといっても過言ではないだろう。テスト結果は向上したとしても、文法を説明すること以外の能力には自信が持てなくなるような英語授業は、やはり改善されなければならないだろう。

　だからと言って、分析的学習を全面否定しているわけではない。分析的学習も体験的学習も、それぞれ大事な役割があることは間違いない。しかし、現在の日本の英語教育では、いまだに分析的学習の比重が大きく、体験的学習がまだまだ不足している。分析的学習ばかりに偏った勉強を続けていても、いつまで経っても自信や自己肯定感を身につけていくことはできない。だからこそ、体験的学習とのバランスを取って、分析的学習を進めていかなければならないのである。具体的にどのようにバランスを取って、どう教えていけばいいのか。それが本書で扱う課題である。

　最後にもう一点、気になる結果に触れておきたい。教師が英語で授業を行うことに関して、体験的学習を行ってきた学習者ほど肯定的反応を示し、分析的学習を行ってきた学習者は、否定的反応を示す傾向が見られた。前者は、教師にぜひ英語で授業をしてほしいと願い、後者は、日本語で教えてほしいと訴える。生徒の英語力に関わらず、日頃からどういった授業に慣れ親しんでいるかによって、その態度は随分変わってくるようである。「生徒が英語ではなくて日本語で授業をしてほしいと要望するから、英語で授業ができない」と主張する教師がいるが、それは詰まるところ、日頃の授業が大きく影響を及ぼした結果と考えられる。その場合、英語で授業を行えないことを生徒のせいにするのは筋違いであろう。良くも悪くも、生徒の英語学習観、学習方法、そしてその結果身につく実力と自信度は、今現在の教師の教え方と深く関係していることを肝に銘ずるべきであろう。

第2章
フォーカス・オン・フォームを取り入れた英語教育

本章では、言語習得の3要素を、言語教育アプローチの観点から考えてみたい。日本の英語教育の現状は、3要素の観点から見てどのようになっているのか。何が問題点なのか。コミュニカティブ・アプローチでは、3要素をどう扱っているのか。バランスは本当に取れているのか。今後の英語教育が進むべき道とは何なのか。以下、順に話を進めていくことにしよう。

- 日本の英語教育の現状　46
- 行き過ぎたコミュニカティブ・アプローチ　49
- フォーカス・オン・フォームの目指す英語教育　51

日本の英語教育の現状

最初に、日本の英語教育の現状を、言語習得に必要な3要素（形式・意味・機能）の観点から見ることで、その問題を浮き彫りにしていきたい。

言語形式を重視してきた従来の英語教育

　言語習得3要素の観点から見て、日本の従来型の英語教育はどう捉えられるのか。前章の図1（15ページ）で、正三角形として3要素の結びつきを示した。それを従来型の英語教育に当てはめると、ちょうど図6のような形になると思われる。図1と見比べていただきたい。

図6 ● 言語習得3要素の観点から見た日本の英語教育

　形式・文法重視の英語教育では、常に言語形式に焦点が当てられている。その結果、意味内容への注意が十分でなくなり、言語機能に至っては、ほとんど無視されてしまうことになる。3要素の三角形どころか、言語形式の一点しか存在しないことも少なくない。教師が表層的な意味を越えて例文の内容を語ったり、生徒と意見交換したりすることはほとんど見られない。そういった言語形式一点張りの授業に慣れた生徒からは、例文のニュアンスや、使う場面に関しての質問が出ることはほとんどない。例えば、The door was closed by the man. という例文が出された場合、「どんなドアがどんな男に閉められたのか」「なぜ閉めたのか」「閉めた後に何が起こったか」「自分たちとの関連性はあるのか」といった質問がされることはほとんど見られない。The apple was eaten by Ken. も同様で、もし生徒が「どんなりんご？」「Kenはなぜそのりんごを食べたの？」「食べた後どうなった？」といった質問をしたとすると、単なる授業妨害と取られかねないだろう。

しかし、生徒が本当に内容を考えていれば、意見や質問として出てきたとしても、本来は全くおかしくはないはずである。

◯ 形式操作としての英語教育の問題

　形式重視の授業では、例文はあくまでも目標文法項目を例示するためだけの英文であり、内容はさして気にされない。そこには場面設定もない。前述の英文で言うと、重要なのは受動態であり、例文は単なる「例」である。しかし、たかが例文、されど例文である。例文と言えども言葉である限り、そこに「命」（＝伝えるべき意味内容）がなければ、真剣に考える必要性も記憶に留める価値もなくなってしまうことになる。英語教育が本当に「言葉の教育」もしくは「コミュニケーションの教育」であるならば、本来は授業で示される文全てに「命」がなければならないはずである。人間は常に「意味を求める生き物」であることを考えるとき、本質的な意味や自己との関連性を見出せないものに対しては、消極的あるいは無関心になっても仕方がないのではないだろうか。こういった授業アプローチからも、生徒のモチベーションは大きく影響を受けている。

　このような形式重視の授業を受けた結果、生徒が一体どのような言語能力を身につけていくのか。授業が想定通りうまくいけば、**言語についての知識（knowledge about language）** を身につけることができるだろう。ただ、それは**言語の知識（knowledge of language）** とは異なる。前者は**明示的知識（explicit knowledge）**、もしくは**メタ言語知識（metalinguistic knowledge）** とも呼ばれ、言葉それ自体について意識的に捉えた知識である。それに対して、後者は**暗示的知識（implicit knowledge）** とも呼ばれ、広く言えば、コミュニケーション力とも言い換えられる、実践的な言葉の使用能力である。前者だけの知識しか持っていないと、言葉の形式的な操作はできるようになったとしても、それを実際のコミュニケーション場面で使いこなすことはできない。なぜなら、言語形式が意味や機能と全く結びついていないからである。

　ここでは言葉の明示的知識が全く必要ないと言っているわけではない。それどころか、思春期を越えた学習者の第2言語習得では、明示的知識は暗示的知識の習得を助ける重要な役割を果たすと考えられている。しかし、だからと言って、明示的知識だけを次から次へと教え込んでも、それだけで使える英語力が身につくことはないだろう。また、意味や使用場面を考慮しないでいくら繰り返しの口頭練習をしたとしても、実践的コミュニケーション能力につながることはない。

従来型の英語教育の大きな問題は、文法能力を単純化し、かつ過信してしまい、その学習に過度の時間と労力を使ってしまっているところにある。その結果、それと同等、あるいはそれ以上に重要な事柄を軽視、もしくは無視してしまっているところにある。意味のないところに言葉の実質的価値はない。文字通り無意味になってしまう。場面状況や課題目的がないところに、生き生きとした言葉の使い方は存在しない。形式・意味・機能の言語習得３要素が、バランスよく結びつかない限り、言葉の教育が生活の中で実際に生かされていくことは期待できないのである。

行き過ぎたコミュニカティブ・アプローチ

コミュニカティブ・アプローチは従来の英語教育をどう変えたのか。言語習得に必要な3要素との関係から見ていきたい。フォーカス・オン・フォームの役割はどこにあるのだろうか。

意味内容と言語機能への偏り

　それでは、コミュニカティブ・アプローチと呼ばれる教授法は、形式重視の従来型教育の解決策となるのであろうか。それは、言語習得3要素の観点から見て、どのような三角形を築いているのだろうか。一言にコミュニカティブ・アプローチと言っても、それは文法訳読法にコミュニケーション活動を少しだけ加えたようなものから、他教科内容を英語で徹底的に教えるものまで存在する。そのアプローチは幅広いものなので、一概にこうであると語ることは難しいが、ここでは、特にESL環境で広まってきている**タスク中心教授法（Task-Based Language Teaching: TBLT）や内容中心教授法（Content-Based Language Teaching: CBLT）**を想定して考えたい。特に、これらの中でも形式指導を排除して、タスクを行う中で、もしくは内容学習をする中で、文法や語彙などは自然に習得されていくことを想定した、いわゆる「純TBLT」、「純CBLT」と呼べる教え方について考えたい。

　純TBLT・純CBLTの教授法を言語習得3要素の観点から描くと、図7のような三角形になるだろう。これらの教授法では、意味内容や言語機能に焦点が当てられているため、その部分の面積が大きくなっているが、言語形式面への注目度はそれに比べやや低くなる。学習者の注意は意味理解に必要となる動詞や名詞などのキーワード、語順などの大枠の文法形式に注がれやすくなる。

図7 ● 言語習得3要素の観点から見たコミュニケーション偏重教育

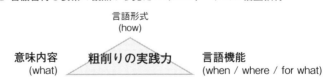

コミュニカティブ・アプローチの落とし穴

例えば、次のような会話を英語で聞いた際、通常、人が注意を向ける単語というのは、下記の太字で表したような内容語であることが多いだろう。

> When I was in **high school**, I **want**ed to **ride** a **motorcycle**. But I **didn't** have any **money**. If I'd had any **money**, I would've **bought** one for **sure**. But I had to **wait** till I **got** a **job** and **earn**ed **enough money**. So, this **motorcycle** that I was **finally** able to **buy** is a **dream come true** for me.

注意の向きやすい語彙や文法は習得されやすく、注意がなかなか届かないものは、いくら経っても習得に至りにくい。上の例だと、仮定法過去完了型（If I'd had any money, I would've bought one.）の'd had と would've は、普通は強調されないで言われるので、学習者には気づかれにくくなる。また、'd had ... would've の部分は省いても、意味を理解する上ではほとんど問題にならず、発話の際も、I didn't have any money. So, I couldn't buy a motorcycle. と言い換えることができる。仮に If I have any money, I buy one. But I didn't. と間違った言い方をしたとしても、聞き手はコンテクストから十分に意味を理解することができるので、コミュニケーション上ほとんど問題は生じない。つまり、学習者の注意の向きにくい単語、フレーズ、そして文法形式に関しては、何らかの教育的介入がない限り、習得が難しくなってくるということである。

授業の中でこういった部分を注意して改善していかないと、コミュニケーションはある程度できるが、正確さや的確さに欠けた「粗削りの実践力」しか身につかなくなる恐れがある。近年、このような傾向を踏まえて、TBLTやCBLTを授業で行う際は、教師がしっかりと計画を立てて言語指導を行うことが多くなっている。これが、フォーカス・オン・フォームと呼ばれる指導アプローチである。TBLTやCBLTの利点を最大限に生かしつつも、形式面での積極的な教育的介入を取り入れて、学習者に真のコミュニケーション能力を身につけさせることこそ、フォーカス・オン・フォームの目指すところである。

フォーカス・オン・フォームの目指す英語教育

バランスの取れた言語教育をするためにフォーカス・オン・フォームを取り入れた指導法は、日本の英語教育をどのように変えていくのか。フォーカス・オン・フォームの具体的な考え方とともに考えていく。

フォーカス・オン・フォームの解釈

　フォーカス・オン・フォーム (focus on form) とは、形式重視の教授法 (focus on forms) と意味重視の教授法（focus on meaning）の両者の問題点を克服するために考案された言語教育方法である。それは、言語習得の3要素に十分配慮して、意味内容を授業の中心に据えつつも、必要に応じて学習者の注意を形式に向けさせていく試みである。言語形式を、コミュニケーションと引き離した形で教えるのではなく、できるだけ意味あるコンテクストの中で指導することによって、3要素の結びつきの習得を狙いとしている。

　フォーカス・オン・フォームには、広い解釈と狭い解釈がある。広くは、TBLTやCBLTで見られる意味重視の教育環境を整備し、それと合わせて言語形式を教える試みを総称してフォーカス・オン・フォームと呼ぶ。これに対して、狭い解釈では、コンテクストの中で学習者の注意を言語形式へ向ける手法を指してフォーカス・オン・フォームと呼ぶ。例えば、生徒の発話の間違いに対して、教師が正しく言い直すリキャストと呼ばれるフィードバックは、フォーカス・オン・フォームの手法の一つである。ここで言うフォーカス・オン・フォームは、狭い解釈での定義を指している。一方、日本の英語教育においてフォーカス・オン・フォームの必要性が語られる場合、意味重視・機能重視＋言語形式に注意を払った教育方法という意味で、広義の意味解釈で用いられることが多い。

フォーカス・オン・フォームの目指す3要素のバランス

　広義、狭義、どちらの意味においても、言語形式に加えて意味内容が大切なことに変わりはない。従来型の教え方であるフォーカス・オン・フォーム**ズ**は、言語形式のみに重点を置いている点で、フォーカス・オン・フォームとは全く異なる。また、フォーカス・オン・ミーニングは、意味や機能にこそ注目するが、意

識的な形式指導を排除しているという点で、フォーカス・オン・フォームとは違う。形式重視の英語教育（図6〈46ページ〉）と行き過ぎたコミュニカティブ・アプローチ（図7〈49ページ〉）と対比して、フォーカス・オン・フォームの目指す3要素の関係性を図8に示しておきたい。ここで注目すべきなのは、フォーカス・オン・フォームが、言語習得3要素をいかにバランスよく英語教育に取り入れようとしているかという点である。

図8 ● フォーカス・オン・フォームの目指す英語教育

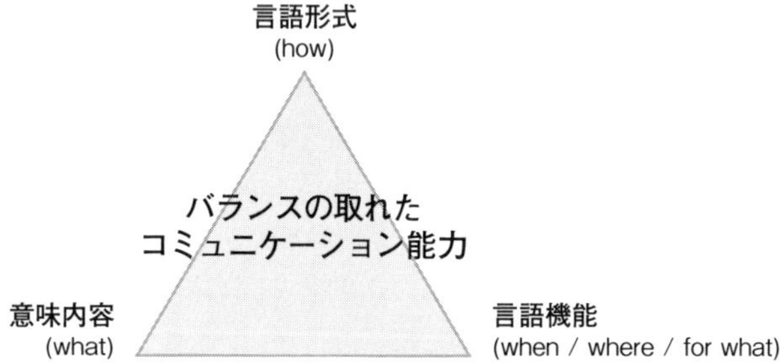

言語形式
(how)

バランスの取れた
コミュニケーション能力

意味内容
(what)

言語機能
(when / where / for what)

第2言語習得における「気づき」の役割

　フォーカス・オン・フォームを考える際に、重要な概念として**気づき（noticing）**が挙げられる。従来の形式中心の教え方では、教師がまず文法や語彙の説明を生徒に与え、それを定着させるための練習活動を十分に行った上で、最後に目標言語項目を使った活動を行うといった授業構成が多かった。もしくは、英文を読みながら、それを和訳する中で、文法、語彙、熟語などの解説を行うといった文法訳読方式が主流であった。しかし、これまでのSLA研究では、言語習得は文法規則などの断片的知識を積み重ねて学んでいくことではなされないということが示されている。また、学習者が言語習得過程で形成する**中間言語（interlanguage）**は、流動的であり、複雑かつダイナミックに発達し、「教えるから学ぶ」「理解したら定着させる」といった単純な行程で進まないことがわかってきている。フォーカス・オン・フォームは、そういった言語習得の事実に基づき、言語本来の目的である意味伝達をまず優先に考え、その上で重要になってくる言語形式への気づきを支援する教育アプローチである。

　ここで言う「気づき」とは、教師の説明や強調したことを表すのではなく、学

習者自身の中で自発的に起こる認知的な働きを指している。それは、単に形式に注目するという意味ではなく、ある形式が、どういった場面で、どのような意味を伝えるかということに気づくことである。言い換えれば、形式・意味・機能の結びつきを認識することが、学習者の自発的気づきとなる。さらに言えば、気づきとは、必ずしも包括的な文法理解や、完璧な言語習得を意味しない。習得に至るには、与えられたタスクの中で何度も気づくことが必要であり、その気づきの範囲や度合いも、タスクの性質、また学習者の言語レベルによって大きく変わってくるのが普通である。

　例えば、Hanaoka (2007) の研究では、生徒にライティング・タスクを課して、その後にネイティブの書いたモデルを示し、生徒が何にどの程度気づくのかについて調べている。ライティングの過程で、「渋滞につかまった」という表現につまずいた生徒が複数いた。生徒の1人は、モデル文を見た際、"traffic jam"という表現に気づき、そのフレーズを自分のライティングでも使うようになった。だが彼の気づきは、"was caught in a traffic jam" といったコロケーションまでは及ばなかったようだ。別の生徒は、すでに traffic jam という表現を知っていたので、"caught" に着目して、それを自らのライティングに取り入れた。さらに別の生徒は、すでに "be in a traffic jam" という表現は知っていたが、catch を使っての表現は知らなかったので、"was caught in a traffic jam" と、受動態の表現を自らのライティングで使うようになった。このように、生徒の気づきは、個々人の既存知識などによって大きく影響を受けるのである。

　従来型の授業では、教師が説明をした後、生徒が一斉に同じ練習問題やドリルに取り組み、その結果、それぞれの生徒に同じ習得が起きているはずだ、いや、起きなければならないという前提で授業が行われている。多数の生徒を相手に授業を行っているのでやむを得ない事情も当然あろうが、しかし、生徒の学習が必ずしも教師の授業運びや想定通りにいかないことは、多くの教師が日常の経験から実感していることでもあろう。気づきや学びが必ずしも最初から完璧ではなく、生徒の既存知識などさまざまな要因によって大きく影響を受けていることを心に留めて、徐々に気づきや学びの質を高めていくといった姿勢が大事になってくるだろう。そして、その過程で、文法理解も徐々に深まっていくことを促していきたい。

◯ フォーカス・オン・フォームを取り入れた授業の出発点と留意点

　言語習得3要素である形式・意味・機能の結びつきを習得する上で、いずれの要素も出発点となり得る。形式を出発点とするならば、シラバスとしては文法中心の形態となるだろうが、実際の授業では、形式とともに意味内容や言語機能をいかに充実させていけるかが大きな課題となるだろう。教科書の題材の下調べはもちろんのこと、内容重視のタスクを考えたり、そのタスクの中で、どう形式に焦点を当てるべきかを考慮したりすることが必要となる。

　一方、意味内容を出発点とするならば、トピックベースの内容中心授業になるだろう。言語機能は、トピック内容に自然と合わせる形になるだろうが、その際、生徒にどのような言語学習ニーズがあるのかを見極めることも大事になってくる。授業の準備段階では、内容面だけに神経をとがらせるのではなく、言葉の使い方によっていかに的確に内容を伝えることができるかに注目し、何をどこまで説明するかを判断しなければならないだろう。

　言語機能面を出発点とした場合は、状況シラバスやタスク中心の授業形態となろう。この場合も、課題はタスク活動の中でいかに言語形式への指導を行うかということである。タスクが面白ければ面白いほど、生徒の興味はタスク達成に注がれ、形式面がおろそかになりやすい。生徒の発話が、単語だけを並べたブロークン・イングリッシュに偏らないよう、タスクのデザイン、タスク前・中・後のモデリングや、フィードバックなどで工夫が必要となるだろう。

　以上に述べたように、3要素のいずれを出発点としたとしても、その授業の成否は、一つ一つの要素の孤立した理解ではなく、生徒が3要素のつながりを学んでいけるかに懸かっている。また、図8（52ページ）では、3要素が正三角形として描かれているが、それは、あくまでもバランスとつながりを表したものであり、いつも均等な時間配分でそれぞれの要素に注意を注がなければならないということではない。必要なのは、生徒のニーズや興味等を考慮に入れ、どの要素にどれだけの時間を費やすかを決めていくことである。その上で、3要素をうまく結びつけて授業に取り入れていくことが目標である。以下では、授業の方法論についてもう少し具体的に考えるために、フォーカス・オン・フォームの種類と手法、及びその選択に当たっての留意点について述べていきたい。

フォーカス・オン・フォームの種類

　フォーカス・オン・フォームを英語授業に取り入れていくにはさまざまな方法が考えられるが、教える項目の範囲、事前計画の有無、授業の流れ、そして誰を主導者とするかの点で分けて考えられる。この4つの分類を図9に示しておこう。

図9 ● フォーカス・オン・フォームの種類

	教える範囲	
Intensive FonF 集中型		Extensive FonF 広範型
Proactive FonF 先取り型	事前計画性	Reactive FonF 反応型
Sequential FonF 連続型	授業の流れ	Integrated FonF 統合型
Other-initiated FonF 他者主導型	主導者	Self-initiated FonF 自己主導型

◯ 教える範囲：集中型と広範型

　フォーカス・オン・フォームは、特定された目標言語形式に対して行うこともあれば、特定されない多数の言語形式に対して行うこともある。前者を**集中型**（intensive focus on form）、後者を**広範型**（extensive focus on form）フォーカス・オン・フォームと呼ぶ。教科書の中で、その単元やセクションの目標項目があらかじめ決まっているような場合は、集中型が選択されるだろう。一方、特に最初から決まった文法項目などが設定されていない、もしくは目標となる言語項目が多数あるような場合は、広範型フォーカス・オン・フォームを選ぶことになる。中学校の教科書では、基本文や目標文法が設定されている場合が多いので、集中型になりやすいだろう。一方高校では、特に目標項目が絞られていないようなリーディング教材を使って教えることも多いので、その場合は広範型になろう。ただ、中学校であっても、読み物を扱うこともあるし、高校でも文法クラスなどでは、単元ごとに特定の目標項目を学ぶので、どちらのフォーカス・オン・フォームを使うかは授業の目的次第である。

　ここで大事なポイントは、集中型を採用する際は、言語形式に集中し過ぎないように注意することである。集中型だからと言って、言語形式の説明を延々としていたのでは、3要素の結びつきと生徒の気づきを最優先にするフォーカス・オ

ン・フォームではなくなってしまう。目標は、対象言語項目がどこでどうやって使われているかを認識してもらうことであり、言語形式の概念的理解と定着にばかりこだわるべきではない。最初は多少曖昧であっても、多くの事例に触れ、自分で使っていくうちに、理解が深まり定着が自然と促されていくからである。

広範型を使う際は、意味と形式への行き来を無理なく行うことで、有効な授業展開が可能になるであろう。しかし、意味と形式の間を行ったり来たりする中で、ポイントがずれてしまうことがあるので注意が必要である。主目的は、あくまでもコミュニケーション、つまり情報や意見の伝達・交換であり、言語形式はその目的達成のために学ぶものということを忘れないでおきたい。例えば、リーディングの授業なら、そこに書かれていることを理解し、自分との関連性を考え、それをクラスで共有するといった目的が優先されるべきである。それらの目的を達成するために、ある言語形式が重要になってくるのであれば、生徒の意識をその形式に向けさせる活動や指導を行っていくというのが、フォーカス・オン・フォームの考え方である。

◯ 事前計画性：先取り型と反応型

フォーカス・オン・フォームの別の分類方法として、教師の事前計画の有無がある。この点で、**先取り型 (proactive focus on form)** と**反応型 (reactive focus on form)** に区別される。教科書ですでに導入予定の指導項目が提示されている場合は、先取り型フォーカス・オン・フォームを使うことになる。教師は、目標言語項目をふんだんに使うタスクを事前に準備し、授業のどこでフォーカス・オン・フォームを取り入れるかを十分に考える必要がある。既成のリーディングやリスニング教材を使う場合は、教師がそれを事前に読んでおくことはもちろんのこと、その内容をどう生徒たちと関連づけ、彼らの興味・関心を引くかが大切になってくる。生徒は、自分たちの興味のある意味内容の中でこそ、そこで使われる形式面に最大の注意を払うからである。

先取り型を使ってのスピーキングやライティング活動でも、リーディングやリスニングと同様、目標言語項目が自然かつ頻繁に使われるようなタスクを考案することが、教師にとっての課題となる。ここでよくある落とし穴は、タスクと言いながら、意味内容が表層的になってしまい、目標言語項目を無理やり使わせようとする不自然なエクササイズになってしまうことである。例えば、「不定詞を使って自分の夢を語りなさい」などの活動をやらせた場合、生徒の言語使用に過度な

制約を与えてしまい、自由な発想や言語選択の機会を奪ってしまうことになるだろう。気をつけなければいけないポイントである。

先取り型に対して反応型フォーカス・オン・フォームでは、コミュニケーション内で、もし生徒が理解に苦しんだり、発話に詰まったりしたら、その際に必要な形式に焦点を当てていくことになる。教師の臨機応変な対応によって、意味から形式へ、また形式から意味へと焦点を移行させていくことが大きな課題となる。よくあるパターンは、意味から形式へ移行したはいいが、そこから延々と文法解説を続けてしまい、なかなか意味に戻ってこられらなくなることである。機械的練習問題に移ってしまったりすると、うっかり元のトピックを忘れてエクササイズに没頭することになりかねない。また、タスク達成のための言語形式の理解という目的からどんどん外れてしまい、形式と意味・機能のつながりが薄くなってしまうことも注意すべき点であろう。何のための形式説明かを常に意識しながら指導に当たることが大切になってくる。

◎ 授業の流れ：連続型と統合型

フォーカス・オン・フォームは、授業内に取り入れるそのタイミングによって、**連続型（sequential focus on form）**と**統合型（integrated focus on form）**に分けることができる。連続型では、最初に目標となる言語形式を簡単に説明しておいてから、コミュニケーション活動に移行し、その活動の中でフィードバックを与えていくという方法である。これに対し統合型では、最初からコミュニケーション活動を始めて、その中で必要に応じて言語形式に注意を向けるというやり方である。連続型の利点は、事前に言語形式の指導を行うため、後の活動で教師の介入を最小限にすることができる点である。複雑な言語形式や、意味伝達にさほど重要でない形式を扱う際には、有効な手法である。ただ、形式面が強調され過ぎて、次に来るコミュニケーション活動が形式操作のエクササイズになってしまう危険性もある。そのため、最初の説明は最小限に抑えて、後はタスクや内容学習のコンテクストの中で必要に応じて補足するといった態度が望ましいだろう。そして、続くコミュニケーション活動では、意味を第一に重視しながらも、目標言語項目が出やすいタスクを用意してあげるとよいだろう。

統合型では、言語説明とタスク活動を別々に行わないので、形式・意味・機能のつながりをより自然に伝えられる利点がある。特定の形式に重点を置く必要がないリーディングやディスカッションなどを主体に行う場合は、統合型フォーカ

ス・オン・フォームがふさわしいだろう。生徒が発話の間違いを犯したときだけフィードバックを返したり、必要あらば活動を一時中断（time-out）して、言語面での簡潔な指導を挟んだりすることができる。しかし、中断ばかりしていたり、中断してから活動に戻るまでの時間が長過ぎたりすると、気が散って内容理解やタスク達成に混乱を来すので、気をつけたいポイントである。

◎ 主導者：他者主導型と自己主導型

　ここまで挙げてきたフォーカス・オン・フォームは、全て基本的に教師主導で行う**他者主導型（other-initiated focus on form）**である。それ以外にも、生徒主導の**自己主導型（self-initiated focus on form）**フォーカス・オン・フォームもある。自己主導型は、生徒自らがインプット理解やアウトプット産出の困難に対処しようとする際、形式面に注意を払うことによって起こるものである。例えば、タスク活動中に、生徒同士で「これは一体どういう意味なんだろう？」と**意味交渉（negotiation of meaning）**を行ったり、「こんな言い方でいいのかな？」と**形式交渉（negotiation of form）**したりすることがそれに当たる。また、生徒が自習中に言語面でつまずき、意識を言語形式にシフトさせるようなときにも起こる。本を読んでいる最中に、わからない単語や発音を辞書で調べたり、英文のメールを作成中に、文法の使い方を参考書で確かめたり、映画を見ていて気になった表現を、教師やクラスメートに後日尋ねたりといったことは、全て自己主導型の例である。

　こういった学びのスタイルは、意味と形式の関係を意識的に探求する中で起こるものであり、いつでも無条件に起きるわけではない。特に文法練習問題に取り組んでいるときなどは、なかなか自己主導型のフォーカス・オン・フォームは起こりにくい。なぜなら、このような活動は、意味や場面に注目しなくてもできてしまうからである。自己主導のフォーカス・オン・フォームを促すには、生徒が自由に英語を使って意味伝達を試みることができるタスクを与えることが必要である。自由なタスクといっても、やらせっぱなしということではない。生徒の興味・関心を十分に喚起するためのウォームアップ、生徒同士の情報交換を円滑にするためのサポート、タスク中・後の適切なフィードバック等、必要なサポートを提供する中で、自己主導型のフォーカス・オン・フォームが起きやすい環境を作っていくことが大事であろう。

フォーカス・オン・フォームの手法

　いずれのフォーカス・オン・フォームを選定するにせよ、具体的にどうやって生徒の注意を形式に向けさせるかは、さまざまな手法から選択できる。以下に、フォーカス・オン・フォームの指導手法をいくつか紹介しよう。

簡潔な説明や操作されたインプットを与える

文法・語彙説明 ● 意味内容や設定場面に注意し、タイミングを見計らって、文法や語彙の説明を行う。決してだらだらと形式操作だけの説明をしないこと。その日のトピックや、生徒の英語知識を考慮した上で、必要な文法・語彙を簡潔に説明する。必要な文法・語彙とは、その説明があるかないかで、生徒がタスクを円滑に行えるか否かが決まるものを指す。生徒がタスク遂行に難しさを感じていたら、すかさずタイムアウトを取り、言語支援を与える。タスク後にフィードバックを与えるということも、生徒に自らの言語使用状況を振り返って考えさせ、次のタスクに役立たせるという点で有効である。

インプット洪水 (input flood) ● リスニングやリーディング素材を使って授業を行う際、教えたい言語項目がその中に頻繁に出てくるように工夫する。現在使用されているテキストの中にも、そういった工夫がなされているものもあるが、テキストだけに頼らずに、教師が十分な例文を用意しておくことが重要であろう。インターネットの発達した現代では、項目を絞ってマテリアルを探すことは、時間と労力はいるにせよ、さほど難しいことではない。

インプット強化（input enhancement） ● 特定の言語項目を太字にしたり、下線を引いたり、またイタリックにしたりすることによって、生徒の注意をそれら言語項目に引きつけることができる。インプット強化は教師があらかじめ行ってもいいし、生徒に特定の文法項目を見つけ出してもらい、自分たちで下線を引いてもらってもよい。

タスクのデザインを操作する

タスクの複雑さ（task complexity）の操作 ● タスク内容を複雑にすることで、言葉の難易度（syntactic and lexical complexity）、流暢さ（fluency）、正確さ（accuracy）をよりチャレンジングなものにする。例えば、ストーリー・テリングのタスクで、登場人物の数を多くして、生徒に複雑な名詞句の使用を促すことができる。例えば、話の中の登場人物がTomとHis mother, Susanだけのときよりも、それに加えてTomと同居している人（Tom's roommate or the man who lives with Tom）、Susanの前夫、恋人（Susan's ex-husband、Susan's boyfriend or the man who goes out with Susan）が加わった方が、タスクは明らかに複雑になり、言語的負荷も増す。物語の内容を時系列的に少しややこしくして、生徒に時制の使い方を意識させるのも面白い試みである。

意識高揚タスク（consciousness-raising task） ● 与えられたインプットの中で、生徒自らが文法規則や使用パターンに気づくよう、タスクを設定する。帰納的な学習を通して、学習者の言語形式に対する意識を高めるのが狙いである。当然、習得目標となる言語形式を含んだ例文がテキストに複数含まれていなければならないので、59ページに示したインプット洪水の手法と兼ねて考えるといいだろう。

誘導要約法（guided summarizing） ● リーディングの後に、キーワードで構成されたコンセプト・マップを使って、読んだ内容を要約する。リーディングの中に目標言語項目をたくさん入れておくことで、生徒の注意をより的確にターゲット項目に向けさせることができる。誘導要約法では教師がコンセプト・マップを用意するが、**自律要約法（autonomous summarizing）** では、生徒自身がコンセプト・マップの作成を行う。生徒の様子を見ながら、慣れてきたら、誘導要約法から自律要約法へ移行していってあげるといいだろう。

生徒の発話に対してフィードバックを与える

プロンプト（prompt：間違いの自己訂正の促し） ● 教師の指摘によって、生徒自らが自分の間違いを訂正する。例えば、明確化要求（clarification request　Could you say it again?）や繰り返し（repetition　生徒：Almost students attended the meeting. 教師：Almost students attended the meeting?）などの手法がある。いずれの場合も、教師がすぐに正解を示すのではなく、生徒自身に考えさせて言わせるのがポイントである。従って、生徒の既習事項には使えるが、未習事項には基本的に使うことができない。

リキャスト（recast：間違いの言い直し） ● 生徒の間違いを教師が訂正して言い直してあげる。生徒の発話をリピートしてから訂正したり、訂正箇所をわざと強調してリキャストしたりするなど、いくつかのバリエーションがある。生徒によって、リキャストに敏感な者とそうでない者がいるので、生徒によってリキャストの仕方を変えることが必要である。

　また、プロンプトもリキャストも、口語に限らずライティングで与えることも可能である。ライティングの場合は、教師が生徒の間違った箇所に下線を引いてWhat do you mean? Why? How?等の疑問詞を書き添えたり、間違えと並列させてリキャストされたフレーズ／文を書き添えたりして、正解／不正解の違いの気づきを促すことができる。

意味交渉（negotiation of meaning） ● タスク活動などを行っている途中で意思疎通に問題が起きたら、一旦話を中断することがある。そこで起こる話し合いは、意味交渉と呼ばれている。お互いの意図することをしっかりと理解するために、明確化要求、確認チェック（confirmation check）、理解度の確認（comprehension check）等を行う。情報ギャップ・タスクなどを取り入れることによって、より確かな情報の聞き取りを促し、意味交渉が起こりやすくなるよう配慮することも大事である。

形式交渉／メタトーク（negotiation of form / metatalk） ● タスク活動などを行う際、正確な言葉の使い方について話し合う行為を形式交渉と呼ぶ。メタトークとは、自分の発した言葉について客観的に振り

返って分析する際の語りのことを指す。メタトークは他者との交流の中で最も活性化され、より正確な言葉の使用を促すとされる。**ディクトグロス（dictogloss：短い文章を聞き取ってメモし、小グループで元の文章を再生するタスク）**などを用いて、生徒が意味を理解しながら、言葉の使い方にも注意を注ぐことを促す。

　プロンプトやリキャストは、意味交渉、形式交渉、どちらの形でも起こる。両者の違いは、意味交渉が発話内容の理解に焦点を置くのに対して、形式交渉は内容理解に問題がなくても形式的正確さを目指して行われるという点である。意味交渉は教室外でも頻繁に起こるが、形式交渉は基本的に教育環境に限られる。また、プロンプトやリキャストは通常単発的な行為を指すが、意味交渉や形式交渉は"交渉"と言うだけに、複数のプロンプトやリキャストが含まれることもある。それは、次に示すような「インタラクション強化」として使うこともできる。

インタラクション強化（interaction enhancement）● 生徒とのインタラクションの中でプロンプトとリキャストを織り交ぜて与える。最初はプロンプトを与え、それでも生徒が間違いを直せないときは、リキャストを与える（例　生徒：*How many people the class have?* 教師：*How many people the class have?* 生徒：*Yes.* 教師：*You mean, "How many people does the class have?"* 生徒：*Yes, how many people does the class have?*）。

自己主導のフォーカス・オン・フォームを促す

プレタスク・プランニング（pre-task planning）● タスク活動をする前に準備時間を与えて、内容面だけでなく、言語面にも気を配るように促す。そうすることで、言語使用の複雑さ、流暢さ、正確さの向上を目指す。プランニングは、その後に続くタスクの形態によって、個人、ペア、小グループと、どの単位でも行うことができる。特に正確さを求める場合には、プレタスク・プランニングと合わせて、タスク中に発話準備や訂正の機会を与える**オンライン・プランニング（online planning）**も有効とされている。

タスク後のモデル提示（post-task modeling） ● アウトプット活動の直後に、モデルとなるインプットを見せて、自己のアウトプットとモデルのインプットを比べさせる。そしてその後に、再度アウトプットの機会を与える。最初に自分自身でアウトプットを試みることによって、問題意識がより高くなり、次にモデルインプットに触れたときの学習効果が高まる。

タスクの繰り返し（task repetition） ● 同じ活動、もしくは似た活動を繰り返し行うことで、言語使用がより流暢になり、語彙や文法の複雑さが増すことが期待される。ペアの相手を変えたり、グループ内の役割を交換したり、注意する観点を変えたりすることで、同じタスクであっても繰り返し行うことができる。

活動後の振り返り（post-task reflection） ● 活動後に、自分たちのタスク内容をもう一度振り返る時間を設け、内容面だけでなく、言語面の確認を行う。語彙の復習や文法規則のまとめなどを行えるが、できるだけ教師主導ではなく、生徒主体で考えさせることが重要である。

協働学習と足場がけ（collaborative learning and scaffolding） ● 個人作業だけでなく、ペアや小グループ活動をふんだんに授業に取り入れていくことで、お互いの助け合いや尋ね合いを促す。その際、意味交渉や形式交渉が起こりやすくなるようなタスクを用意することも忘れてはならないだろう。

ピア・エディティング／ピア・チューターリング（peer editing / peer tutoring） ● エッセーなどのライティング・タスクを課す際は、生徒同士でお互いの書いたものを読ませ、内容面と言語面の双方で評価し合う。生徒のライティングの読み手を教師以外の人にすることで、生徒自身の**聴衆意識（audience awareness）**を養うことができる。近年の研究では、聴衆意識があるかないかで、ライティングの量や質が変わってくることがわかっている。

実際の授業では、これらのフォーカス・オン・フォームの手法の複数を組み合わせて使うことになるだろう。例えば、文法説明や語彙説明では、リーディング指導や協働学習の合間に挟んだり、誘導要約法はインプット洪水を使ったテキストと一緒に用いたり、生徒の要約の確認作業のときには、意味交渉や形式交渉を取り入れたりといった感じである。また、タスクの複雑さを操作する場合は、プレタスク・プランニングを使って認知的負荷を和らげたり、インタラクションの中でプロンプトを与えたり、活動後の振り返りでまとめを行ったりと、いろいろなやり方がある。これらの選択は、学習者の言語レベル、学習ニーズ、興味・関心、授業目的、また教える対象となる言語項目の特性などによって左右されるだろう。

◎ 明示的手法と暗示的手法

　これらフォーカス・オン・フォームの手法は、目標言語項目をどれくらいはっきりと生徒に提示するかによって、**明示的な手法（explicit attention-directing technique）** と**暗示的な手法（implicit attention-attracting technique）** とに区別することができる。明示的な手法は、何の言語形式が学習対象かを、生徒にはっきりと示すやり方であり、最も明示的なやり方は、メタ言語を使った文法説明であるだろう。一方、暗示的手法は、対象とする言語項目を生徒にはっきりとは示さずに、授業の中でそれとなく生徒に気づいてもらうやり方である。意味重視のリーディングやリスニング活動の中で、インプット洪水やインプット強化が使われる場合、教師が言語面で何の補足説明もしなければ、それは暗示的な手法となる。参考のため、図10に、いくつかの代表的なフォーカス・オン・フォーム手法の違いを、より暗示的、より明示的といった連続体のスケールで表しておこう。

図10 ● フォーカス・オン・フォームの手法の明示性による違い

暗示的手法		明示的手法
インプット洪水 インプット強化 リキャスト 意味交渉 プロンプト	インタラクション強化 タスク後のモデル提示 タスクの繰り返し プレタスク・プランニング 誘導要約法／自律要約法	文法・語彙説明 意識高揚タスク 活動後の振り返り 形式交渉・メタトーク

図10を理解する上で、注意したい点がある。まず、それぞれの手法の位置は、必ずしも絶対的なポジションを示したものではない。例えば、リキャストは比較的暗示的な手法として位置づけられているが、どのようにリキャストするかによって、その明示性は変わってくる。教師が生徒の間違いをまず繰り返してから、その後で正しい言い方を言うといった場合は、明示性が高くなる。そして間違いの箇所や訂正された箇所を強調するならば、さらに明示性が上がるだろう。タスク後のモデル提示やタスクの繰り返しも同様で、モデル提示の前後に特に注意すべきポイントを示したり、タスクの繰り返しを行う前に言語面での注意を挟んだりすると、明示性は上がることになる。

　ここで大事なことは、明示性の違いが、それぞれのフォーカス・オン・フォームの手法のメリットとデメリットに大きく関係しているという点である。明示性の高い手法は、学習者にはっきりと対象言語形式を示すという利点があるが、その反面、内容学習やコミュニケーションを阻害し、意味と形式のつながりを壊してしまう危険性を含んでいる。一方、暗示的な手法は、内容学習やコミュニケーションに重きを置き、意味と形式のつながりを強める利点があるが、形式への注意が曖昧であると、生徒の気づきも中途半端に終わってしまう可能性がある。

　明示性の調整は、授業構成を工夫することでも行うことができる。例えば、授業で最初はわざと目標項目の説明なしでインプット洪水を導入し、リキャストなどを取り入れて徐々に明示性を上げていって、最後に文法説明で確認するといったこともできる。また、タスク中の意味交渉から始まり、後で文法説明へとつなげていくことも可能である。逆に、最初にはっきりと文法を説明した後で、活動の中で暗示的フィードバックを与えていくこともできよう。要は、生徒が無理なく3要素のつながりを学ぶことを念頭に、教師が柔軟に対応していくことである。

> **まとめ**　本章では、フォーカス・オン・フォームを取り入れた英語授業の理論的外観を示してきた。フォーカス・オン・フォームには、大枠としての型と具体的な手法がたくさんあるので、教師の選択幅は広いと言えよう。いずれの型や手法を選ぶにしても、生徒が言語形式と意味内容の密接な結びつきを学べるよう、言語学習環境を整えていくという点では変わりはない。従来の文法訳読式の教授法に比べると、フォーカス・オン・フォームの授業は、はるかにダイナミックで多彩な展開が期待できる。それだけに、教師の苦労にはさまざまなものがあろうが、教育の醍醐味が味わえることは間違いない。

内実ともに豊かな英語教育（content-enriched English education）は、確実に生徒の豊かな言語習得に結びついていくと確信する。

　次の章では、フォーカス・オン・フォームと並んで注目されるCLIL（内容言語統合型学習）の英語教育について見ていきたい。

第 2 章 フォーカス・オン・フォームを取り入れた英語教育

Column 2 Izumi, Miura, & Machida (2016)

教師にとっての体験的学習の重要性

　Column 1 では、日本人大学生の英語学習観、学習方法、そして習得した英語力の自信度についての研究結果を紹介した。本コラムでは、Izumi, Miura, & Machida（2016）が行った、現役の中学校と高校の英語教師を対象にした研究を紹介したい。前の研究と同様に、アンケートを用いて、教師の学習経験と現在の授業方法との関係、また、教師の自信度と授業方法の関係について調べている。特に注目に値する研究結果は、次の通りである。

（1）分析的な学習経験が多い教師ほど分析的な教え方を好み、一方、体験的な学習経験が多い教師ほど体験的な教え方を好んで行っている。例えば、練習問題や暗記を通して英語を学習してきた教師ほど、自身の授業で、文法説明、練習問題、英文和訳、受験対策を行い、同時に、日本語やメタ言語の使用も多くなる。一方、リスニングやリーディング、自己表現活動などを通して英語を学んできた教師ほど、自身の授業でも、リスニング活動や自己表現活動を多く取り入れ、英語の使用も多くなる。

（2）英語運用能力に自信がある教師ほど、コミュニカティブな教え方を行い、逆に自信がない教師ほど、分析的な教え方に偏る傾向が見られた。例えば、スピーキング力、リスニング力、リーディング力に自信がある教師は、自由なスピーキング活動やリスニング活動をより授業に取り入れ、英語を使って授業を行うことが多くなる。一方、これらのスキルに自信がない教師は、授業では日本語を多く使い、また最初から答えの決まった質問をする傾向が強くなる。

（3）体験的な学習経験をした教師ほど、自身の英語能力に自信を持つ傾向が見られた。例えば、4技能にわたって体験的学習をしてきた教師は、4技能とともに英語で教えることに対する自信度が高くなる。また、英語

で行われた授業を受けた経験がある教師ほど、英語力全般に関しての自信度が高くなっている。反対に、日本語で行われた授業を受けた経験と自信度の間には、関係性は見られなかった。

これらの結果は、教師のこれまでの学習経験と現在持つ英語力に対する自信度が、その教え方に強く影響を及ぼすことを示している。図Aに表されるように、これらの要素は相互に影響し合っていると考えられる。教師の現在の教え方は、それ自体新たな学習経験ともなるため、それが積み重なる中で再度自信度と経験に影響を与える。そうして、これらの要素はサイクルを繰り返すことになる。

図A ● 英語授業スタイルに影響する要因とその相互関係

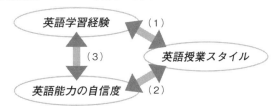

こういった関係は、教育学の分野では、**観察の徒弟制（apprenticeship of observation）**として知られている。要するに、教師は、自分が生徒だったときに教えられたのと同じように、教えてしまう傾向があるということである。その教えられ方が当時好きだったか嫌いだったかは別として、気がついたらいつの間にか自分も似たような教え方をしてしまうのである。観察の徒弟制は、良い意味でも悪い意味でも、非常に強い影響力があり、努めて意識的に向上するように目指していかないと、半永続的な循環にはまってしまう可能性がある。

日本語を多用したり、コミュニケーション活動をあまり行わなかったりする理由を教師に尋ねても、それを自身の英語力の足りなさや、自信度の低さのせいにする教師は少ない。その代わり、生徒の英語力の低さや受験との関係、また日本のEFLという語学環境のせいにしてしまうことが多いのではないだろうか。これらの理由が全て的外れというわけではないが、このような研究結果から見ると、環境要因ばかりに目を奪われるのではなく、もっと教師自身の内面的な問題や課題に目を向けていかなければならないだろう。

それでは、どうしたらいいのか。即効性のある解決方法はないが、根本的

には、教師の経験自体を変えていき、その態度と姿勢を変容させていくしかないだろう。大学院に入学する場合は別として、教師が再び学生に戻ることは難しい。しかし、生涯学習の観点から考えるならば、教師も日頃から自身の学びを続けていく姿勢を持つことが大事になってくる。今の決意とこれから積み重ねる経験次第で、その先の全てが変わってくるからである。教育の質の向上のため自分に挑戦を課すことで、観察の徒弟制のサイクルを成長志向のサイクルへと変えていくのである。経験が変われば、態度が変わる。態度が変われば、またその後に続く経験が変わる。これは、「卵が先か、鶏が先か」の議論に似ているかもしれない。どちらが先かははっきりしなくても、方向性さえしっかりと定めていれば、循環のサイクルを上向きにすることは可能なのである。

　筆者が教員研修会等で出会う全国の教師の中には、これまで英語を使うのが苦手だったという教師も少なくない。しかし、そういった教師の多くが、自らの授業でできるだけ英語を使おうと挑戦し、次第に英語運用能力と自信をつけていることも事実である。その姿を見るにつけ、本当に喜ばしい気持ちになる。教師も生徒と同様に、体験的学習と分析的学習をうまく融合させていくことで、無限に成長する可能性を持っている。そうやって生徒とともに学び成長する教師の姿は、生徒の良き**ロールモデル（role model）**である。どんなに優れた教科書や参考書よりも、ずっと価値ある「生きた教材」であり、最高の「教育環境」を生み出すことができるであろう。そんな風に挑戦し続ける教師を、これからも全力で応援していきたいと思う。

第3章
CLIL（内容言語統合型学習）の目指す英語教育

第2章では、フォーカス・オン・フォームを取り入れた英語教育のあり方について見てきた。フォーカス・オン・フォームと同じく、昨今の言語教育界で注目を集めている教育法に、CLILがある。CLILはContent and Language Integrated Learningの略称であり、内容言語統合型学習と訳されている。本章では、CLILの目指す英語教育について紹介したい。

- 統合型のCLILアプローチ　72
- CLILの「4つのC」　75
- CLILのさまざまな利点　77
- CLILのバリエーション　85
- CLILとフォーカス・オン・フォームの関係　88

統合型のCLILアプローチ

現代のグローバル化した世界での言語教育ニーズに応えるアプローチとして、日本でも早急な普及が期待されるのがCLILである。ここではCLILとは何かについて紹介していきたい。

言葉の「学ぶ」と「使う」の融合

　CLILはContent and Language Integrated Learning（内容言語統合型学習）の略称である。フォーカス・オン・フォームが北米生まれの教育法なら、CLILは同時代に複言語主義の理想を掲げたヨーロッパ共同体の中で生まれ、育まれてきた考え方である。現在は、ヨーロッパを中心に世界的に広がる言語教育アプローチである。日本でも、筆者が携わってきた上智大学のCLILプロジェクトを皮切りに、小学校外国語活動、中学・高校英語授業、そして大学での英語及び他専門授業にわたって、少しずつだが着実に広がりを見せてきている。

　CLILとは、言語教育と他教科などの内容教育とを統合した形で行う教育方法の総称である。教科内容を題材にしてさまざまな言語活動と指導を行い、外国語の4技能を向上させていくことを目指す。教科内容は学校の特色やニーズによって変わるが、主に社会や理科などの題材を扱ったり、時事問題や異文化理解などのトピックを扱ったりする。CLILでは、言葉を内容伝達の重要な媒体として捉えて、内容を広く深く理解していく学習を大切にしている。CLILの"I"が示す「統合的」（Integrated）ということが一つの重要なキーワードであり、その点で、従来のような言語形式を場面や状況から切り離して個別に教えていく「分離型」ないしは「分解型」言語教育アプローチ（separated / disjointed approach）とは異なる。

　また、CLILのアプローチを端的に表す表現として、次の言葉がよく使われる：**"Learn as you use, use as you learn."**（「使いながら学び、学びながら使う」：Mehisto, Marsh, & Frigols, 2008, p.11）。言葉は使う中で学ぶべきであり、同時に、学ぶから使えるようになる。このような"learning by doing"の考え方は、TBLTやCBLTの考え方とも共通する。それは従来の"Learn now, and use later."の考え方とは、大きく異なる。従来型の教育の場合は、学ぶことが優先事項となるため、使うことはどうしても後回しになってしまいがちである。学びのすぐ後に学んだことを使う機会があればいいが、多くの場合は、学校卒業後、はたまた、いつまで経ってもそういう機会が訪れない。そして、学ぶことばかりで

使う機会に恵まれない学習者は、いつしか「英語嫌い」になってしまう。それでは何のための英語教育かわからなくなってしまう。CLILでは、「いつか、そのうち、どこかで英語を使う」ではなく、「今、すぐに、ここで」をモットーとする。

使わずに学べるか？

　従来型の教育観から言えば、「学ばずして、どうやって使えるようになるのか？」「だから、まず今は学ぶことに徹して、しっかりと定着したら使っていけばいい」となる。しかし、CLIL的な観点から言うと、次のような逆の質問になる。「使うことなしに、どうやって学ぶことができるのか？」「使うからこそ、その必要性や重要性がわかり、学びが進むのではないのか？」。

　CLILでは、学習（learning）と使用（using）を別のものとして捉えるのではなく、相互補完的で相乗効果の期待できる関係であると考える。図11（74ページ）に示されるように、使うからこそ、学ぶべきポイントがはっきりと見えてくるのであり、それが、「もっと学びたい。しっかりと学ぼう」につながっていく。そして、学んだ後は、それを試してみたくなり、使う中でそれが機能することを確認していく。その過程で、学びは自然と深くなり、学習の動機づけも強くなる。今の多くの生徒たちが抱く「なんで英語を勉強しなきゃいけないの？　これって何の意味があるの？」といった疑問を挟む余地もなくなる。多くの生徒たちが、英語学習に意味を見出せない第一の原因は、学習目的が不明確であることと、学びが単調で退屈なことにある。学習と使用の順序がどうこうということよりも、両者の価値を認めたダイナミックな学習観こそが、停滞した教育状況からの打開策となろう。

図 11 ● 学習と使用の関係：従来型の教育観 vs. CLIL の教育観

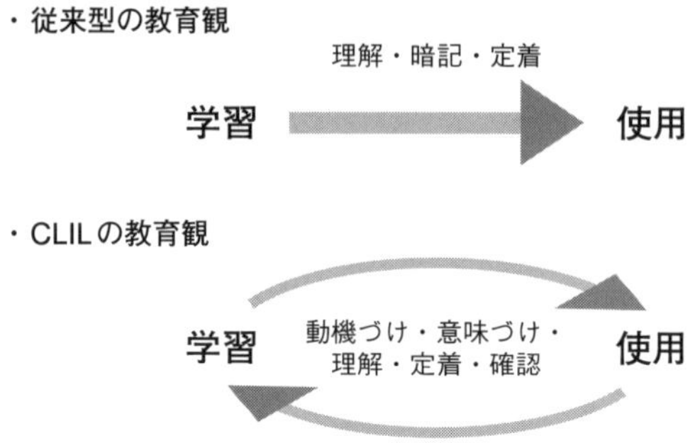

・従来型の教育観

学習 　→(理解・暗記・定着)→ 　使用

・CLIL の教育観

学習 ⇄(動機づけ・意味づけ・理解・定着・確認) 使用

　また、CLILの言う「使う」とは、スピーキングやライティングといった産出技能だけに当てはまるのではなく、リスニングやリーディングといった受容的な言語使用にも使われる。目指すのは、内容理解と言語形式の習得だけでなく、4技能を使いこなす能力の育成にある。リスニングして聞き取ったことをノートに書き取り、それをグループでディスカッションして、まとめとしてレポートを書くといった具合に、4技能を統合して教育を行う中で、言語と内容ともに豊かな教育を実現しようとするのがCLILなのである。

CLIL の「4つの C」

CLILの特徴とは何なのか。ここではCLILの重要な指針とも言える「4つのC」を取り上げ、見ていきたい。

「4つの C」で教育の質を向上させる

　CLILの特徴を語る上で、「**4つのC**」（**4Cs**）は欠かせない。「4つのC」とは、**Content**（科目やトピック）、**Communication**（語彙・文法・発音などの言語知識や、読む、書く、聞く、話すといった言語スキル）、**Cognition**（さまざまなレベルの思考力）、**Community** または **Culture**（共同学習、異文化理解、地球市民意識）である（図12参照）。CLILでは、これら4つのCを統合した形で、言語教育の質を最大限に高めようとする。

図12 ● CLIL の「4つの C」

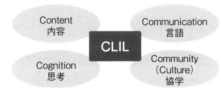

　CLILでは、できるだけ我々が現実に目にするオーセンティックな素材（新聞、雑誌、ウェブサイトなどの本物素材）を活用することを奨励している。それは言葉の教育をなるべく実生活から分離しないという考え方の現れでもある。また、文字だけでなく、音声、数字、図、絵、写真や映像といった多角的な角度からの情報を活用することを奨励する。そうすることによって、理解や暗記に頼るだけの学習ではなく、応用、分析、評価、創造といったさまざまなレベルの思考力を刺激する狙いがある。

　さらに、タスクを使って生徒の主体的な学びを促したり、ペアやグループ活動の中で、協同学習の面白みや可能性に気づかせたりしていく。加えて、異文化理解や国際問題の要素を取り入れて、生徒のニーズに即した援助も積極的に行っていく。また、ノートテーキングやリーディング・ライティング方略、パブリック・スピーキング指導、そして必要に応じては、学習スキルの指導も盛り込んでいく。

まさに盛りだくさんであるが、4つのCを指針として、こういった理想の教育を可能にしていくのである。

　4つのCのつながりを表現するならば、次のようになるだろう。語るべき内容（content）があるからこそ、他者に伝える手段としての言葉（communication）が必要になる。また、考えるべき内容があるからこそ、思考（cognition）が刺激され、広がりと深まりを増していく。さらに、他者との交わり（community）があるからこそ、コミュニケーションが重要になっていくのである。要するに、4つのCは、それぞれが支え合って存在しているが故に、教育の質の向上を掲げるCLILで大事な指針となるのである。

CLIL のさまざまな利点

CLILの教育的利点は何か。生徒にとって、また教師にとっての両方の側面から述べていく。

多重知能と記憶メカニズムへの働きかけ

　CLILの教育的利点にはさまざまなものがあるが、その一つに生徒の持つ**多重知能（multiple intelligences）**への働きかけが挙げられる。知能の定義は学者によってさまざまだが、最近の研究では、知能とは一つの能力を指すのではなく、さまざまな能力の総合体であるという考え方が普及してきている。これが多重知能の理論（MI理論）である。それによると、人間の知能は少なくとも八つの分野を有し、人によってその強みや弱みが異なると考えられている（図13参照）。また、それぞれの知能は単独ではなく、複合的に働き、知能同士が補い合う中で、人は自分の可能性を引き出していけると考えられる。

図13 ● 多重知能の理論

　従来型の英語教育で重視されてきたのは言語的知能であるが、その中でも特に文法分析力や暗記力といったより狭い意味での知能が極端に強調されてきた。そういったクラス環境の中では、文法的感受性に優れていない子や暗記が苦手な子は、劣等生のレッテルを貼られてしまいがちであった。そして劣等生と印を押された子どもたちの多くは、「英語が苦手」、または「英語が嫌い」といった感情を抱き、最悪の場合は英語を避けるようになってくる。しかし、英語の好き嫌いや得意不得意は、文法的感受性や暗記能力だけで決まるものではないはずである。もし彼らが「嫌い、苦手」と言っている英語が、機械的で無味乾燥な文法学習と単語の暗記作業だけを意味しているならば、これからの英語教育は、英語を本来の意味での言葉として、またコミュニケーションの手段として扱うことで、狭い意味での「英語」の限界を乗り越えていかなければならないだろう。

CLILでは、英語を生きたものとして捉える。そして、言葉と内容教育の両方に焦点を当てるので、必ずしも言語能力が高くない生徒であっても、内容面に興味や強みがあれば、CLILのクラスで十分に学んでいける。例えば、英語で行われる音楽の授業なら、音楽が得意な生徒は、その強みを生かして英語で伝えられた内容を理解するであろうし、発話意欲もおのずと湧いてくる。博物学的知能に長けた生徒は、その得意分野に関するトピックで、グループ・ディスカッションをリードしていけるだろう。要するに、さまざまな内容と英語学習を結びつけることによって、これまで以上に個々の生徒の活躍の場が広がり、相互に学び合う機会も増えるのである。

　CLILは、生徒の多角的な知能に訴えかけるという点に加えて、人の記憶メカニズムの点からも理にかなっていると言える。人の記憶は、単なる情報を次から次へと積み重ねていくことで広がり深まるものではない。学びと定着は、外から入ってくる新情報と、学習者がすでに持っている既存知識を密接に結びつける結果として起こる。だから、無意味な言葉をただ繰り返すだけの学習は、動機づけの面からだけでなく、認知的な面から見ても、実はとても不自然で難しいことなのである。本来、人間はコンテクストの中で自分に関連する意味を見つけると、それが引き金となって学びが生じ、記憶を強固にすることができる。「なるほど、そーか」というヒラメキは、学習者の中で既存知識と新情報が結びついた証である。そうして記憶された情報は、意味や場面が結びついているため、取り出すことも容易になる。

　例えば、ニュージーランドの紫外線について、CLILの授業で取り扱うとしよう。英文の記事を生徒に読ませ、要点をメモしてもらい、グループ・ディスカッション、プレゼンテーションという流れを踏んでもらう。その中で生徒たちは、ozone layer、ultraviolet、skin cancerといった単語に触れていく。読む、書く、聞く、話すに加え、自国との比較、他者との意見交換を通して、記憶はダイナミックに広がり深まっていくだろう。こうして得た情報は、後から取り出して使える情報になるに違いない。これとは対照的に、"ozone layer – オゾン層、ultraviolet – 紫外線、skin cancer – 皮膚がん"というように、単語帳のみを利用した暗記作業では、なかなか定着した記憶には結びつかない。このように、CLILは忍耐や根性でひたすら言語学習を進めようとする教育方法とは異なり、生徒の本来持つ個性と能力を最大限に生かしながら言葉を学ぶことを可能にする言語教育アプローチなのである。

オーセンティシティーとモチベーション

　CLILの別の利点として、**オーセンティシティー（authenticity）**を最大限に利用することが挙げられる。オーセンティシティーとは「真正さ」や「本物感」と訳されるが、CLILでは、生きた言葉をできるだけ、そのまま使うという意味になる。前述したように、CLILでは新聞、雑誌、インターネットなどに出てくるオーセンティックな素材を積極的に使うので、日常生活から素材の発掘が無理なくでき、その活用方法も、意見交換や発展学習に至るまでさまざまなことが考えられる。一方、従来型の形式重視の教育だと、どうしても教材が日常生活からかけ離れた英文や、特定の言語形式を取り扱った不自然な素材になりがちである。同時に、内容的な統一性も欠けてしまいがちとなる。

　教材がオーセンティックだということは、そこに言語習得の3要素である形式・意味・機能が自然と備わっていることを意味する。つまり、CLILでは、形式と意味の結びつきを、すでにそこにあるコンテクストの中で自然と教えることができる。生徒の情緒面から言うと、CLILは生徒の学習へのモチベーションを大いに引き出す可能性を秘めている。一般的に、人は形式よりも意味により深い興味を示すと言われている。なのに、「今日は関係代名詞を勉強します」と言って授業を始めたら、一体どれだけの生徒が、目を輝かせて興味を示すだろうか。決して関係代名詞を教えるなと言っているわけではないが、言語学専攻の学生でもない限り、関係代名詞それのみに興味・関心をそそられる学生は少ないということである。それよりも、今日の授業ではどんな話題が取り上げられるのかといったことの方が、より生徒の興味・関心を引くことができるだろう。さらに、その話題や教材が、実際に英語圏で使われているとなれば、なおのこと生徒は興味を示してくれるであろう。授業で取り上げられる英語がオーセンティックかどうかという点は、教師が思っている以上に生徒は敏感である。オーセンティックということそれだけでも、生徒のモチベーション向上に大きく貢献できるはずである。

◎ 間違いを恐れる生徒の言語不安

　形式ばかりにこだわった授業では、どうしても間違いを恐れやすくなる。これも生徒のモチベーションを抑制してしまう大きな要因である。教師も生徒も、誰が間違うかといったことに多大に注意を向けることになってしまうからである。特に、教師が言語形式を一から十まで教えているような場合には、言語的な正確

さへのこだわりが必要以上に強くなり、間違いへの恐怖も自然と高まる。また、いつも正解が一つしかないような環境では、生徒の発話が著しく制限され、発話意欲が削がれてしまっても不思議ではない。完璧主義になってしまうと、到達意欲よりも安全志向の方が強くなってしまう。「授業中は、できるだけじっと身を潜めて黙っていよう」「できるだけ必要最低限のことしか言わないようにしよう」という授業態度になってしまう。他の科目の授業はいざ知らず、せめて英語の授業では、自由に発言、挑戦できる機会を生徒たちに与えてあげたい。

CLILの授業でも、**言語不安（language anxiety）**が全くなくなるわけではない。しかし、従来の形式重視の授業環境と比べると、言語不安はかなり和らげることができると期待される。それは、形式よりも意味により一層注目するからであり、生徒が内容への関心を高めれば高めるほど、発話意欲を増していくことができるからである。このように、生徒に安心感を与える授業作りをするためには、教師が生徒の言語ニーズに十分配慮することは当然である。例えば、リスニングでは、耳だけでなく目にも訴える教材を豊富に示してあげるとか、スピーキングに際しては、プランニングやリハーサルの時間を設けたり、また全体発表の前にペア・シェアリングの時間を設けたりするなど、さまざまな工夫をすることが必要になってくるだろう。

生徒の自律性の育成

生徒の**自律性（learner autonomy）**を育むことができるという点も、CLILの大事な利点である。「馬を水場に連れて行くことはできるが、無理やり水を飲ませることはできない」（You can lead a horse to water, but you cannot make it drink.）とあるように、英語学習も教師がいくら意欲的に英語を教えたところで、生徒自身が意欲的に学ばなければ、言語習得は成功しない。外国語学習における自律性とは、生徒自身が主体性と責任感を持って学習活動に取り組む力のことを指す。この概念は、英語習得が学校の授業だけに留まらず、日常生活での、はたまた学校卒業後の継続的学習を意味するところから考えても、その重要性は計り知れない。

英語で話しかけられたら、どう返答すればいいか。読まなければならない英文の読解に困ったら、どうすればいいか。こういった事態に対処していかなければならないことは、現代社会のコミュニケーションの常である。それは自己責任と

自助努力によって成り立つ世界であると言っても過言ではない。この大切な自己責任感を養うことも、教育の重要な側面である。従来の教師主導の英語教育に見られるような、教える側（教師）と教わる側（生徒）といった固定された関係からは、真の意味での生徒の主体性は生まれにくい。なぜなら、生徒は常に受動的立場であり、他者依存的な存在であるからだ。

それに対して、CLILでは、比較的自由度の高いタスクや、自らが選択したテーマに沿ったプロジェクト・ワークなどをふんだんに活用して授業が行われるため、生徒の主体性が奨励される。自律性とは、生徒に選択肢が与えられ、自分で考え行動する中でしか育たない。そのため、授業で行う活動が"やらされ活動"となってしまわないよう、生徒が活動に意味や意義を見出せるような授業作りを考えていかなければならない。

協学と自律性の関係

CLILの英語授業では、4つのCの一つである協学（community）の理念に沿って、生徒同士でペアやグループ活動をすることも多く、自律性と同時に協調性も育まれることになる。自律性と協調性は補完的な関係にあり、自律した学習者が互いに触発し、協力し合う中で、学習共同体が作られるのである。日常生活のコミュニケーションでは、発言内容も言語形式も、全て自分で考えていくことが求められる。その際、必要なら他者の力を借りたり、また力になってあげたりもする。同様に、授業内でタスクやプロジェクトに取り組む中で、自分1人だったら行き詰まってしまう局面で、クラスメイトや教師に助けられる、また自らが助けとなっていく。そういった過程を経て、お互いへの理解や尊重の心を深めていく。

こういったことも、学びの大事な一部のはずである。しかし、一方的な知識伝達に偏った学校教育では、知識獲得以外の側面はどうしても影に追いやられてしまいがちである。CLILは、そういった教育のあり方に挑戦していく試みでもある。教師にとっての課題は、指導すべき点はしっかり主導権を握って生徒を引っ張っていき、生徒主体にできるところは思い切って生徒に任せ、支援できるところでは必要な支援を過不足なくしていくことである。そういった授業運営の中で、生徒の英語力のみならず、自律性と協調性も同時に育てていくことを目標とする。

教師にとっての利点

◎ 教師の多重知能と多彩な才能を活用

　CLILの利点はまだまだあるが、ここで最後に挙げておきたいのは、CLILの教師にとっての利点である。CLILは生徒の多重知能に訴えかけて、多彩な個性を輝かす可能性があると述べた（77ページ）が、同様のことが教師にとっても言える。英語教師と言っても、必ずしも英文法だけを得意とするわけではなく、それぞれ何らかの得意分野があるものである。例えば、音楽的才能やスポーツに長けている場合もあるだろうし、社会や理科といった他教科が得意な場合もあるだろう。もしくは、趣味で旅行や料理が好きな教師もいるかもしれない。CLILの授業では、そういった教師の多彩な才能を生かす場がたくさんある。

　しかし、従来型の英語授業では、残念ながら、こうした教師の隠れた才能は、生かされていないことが多い。そしてこの状況は、日本人教員だけでなく、外国人補助教員（ALT: Assistant Language Teacher）にも当てはまることである。上智大学の研究チームが最近行った「小学校・中学校・高校で働くALTの実態に関する大規模アンケート調査研究」では、多くのALTが教育現場で自分の能力が十分に発揮されていない、もしくは、活用してもらえていないと感じていることが報告されている（pweb.cc.sophia.ac.jp/1974ky参照）。多くのALTは、授業で行われる活動やタスクの企画や準備にもっと携わりたいと思っており、日本人教師ともっと交流したいと感じている。こうした貢献意欲の高いALTがいる中で、彼らがただネイティブの発音を聞かすためだけの「人間CDプレーヤー」として扱われているとしたら、大変に残念なことである。これからは、日本人教師とALTの交流がもっと深まり、お互いに協力し合いながら、日本の英語教育に貢献していってもらいたいと思う。

　そのためにも、日本人教員とALTともども、その多様な才能をもっと生かせるような授業作りを考えていく必要がある。教員の才能の活用は、生徒の多重知能に訴えることと同じくらい重要な課題である。教員の仕事へのやりがいや満足感と、教員間の交流の豊かさは、直接的また間接的に授業に反映され、それが生徒たちのやる気と成長につながっていくからである。ただ、当然のことながら、教師が得意だからと言って、生徒の興味・関心やニーズを考えないで自分の趣味を披露するとか、一方的な説明調の授業に陥るべきではないことは言うまでもない。

◯ 教師の言語不安の克服

　教師にとっての言語不安の問題に対しても、CLILの授業は役に立つだろう。教員の抱える言語不安の問題は、普段あからさまに語られることは少ないが、英語で授業を行うことに躊躇、または緊張してしまう教員は決して少なくない。特に自らがそういった授業を受けた経験がないと、お手本にするものがないので、より大変である。英語教育改革を遂行する上で、このような不安をどう軽減していくかを真剣に考えていかなければならないだろう。

　形式偏重の授業では、クラスの注目が極端に形式に注がれることになる。そういった文法的正確さを強調する授業では、間違いを犯すことが、「しっかりと学習していない」証拠となってしまうので、生徒たちの緊張感は増すばかりである。生徒に間違いを許さない雰囲気の中では、もちろん教師自身も同じ立場に立たされるので、生徒の前で間違えずに完璧に話さなくては、過大なプレッシャーを背負うことになる。そして、いつしかこの理不尽な完璧主義は、安全志向へと発展していく。教師も生徒も、間違いを犯すのが怖いから英語で話すのを避ける、避けるから慣れない、慣れないから怖い、怖いから避ける、といった悪循環に陥ってしまう。

　CLILでは、そういった悪循環から逃れる一つの術を与えてくれる。CLILの授業では、従来の英語授業のときよりも、意味への注目度が圧倒的に増す。それと比して、形式への注目度は下がることになる。伝える内容が重要になればなるほど、思い入れが強くなればなるほど、偏狭な形式への完璧主義が無意味になってくる。海外に行ってトラブルに巻き込まれたシーンを思い浮かべてほしい。必死に英語で状況を説明しようとする際、完璧な英文法などにこだわっている場合ではないだろう。そういったことを考えると、英語のコミュニケーションの実践とは何かが、はっきりと見えてくる。CLIL教育の目標は、「装飾品としての英語」(English as an accessory, decorative or ornamental language) を学ぶことではなく、「意味を伝える道具としての英語」(English as a tool for communication) を身につけることである。

　これまでの形式偏重の授業では、普段教師は日本語を使い、答えの決まった練習問題をすることが多かったので、英語に対する言語不安といったことはあまり問題とはならなかった。しかし、それは決して言語不安を乗り越えた姿とは言えないだろう。言語不安は避ければいいというのではなく、克服することに意味が

ある。生徒の言語不安を解決していくためには、まず教師自身が自分の言語不安を解決していかなければならない。教師が率先して英語で話そうとする姿が、生徒のロールモデルとなるのである。CLILは、そういった教師の努力を応援する教育アプローチでもある。

CLIL のバリエーション

一口にCLILと言っても、そのカバーする範囲は広い。そこで、CLILのさまざまなバリエーションについて、触れておきたい。

4つの観点から分類

図14に示すのは、CLILの種類を主要目的、授業頻度、授業内比率、使用言語に基づいて分類したものである。ここで表す区分は連続体なので、中間地点での選択も当然可能である。

図14 ● CLILのバリエーション

Soft CLIL 英語教育	目的	Hard CLIL 科目教育
Light CLIL 単発的／小数回	頻度・回数	Heavy CLIL 定期的／多数回
Partial CLIL 授業の一部	比率	Total CLIL 授業の全部
Bilingual CLIL 英語・日本語	使用言語	Monolingual CLIL 英語

（池田, 2011a, p. 10に基づく）

○ 主要目的による分類

まず、授業の主要目的が英語の学習か他教科内容の学習かによって、**Soft CLIL**と**Hard CLIL**に分けられる。中・高の英語科の場合、英語教育が主目的となるため、Soft CLILという選択になる場合が多いだろう。しかし、最近ではグローバル推進教育の流れもあり、濃い内容を扱った英語授業を見る機会も多くなってきた。英語の授業は、まず言葉の教育が主で、中身はその次であるという観念が薄れてきているのである。これは世界的に見ても同じことが言え、真のグローバル人材を育てるための必然的な傾向と言ってもいいであろう。いずれにせよ、Soft CLILといえどもCLILであるからには、4Cの指針を取り入れた内容豊かな言葉の教育でなければならない。テキストの語彙や文法理解だけに留まらずに、題材について話し合ったり、時には関連する外部教材を使って発展学習をしたりといった工夫が必要である。

第3章 CLIL（内容言語統合型学習）の目指す英語教育

Hard CLILにおいては、科目内容により重点が置かれるが、CLILである以上、言葉の教育と支援も忘れてはならない。CLILの対象となる生徒にとっては、教育言語は外国語になる。日本人にとっては、外国語である英語を主として授業が行われるということである。そのため、母語話者を対象にしたときと同じような教え方では、生徒の内容理解に困難が生じてしまい、言語習得もうまくいかなくなるだろう。だから、教師は生徒の理解度に応じてティーチャー・トークを考えなければならないし、視覚教材などもふんだんに活用していかなければいけないだろう。また、内容重視のタスクを使って、体験的学習を勧める工夫も必要となろう。

　一般的に、Hard CLILは、その聞こえから上級者向きと考えられがちだが、必ずしもそうとは限らない。生徒たちがこれまで触れたことのない全く新しい内容を教えるのはともかくとしても、他の科目ですでに習った内容を、今度は英語で学ぶ、もしくは、英語で発展させた形で学ぶというのであれば、上級者だけでなく、中級者、初級者にも十分に使えるはずである。

◯ 頻度・回数と比率による分類

　CLILの実践は、その頻度・回数を調整していくことができる。学期中にCLILを多数取り入れる場合は**Heavy CLIL**、数回の場合は**Light CLIL**と呼ばれる。Heavy CLILの場合は、まずトピックベースのカリキュラムを考案し、それをいかにCLIL化するかを考える必要がある。Light CLILは、もう少し手軽に取り入れることができ、例えば、英語検定教科書の題材を使って、学期中に数回CLILの授業を導入するところから始めることができる。同様のことは比率においても言え、授業時間の全部を使ってCLILを行えば**Total CLIL**となり、一部なら**Partial CLIL**となる。CLILの利点を最大限に生かすには、HeavyプラスTotal CLILが理想だが、これもいろいろなことを考慮した上で、一授業に15分程度のCLIL活動を取り入れるところからスタートしていってもいいだろう。

◯ 授業内使用言語による分類

　使用言語についても、授業中全て英語で行わなければならないというわけではない。当然、目標言語である英語だけを使って**Monolingual CLIL**の授業を行えば、それだけ英語のインプット、アウトプット、インタラクションの機会が増えるのでいいが、日本語の併用も時には有益なので、**Bilingual CLIL**という選

択肢もある。しかし、日本語の方が簡単で手っ取り早いと安易に捉えてしまうと、いつの間にか日本語だけの授業になってしまう恐れがあるので、基本は英語で行うというスタンスを取るのが望ましいだろう。

　文法指導においても、説明の部分は日本語でと最初から決めつけないで、まずは英語でわかりやすく説明する努力をすることが、CLIL授業の成功につながっていくだろう。「わからなければ日本語で」という発想ではなく、「こここそは日本語で」というときに日本語を使うといった姿勢が望ましいだろう。教師にとっての課題は、英語でのインプット、アウトプット、インタラクションを最大限にしつつも、母語の利点や特性をどう生かしていくかということになる。後に紹介する授業実践案では、日本語を取り入れた活動もいくつか紹介していきたい。

　以上、見てきたように、CLILにはさまざまなバリエーションが存在するので、必ずしも内容学習を英語のみで行うことがCLILではないとわかっていただけたのではないだろうか。「うちの学校でCLILは無理だ」と決めつける前に、少しずつでもCLIL的な活動を授業に取り入れていってもらえればと思う。

CLILとフォーカス・オン・フォームの関係

最後に、頭を整理する意味でも、CLILとフォーカス・オン・フォーム、そしてその他の言語教育アプローチやメソッドとの関係をまとめておこう。

さまざまな教授法とフォーカス・オン・フォーム、CLILの関係

図15は、さまざまな言語教育アプローチやメソッドを、EFL〜ESLの観点から、そしてフォーカス・オン・フォームの観点から相対的に表したものである。

図15 ● 異なる言語教授法の関係

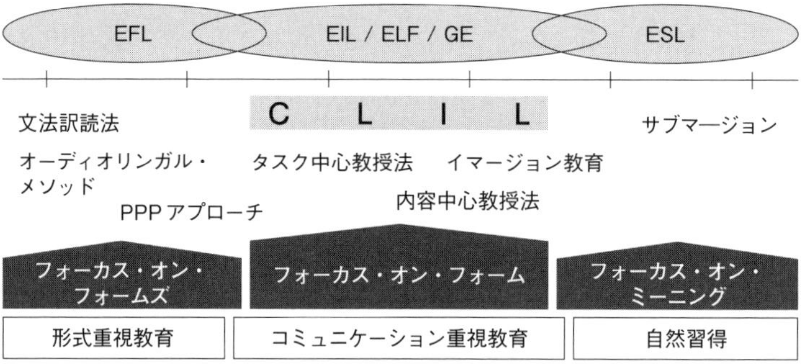

EFL	EIL / ELF / GE	ESL
文法訳読法	C L I L	サブマージョン
オーディオリンガル・メソッド	タスク中心教授法　イマージョン教育	
PPPアプローチ	内容中心教授法	
フォーカス・オン・フォームズ	フォーカス・オン・フォーム	フォーカス・オン・ミーニング
形式重視教育	コミュニケーション重視教育	自然習得

EFL/ESLの二元論を越えて

図15の左側に表されているのが、いわゆるEFLと呼ばれる「外国語としての英語」であり、右側がESL、つまり「第2言語としての英語」である。こういったEFL対ESLといった区分けは昔からよくされてきたが、グローバル化した世界においては、このような厳密な分類が徐々に意味を失いつつある。確かに、生徒が日常生活で英語を使うニーズといった意味で、アメリカなどの英語圏で英語を習得するのと、日本の学校教育で英語を学習するのには、大きな違いがあるのは事実である。しかし、インターネットや海外旅行（日本人が外国に行く場合と外国人が日本に来る場合の両方）がここまで普及した現代の社会では、日本国内でも英語に触れるチャンスはたくさん溢れている。

逆に、アメリカのような環境であっても、日本人で固まらない、積極的に社交

の場などに出向いて英語を使うなどの努力がなければ、英語にどっぷり浸かるということは、実はとても難しい。特に日本人コミュニティーのできあがった大都市などでは、日本人が英語でコミュニケーションすることを避けて生活することは思いのほか簡単である。日本人同士で固まって各種の情報を交換すれば、英語の必要性は限りなくゼロに近づくからである。外国に行っても、日本語でのインターネット使用時間を制限するとか、自ら英語で人に話しかけるとか、英語の本をたくさん読むとか、英語で日記を書くなど、さまざまな積極的な努力がなければ、英語習得は難しい。しばらくの間外国に住んだからといって、その国の言葉を自然に学べるわけではないということである。

そう考えると、EFLだから使用ニーズやチャンスがないとか、ESLだから英語使用ニーズがふんだんにあって、自然と「ペラペラ」になるというのは間違っている。そもそもニーズという考え方も、客観的に見て絶対に必要だとか、ないと絶対に困るというところから来るというよりも、使用者が主観的に好むから使う、求めるから世界が広がるということに準ずるところが大きい。さまざまなことが便利になり、生活に多様な選択肢が広がった現代世界では、特にそうであろう。「必要ない」という思い込みが、必要性を大きく左右する。ニーズはどこからか勝手にやって来るものではなく、自分の積極性と努力で切り開いていくものである。そういった積極的なニーズ観があってこそ、英語能力は育ち、またそこに新たなニーズが生まれてくるのである。

EFL/ESLという二元論を越えて、図15の中央に広がるのが、両者を包含した**EIL（English as an International Language：国際語としての英語）**や**ELF（English as a Lingua Franca：共通語としての英語）**、もしくは**GE（Global English：グローバル英語）**の世界である。日本国内でも、英語を使う機会は少なからず存在するし、また英語圏でない国に行った際も、英語を国際語・共通語として使わなければならないことは多い。話す相手はいつも英語のネイティブとは限らず、日本語やさまざまな国の言葉に影響を受けたアクセントのある英語に触れることもとても多い。昨今では、ノン・ネイティブ同士の英語での交流が、ネイティブとの交流よりも多くなることは珍しくなくなっている。そういった観点から言えば、英語はもはや「外国語」の枠を超えて今我々の住む世界に存在しており、「第2言語」とは言わずとも、「世界とつながるために必要な必須言語」として捉えられなければならないだろう。そして、そういった英語の捉え方から見ると、従来型の英語教育の範疇を越えた学びの姿が、おのずと浮かび上がっ

てくるのではないだろうか。

形式重視〜意味重視の教育

　図15（88ページ）の左側に位置するのが形式重視言語教育であり、前章で見たフォーカス・オン・フォームズのアプローチである。具体的には、文法訳読法やオーディオリンガル・メソッドを使った教え方、もしくはそれにコミュニケーション活動を付け足した**PPPアプローチ（Presentation-Practice-Production Approach）**が主流となる教育法である。PPPアプローチは、やり方によってはフォーカス・オン・フォームに近くなる可能性もあるので、この図では、あえてフォーカス・オン・フォームと重なった場所に示してある。特に文法指導の際に、意味とコンテクストに相応の気を配り、コミュニケーション活動では意味伝達を重視して行うことで、フォーカス・オン・フォームと呼べる指導になり得るだろう。ただ、現状では、なかなかそうなっていないことも多いので、図15では、まだフォーカス・オン・フォームズ寄りに位置づけられている。

　一方、右側に位置するのが、自然習得を重んじる意味内容重視のフォーカス・オン・ミーニングである。サブマージョンとイマージョンは、時々同じだと勘違いされるようだが、サブマージョンは目標言語にどっぷり浸かることによって、否応なしにその言葉を習得することを期待するアプローチである。sink or swim「沈むか泳ぐか」という考え方なので、最終的に泳げるようになることが期待されるが、現実はそううまくいかないこともある。子どもの言語習得ではうまくいったとしても、思春期を越えた年齢からだと、そうはいかないことも多い。たとえ泳げるようになったとしても、必ずしもきれいなフォームで泳げるようになるとは限らない。「犬かき」のような泳ぎ方、つまり前章で見たような、細かな文法面に見落としのある「粗削りの英語力」となる可能性があるからである。また、高度な言語使用、例えば、アカデミック・リーディング／ライティング能力やパブリック・スピーチやディベートなどを行える能力は、それなりの教育や訓練を受けないと、自然にはなかなか身につきにくい。そのため、サブマージョン環境での英語習得は、かなり個人の素質や努力に頼るところが大きいと言える。

　サブマージョンがモノリンガル教育（monolingual education）ならば、イマージョンはバイリンガル教育（bilingual education）を目指している。サブマージョンが、単に英語環境に生徒を放り込むというものなら、イマージョン教育は、母語話者

ではない学習者を対象に、目標言語で教科教育を行うアプローチである。教師は、生徒の言語的ニーズに対応して教材を準備した上で授業を行ったり、体験型タスクを取り入れたりする中で、内容重視教育を目指す。ただ、従来型のイマージョン教育では、教科指導にこだわり過ぎるあまり、言語指導が二の次になることも多かったため、言語習得の面で行き詰まりを感じていた。そのため、現在では、フォーカス・オン・フォームの手法を取り入れて教育を行うようになってきている。図15では、それを反映して、イマージョン教育がフォーカス・オン・フォームとフォーカス・オン・ミーニングのちょうど中間地点に位置づけられている。

CLILとフォーカス・オン・フォーム

　これらの教育アプローチに対して、ちょうど中央に位置して、EIL・ELF・GEの世界で最も期待されているのが、タスク中心教授法や内容中心教授法であり、CLILである。これらの教授法に、意識的にフォーカス・オン・フォームを取り入れることで、タスク達成や内容学習のみならず、言語習得も促していくことを目指している。これらが、母語話者ではない学習者を対象にした「コミュニケーション重視教育」と呼べるものである。

　図15（88ページ）で、CLILの幅が広がっているのは、これまでに見たようにCLILにはさまざまなバリエーションがあるからである。どのようなバリエーションを選ぶかによって、フォーカス・オン・フォームズに近くなったり、フォーカス・オン・ミーニングに近くなったりする。Soft CLILを追求し過ぎて、あまりにも形式に焦点が当てられ、内容面がおろそかにされると、フォーカス・オン・フォームズとなってしまうだろうし、Hard CLILで内容面にばかり気を取られて、言語面がほったらかしになると、フォーカス・オン・ミーニングになってしまう。しかし、CLILの4つのCを基に、内容と言語を統合した教育を行っていくならば、それはフォーカス・オン・フォームのアプローチとほぼ同一のものとして扱われる。

　フォーカス・オン・フォームとCLILといった名称は、その由来や地域性、及び理論的発展の背景の違いから来るものだが、教育実践面から考えると、その違いにこだわる必要はさほどない。しかし、ここでは、不必要な混乱を避けるためにも、教育アプローチ全体を指すときは「CLIL」を使い、コンテクストの中で形式に焦点を当てる活動や指導を指すときは、「フォーカス・オン・フォーム」

を用いることにしたい。つまり、CLILを広義の教育の意味で使い、フォーカス・オン・フォームを狭義の指導の意味で使うということである。その意味で、日本の英語教育は、CLILを基本的教育アプローチとして目指し、そこで創出される教育環境の中でフォーカス・オン・フォームを実現していくべきである。

まとめ

本章では、CLILの目指す英語教育について、その特徴と利点を多角的な角度から論じてきた。CLILでは言語学習と言語使用を分けて考えずに、両者を相互補完的で、相乗効果のあるものとして捉える。4つのCである言語、内容、思考、協学を教育指針として、それらを統合して教えようとする試みである。CLILの利点は数々あるが、それは生徒の多重知能や多彩な才能を最大限に生かし、生きた言語素材をできるだけ生きた形で用いるというところにある。そうすることで、生徒のモチベーションを向上させ、学習効果を高めていく狙いがある。また、自由度のあるタスクを活用して協学を促し、さまざまなスタディ・スキルやストラテジー・トレーニングを通して生徒の自律性を育成していく。CLIL授業の準備と運営においては、教師の多彩な才能を生かし、形式重視の授業では否応なしに高まりがちであった言語不安の軽減にも役立っていくものと期待される。

本章の後半では、CLILの形態が、その目的、頻度、比率、及び使用言語によって、さまざまに変化することを述べた。必ずしも、英語だけを使って新出の教科内容を教えることが、CLILの絶対条件ではない。例えば、英語検定教科書を使って、その内容を深める活動を一学期に数回行うことでも、CLILは実現可能である。どんな場合でも、4Cの考え方を念頭に授業準備を進めることが鍵となる。本章の最後では、CLILとフォーカス・オン・フォーム、そしてその他の教授法を相対的に概観した。EFLとESLの間に位置するEILの世界において、CLILの果たす役割は大きいと考える。

続く章では、第2・3章で紹介したフォーカス・オン・フォームとCLILの考えが実際の英語授業の中でどのように生かされるかについて、より具体的な活動案・授業案を提案する中で考えていきたいと思う。

Column 3 Sato & Lyster (2007)

ネイティブと学習者同士での会話、どちらが効果的か?

　日本の教室環境で英語を学ぶ際、生徒のほとんどが日本人だろうが、日本人同士で英語を話していて、本当に英語力がつくのだろうか。ネイティブと会話した方が良いのではないだろうか。このような疑問を抱く人は少なくない。このコラムで紹介するSato & Lyster (2007) の研究では、この点で興味深いデータを示している。

　この研究では、日本人大学生に、学習者同士でペアを組んでコミュニケーション・タスクを行ってもらい、そのタスクの中で起こった交流の様子を、同年代の英語母語話者（native speaker of English: NS）とペアを組んだときの様子と比べている。注目された点は、学習者の発話の間違いに対して、会話相手であるネイティブと日本人学習者が、どのようなフィードバックを返すかということと、そのフィードバックに対して学習者がどう返答するかということである。結果は次のようにまとめられる。

　学習者の間違いに対して、NSも日本人学習者も、「導き出し」(elicitation) と「言い換え」(reformulation) の2種類のフィードバックを使っていた。導き出しは、間違えを直さずに、相手の意図を問い正す方法のことであり（例: *Sorry? On the way?*）、言い換えは、間違いを直して返答することである（例: *They didn't got on the bus. → Yeah, they didn't get on the bus.*）。94ページの図Bに示されるように、NSと学習者の比較では、NSは言い換えの方を、学習者は導き出しの方をより多く使っていた。NSは学習者の発話意図を予測しながら言語的な訂正を加えるため、言い換えが多くなったと考えられる。その点、学習者は英語力がまだ限られているため、問い直しの形になることが多いようである。

図B ● フィードバックの比較

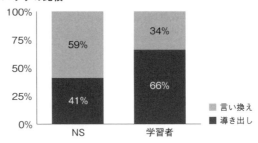

これらのフィードバックを受けた学習者の返答パターンは、図Cに示す通りである。

図C ● フィードバックに対する返答の比較

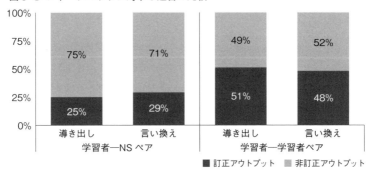

ここで示される「訂正アウトプット」(modified output) とは、フィードバックの後に間違いが訂正され、より正確になった発話の産出を意味する。一方、「非訂正アウトプット」は、間違いの訂正が行われない返答のことである。学習者 — NSペアでは、導き出しと言い換えのどちらのフィードバックに対しても、非訂正アウトプットの方が多かった。それに対して、学習者同士のペアでは、どちらのフィードバックに対しても、同程度の訂正と非訂正アウトプットが返されていた。つまり、フィードバックの違いにかかわらず、学習者相手の会話の方がNSと会話するよりも、訂正アウトプットの産出が多かったのである。

当初の予測としては、言い換えよりも、導き出しに対して訂正アウトプットが多くなるということだったが、実際の研究結果は、フィードバックの違いではなく、会話相手が誰であるかということの方が、訂正アウトプットの産出に大きく関係していることが示された。タスク後に学習者から得られた

感想によると、学習者同士でタスクを行う方が、緊張せずに自分のペースで受け答えができたということである。それに対してNSと対話する際は、プレッシャーと緊張感が増し、会話がネイティブ主導になるので、ついつい受け身になってしまったと述懐している。次の学習者のコメントが、そのことを的確に表している：" I was a listener when I was communicating with my native-speaker partner, and I was a speaker when I was working with Taka [a Japanese interlocutor]"（p. 140）．

　多くの日本人英語学習者は、ネイティブと会話することが英語上達の一番の近道だと考えている。しかし、この研究結果は、こういった単純な考え方に疑問を投じている。確かにネイティブは、英語モデルとして重要な役割を果たす。しかし、彼らは良きインプットの提供者ではあっても、必ずしも良きアウトプットの引き出し役にはならない。学習者の伝えたいことを予測して、会話をうまく運んでくれることは多いが、学習者のペースで考えさせてくれたり、言い直しの機会を与えてくれたりするとは限らない。学習者自身も、ネイティブは完璧な言語使用者だと思い込んでいるので、それが逆に心理的な圧力や距離感を生んでしまうことも多い。一方、日本人同士で英語を話す際は、お互いが学習者であるという安心感から、たとえ良きインプットの供給者とはなれなくても、互いに良きアウトプットの相手となることができる。心理的な面から、自分の思ったことを自分のペースで言っていい相手となるのである。

　英語圏に留学する多くの日本人は、ネイティブとの会話でスピーキング力を伸ばすことを夢見るが、実際に留学を終えて帰国する際は、「リスニング力は伸びたが、スピーキング力はそれほど伸びなかった」という感想を持つことが多い。これは筆者自身が、20代で初めてアメリカに長期留学した際に体験したことでもある。留学前はネイティブと話さなければ英語が伸びないと頑なに信じていたが、留学中にそうではないことがわかってきた。ネイティブと話す際、相づちを打ったり、簡単な返答や質問を挟んだりすることはよくあったが、こちらが長く複雑なことを話すチャンスはあまりなかった。一方、日本人や他の外国人学生と話す際は、さまざまな話題について会話したことが思い出される。振り返って考えてみると、現在の自分の英語運用能力は、ネイティブとの交流だけでなく、日本人を含むノン・ネイティブとの豊かな交流のおかげであると思う。

　もちろん、こういった経験には個人差もあり、ネイティブ、ノン・ネイティ

ブにもさまざまな人がいるので、一概には言い難い。しかし、ここで示したSato & Lyster（2007）の研究結果と合わせて考えてみると、英語学習の多様性と、日本人同士での英語対話の役割を、より一層評価できるのではないだろうか。言語習得において、いつもネイティブがベストとは限らない。また、日本人同士では対話の相手として不足しているというわけではない。要は、こういった研究結果を踏まえて、それぞれの良さを生かしながら言語習得を進めていくことである。このような学習方法の多様性と多面性は、言語学習に限らず、他の学びでも同様に重要なことであろう。

第4章

フォーカス・オン・フォームの活動：中学編

第2・3章では、フォーカス・オン・フォームとCLILを理論的に解説してきた。本章では、これらの考え方が、英語授業でいかに実現できるかについて、具体的な活動例を見ながら紹介していきたい。本章では中学の教科書の活用・発展法について考えていき、次章では高校での授業の活動例を見ていくこととする。

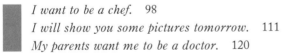

I want to be a chef.　98
I will show you some pictures tomorrow.　111
My parents want me to be a doctor.　120

I want to be a chef.

ここでは、CLILとフォーカス・オン・フォームの考え方がいかに英語授業で実現できるかについて、中学校の検定教科書の内容を例に挙げ、具体的な活動例を見ながら紹介していく。

教科書の発展例1

　英語科のシラバスにはさまざまなタイプのものがあるが、現行の中学校教科書では、文法シラバスを根底に置きながらも、それに話題、場面、技能といったものを交えて、いわゆる**複合シラバス（mixed syllabus）**の形を取るものが多い。例えば、NEW HORIZON English Course 2（平成28年度版、東京書籍）のUnit 3では、Career Dayと題して、外国からの留学生が職業体験としてレストランを訪れる話が掲載されている。このユニットのパート2では、その翌日に留学生同士が、次のような会話を繰り広げている場面が描かれている。

> *Alex*：　Deepa, where did you go on Career Day?
> *Deepa*：I went to an Italian restaurant. I want to be a chef.
> *Alex*：　Wow. How was it?
> *Deepa*：It was interesting, but I got tired. I tried to learn the whole menu, but I couldn't.
> *Alex*：　I see. I went to a newspaper company. I want to be a journalist.
> *Deepa*：Sounds interesting. I want to hear about it.

出典：NEW HORIZON English Course 2, p. 34（平成28年度版、東京書籍）

　ここでの目標文法項目は、不定詞の名詞的用法（……すること）であり、基本文として、"I want **to be** a chef."が別欄で簡単な文法説明とともに紹介されている。そして、基本文に沿った代入練習の後、スピーキング活動として、以下の活動が取り入れられている。

> 次の表に自分が将来つきたい職業を書きましょう。ペアになって対話をし、相手のこともメモしましょう。
>
> | | 将来つきたい職業 |
> |---|---|
> | 例 | a soccer player |
> | 自分 | |
> | 相手（　　　） | |
>
> 例　A: What do you want to be in the future?
> 　　B: I want to be <u>a soccer player</u>. 将来

出典：NEW HORIZON English Course 2, p. 34（平成 28 年度版、東京書籍）

◯ フォーカス・オン・フォームへの一工夫の必要性

　このユニットでは、ダイアログの紹介だけで終わらずに、将来つきたい職業について生徒同士で質問し合う活動が加えられており、そこで不定詞の使用を奨励している。生徒の生活と関連させて、意味内容があるコンテクストの中で不定詞を使わせようとする意図は感じられるが、実際に授業で活動を行う際には、もう一工夫欲しいところである。そのため、以下のような点を活動の際に考慮してはどうであろうか。

　一つには、活動の導入が少し唐突である。基本文の紹介と説明、絵に沿って行う単語の入れ替え練習、そしてスピーキング活動という流れだが、これをこのまま教科書通りに行っていくだけでは、生徒の会話への動機づけは高まりにくいだろう。また、生徒が自信を持って活動に取り組めるようにするためには、関連するインプットがもう少し欲しいところである。関連するインプットとは、目標文法の使用例だけでなく、職業名に関する単語についても含まれる。同教科書では、別ページにBonus Word Boxとして数々の職業名がイラストとともに掲載されているが、授業の際は、こういった単語をどう効果的に紹介していけるか工夫したいものである。

　授業に必要な情報やマテリアルが全て教科書に含まれていれば、それに越したことはないが、教科書は検定制度の枠組みの中で作成されなければならないので、何から何まで教科書に期待することはできない。教科書作成には、ページ数の考慮から、著作権の問題、また作成・出版してから何年もの使用に耐えられる内容の厳選など、さまざまな面で制約があることも理解しておかなければならないだ

ろう。また、教科書は全国一律で、いわゆる平均的な生徒を想定して作られているが、そのような基準が目の前の生徒にぴったりと当てはまるとは限らない。生徒の興味・関心も違えば、英語能力も違い、学校やクラスによっては「カラー」や「ノリ」も異なるだろうから、そこは教科書の限界を知った上で、使う側の教師が、どう独自に発想して教材開発へとつなげていくかに懸かっていると言えるだろう。

さて、ここで取り上げた不定詞の活動の場合は、読者ならどうされるだろうか。どんな工夫が考えられるだろうか。

◯ *Popular jobs for junior high school students*

以下に筆者の考えを示そう。生徒にペア活動をしてもらう前に、まずどんな職業が人気のある職業だと思うかを尋ねることから始めてみる。そこから中学生の人気職業ランキングに話を進めていく。どんな職業がトップ10に入っているのかを予測してもらい、それをペアでランクづけしてもらう。その後で、教師がクラスとのインタラクションを通して、全国調査で示された中学生人気職業ランキングの結果を発表していく。人気職業は男子と女子で随分違うので、それぞれを別々に行うことにする。

ここまでの授業運びを、模擬授業のやりとりとして示そう。以下では、Tは教師を、Sは特定または不特定の生徒を表す。また、授業での留意点を各所に書き添えておくこととする。

T：So in the dialog, we learned that Alex and Deepa went on Career Day. Deepa wants to be a chef, and Alex wants to be a journalist. How about you guys? Does anyone want to be a chef like Deepa? How about A-san?
S：No, not chef.
T：How about a journalist? Do you want to be a journalist like Alex?
S：Journalist, no. Um... 漫画家がいい。
T：Oh, you want to be a cartoonist. <!-- cartoonistを板書する。 -->
S：Yes, I want cartoonist.
T：You want **to be** a cartoonist. <!-- 太字の部分を強調して言う。 -->
S：Yes, I want to be a cartoonist.

T : A-san wants to be a cartoonist. How about other people? ... What kinds of jobs are popular among junior high school students? Do you know?

S : Soccer player!

T : Soccer player, I see. What else?

S : Baseball player!

T : Baseball player, yes. But only sports players? Is there anything else? ... Actually, I did some research for the class. I checked the 10 most popular jobs for junior high school students in Japan. 10 most popular jobs for junior high school students. So, junior high school students in Japan want to be these things in the future. Can you imagine what they are? ... I will show you the ranking table, ランキング表, the ranking table here.

　This is the ranking table. I want you to discuss with your partner what you think the ranking will look like. Let's work on the boys first. Make your best guess what the ranking for boys will look like, OK? I will give you three minutes.

> …と続けていき、人気職業ランキングの話につなげていく。

> こう言いながら、空欄のランキング表を生徒に見せていく。生徒にはプリントとして配る。

　ここで示すランキング表は、ランキングの中身がまだ何も書かれていないものである（表1〈103ページ〉参照）。そこで、ペアで人気職業ランキングの予想を考えてもらう。英語で何と言っていいのかわからないので、生徒からは日本語の単語が多く出て来るだろうが、ここでは辞書を使わずに、英語で何と言うのかを予測してもらう。徐々に学習意欲を高めてもらうのが狙いである。

　約3分後、まだ生徒間の話し合いが終わらない頃合いを見計らって、教師は次のように続ける。

T : Have you finished? Have you finished yet? Do you want hints for names of jobs in English?

S : Yes!

> 未習の文法や表現（ここでは現在完了形）もコンテクストの中で意味がわかるように使っていく。

T：OK, I will show you the top 10 jobs, one by one. But it's still not in the ranking order, まだランキング順じゃないよ, it's still not in the ranking order. So, you have to think of the ranking order. You have to think which one is No. 1, No. 2, and so on, OK?

> 生徒がわかりにくいと思われる表現は、日本語で補足しても構わないが、その際、前後に英語でも言ってあげる。

> 同じ言い方を繰り返したり、言い換えたりして説明を与える。

　この時点で、生徒の話し合いを助けるために、ランキング表に書き入れる職業名を順不同で提示する（表2参照）。その際、職業名に関する英単語を一つ一つ丁寧に発音しながら紹介していく。生徒たちは自分たちでまず考える時間を与えられているので、次の情報を聞く準備ができている。自分たちが思いつかなかった職業名や英語の言い方を聞くたびに、「ああ、それもあった！」「へー、そんな言い方をするんだ」といった声が出てくれば、しめたものである。単語の意味は、そのままでわかるものもあれば、わからないものもあるので、ジェスチャーや絵・写真で示したり、英語の説明で推測させたりするといいだろう。

　単語紹介の後は、次のように授業を進めていく。

T：Now, discuss again with your partner to decide the top 10 ranking for boys using these words. ...
[AFTER STUDENTS' DISCUSSION]
T：Are you all done? Are you done? Did you finish?
S：もうちょっと。
T：Do you want more time?
S：Yes, more time.
T：OK, I will give you one more minute. One more minute. ...

> 生徒の日本語の発言を、教師が英語で繰り返して言ってあげる。

　そして、皆の予測と比べながら、全国調査の結果を発表していく。その際、パワーポイントを使うと便利だが、黒板に書いた表に事前に用意した職業名を書いた紙を貼ることもできる。いずれの方法で提示するにせよ、職業名を一つ一つ1位から、もしくは10位から順に発表していくといいだろう。その際のやりとりの例を示そう。

表1 ● ランキング表

男子編 BOYS

Rank 1	
Rank 2	
Rank 3	
Rank 4	
Rank 5	
Rank 6	
Rank 7	
Rank 8	
Rank 9	
Rank 10	

女子編 GIRLS

Rank 1	
Rank 2	
Rank 3	
Rank 4	
Rank 5	
Rank 6	
Rank 7	
Rank 8	
Rank 9	
Rank 10	

職業ランキングの答え
男子編　1．baseball player　2．soccer player　3．entertainer/actor　4．teacher　5．chef/cook
　　　　6．researcher/professor　6．doctor　6．civil servant　9．game creator/game programmer
　　　　10．computer programmer/system engineer　10．carpenter
女子編　1．nursery teacher/kindergarten teacher　2．entertainer/actress　3．pastry chef　4．nurse
　　　　5．cartoonist/illustrator　6．designer/fashion designer　7．animal trainer/zookeeper
　　　　7．hairdresser　9．teacher　10．doctor
参照：「第2回子ども生活実態基本調査報告書[2009年]」ベネッセ教育総合研究所

表2 ● 中学生の人気職業リスト

第4章　フォーカス・オン・フォームの活動：中学編　103

T: Are you ready now? OK, what do you think is the job for Rank 1?
S: Soccer player!
T: You think soccer player is No. 1? Boys want to be a soccer player the most? Let's see. No, baseball player is No. 1!
S: No! うそだよ!
T: No, I am not lying. But you may be right. Soccer player is very popular. This ranking is based on data collected in 2009, 2009. <u>The ranking is from 2009.</u> Maybe soccer player is No. 1 now. I don't know. Anyway, let's move on. How about Rank 2? What is the second most popular job for junior high school boys?

> 関連する背景情報も、必要に応じて簡単な英語で説明してあげるといいだろう。

S: Soccer player!
T: Soccer player this time, do you think? Let's see. Yes, soccer player is No. 2!
S: Yes!
T: So, you want to be a soccer player, B-kun?
S: Hmm, ていうか、まだよくわかんないけど、カッコイイじゃん。
T: Soccer players are cool. Yes, I agree.

こういった調子で話を続けていく。男子の後は、女子の人気職業ランキングの紹介に移るが、手順は男子の場合と同様に、どんな職業が女子に人気があるかをまず考えてもらい、単語を紹介、そしてグループでの話し合いで職業をランキング順に並べてもらう。その後、結果発表へと移っていく。女子のランキングの部分のやりとりは、男子との重複部分が多いので、ここでは割愛する。

結果発表後は、教科書に掲載されているようなスピーキング活動に戻っていく。

T: So, we learned what jobs are popular for boys and girls in Japan. What about you? What do you want to be in the future? Why don't you ask your classmates what they want to be in the future? I will give you five minutes. ...

といった流れである。授業の流れの中で、スピーキング活動への動機づけと、アウトプットに必要なインプットの提供が十分なされるように構成されている。毎ユニット、ここまで準備をすることは難しいかもしれないが、生徒が積極的にコミュニケーション活動に取り組めるよう、できるだけ努力していきたいものである。

ティーチャー・トークのポイント

　ここで紹介した授業でのやりとりは一例にすぎないが、実際の授業では、生徒のレベルや興味・関心によって、内容や話す速度などにも適宜調整が必要だろう。100ページからの例では留意点をいくつか記したが、これらについてもう少しここで解説を加えておきたい。

① 生徒の日本語での発言に対しての教師の英語での返答

　教師の英語の問いかけに対して、生徒が日本語で答えてくることは、そう珍しくない。また、そういった現象を必ずしも悪いと捉える必要もないだろう。言語習得において、理解能力の方が、発話能力よりもはるかに早く発達することは普通だからである。生徒の日本語発話に対しては、教師はさりげなく英語で返してあげればいいだろう。それを生徒がリピートするかしないかは、さほど気にする必要はなく、繰り返し聞かせることに重点を置くべきである。

② インタラクションで出てくる重要ポイントの板書

　もし重要なポイントならば、板書することもできる。これもフォーカス・オン・フォームの手法の一つである。こういった教師の指摘が、後々の活動で役立つという授業の流れを習慣化させていくことも重要であろう。生徒の強みである理解力の方をどんどん刺激していって、彼らのリスニング力を高めつつ、発話の準備と意欲、そして英語を使うクラスの雰囲気を高めていきたい。

③ 生徒の間違いに対しての教師のリキャストやプロンプトを使った返答

　生徒の"I want cartoonist."といった発話に対して、教師が"You want **to be** a cartoonist."と言い直してあげるのは、フォーカス・オン・フォームのリキャストである。注意すべき箇所をわざと強調して言ってあげることで、生徒の気づきをより一層促すことができる。別の手法として、"You want what?"や"I'm sorry?"などと言って返すプロンプトを与えたり、"You want a cartoonist, or you want to be a cartoonist?"などと意味交渉したりすることも可能である。

④ 未習事項と既習事項を織り交ぜた指導

　また、生徒たちの話し合いが終わったかどうかを確認する際に、教師が"Have you finished? Have you finished yet?"と現在完了形で聞いているが、この時点で現在完了形は、生徒にとって未習事項である。しかし、これはコンテクストの中で使われているので、その意味は生徒たちにとって十分に理解可能なものであろう。ちなみに、一般的に現在完了形は中学3年生で導入される文法であるが、このように先取り導入しても構わない。最初はよくわからなくても、コンテクストの中で触れていくうちに、受容知識としてチャンクで学んでいけるからである。それを後で分解・分析して、応用・発展へと広げていくことができる。言語習得では、コンテクストの中でわかる言葉をたくさん聞くことは、とても重要なことである。いつも生徒に完璧な理解を求めたり定着を目指そうとして、肩肘を張ったりする必要はないのである。

⑤ 日本語表現を英語表現で挟み込んで紹介する手法

　もし教師の話す英語が、生徒にとって難しそうならば、日本語で補足してあげてもいいだろう。その際は、生徒が英語に触れる機会も同時に与えてあげることが大切である。102ページの例で言うと、"it's still not in the ranking order, まだランキング順じゃないよ, it's still not in the ranking order."と、日本語を英語表現でサンドイッチして言ってあげている。こうして日本語をうまく活用しながらも、できるだけ英語のインプットを多くしていくべきである。すぐに日本語訳を与えずに、まず英語を繰り返して言ってあげたり、言い換えて表現してあげたりといった工夫も必要である。102ページの例で言うと、"So, you have to think of the ranking order. You have to think which one is No. 1, No. 2, and so on, OK?"といった具合である。

⑥ 繰り返し、言い換え、例示等によるインプット理解の促進

　繰り返しや言い換えを多用する方法は、大人が小さな子どもに話しかけるときに使う**養育者言葉（parentese）**や、ネイティブの話者がノン・ネイティブと話す際に使う**外国人言葉（foreigner talk）**でもよく見られることである。言語学習のために教師が行えば、それは**ティーチャー・トーク（teacher talk）**となる。ティーチャー・トークは、単に教師が使う言葉を指すのではなく、未習

語や未習文法などを含む英語のインプットを、教師が生徒にわかりやすく伝えてあげる技能のことを指す。ティーチャー・トークは、インタラクションの中で英語のインプットを生徒に豊富に与えることができるため、言語習得上、とても重要とされる。現代の英語教師にとっては、まさに必須のスキルである。

⑦ 図表、写真・絵などの視覚教材の活用

表1・2（103ページ）に示されるように、図表を使って視覚的に迫ることも大事な配慮である。視覚的補助は、言葉の理解を大きく助けるだけでなく、発話の際もコミュニケーションを容易にして話しやすくする作用がある。このことは日本語での授業でも同様に言えることであるが、英語の場合はなおさらその重要性は高くなるだろう。すぐに日本語訳に頼るのではなく、視覚的補助をふんだんに使って英語でのコミュニケーションを促進したい。

⑧ 授業の流れの工夫

授業の流れは、いつも教師からクラス全体へ一方通行とはせずに、全体 → 個人 → ペア（→ 小グループ）→ 全体といったように、臨機応変にさまざまな参加形態で行うことが望ましいだろう。そうすることで、生徒に無理のない英語での内容理解と発話が助けられるだけでなく、前述したCLILの4つのCであるCommunity（協学）が促進される。同時に、Communication（言語）が活性化され、お互いの考えを言い合い、聞き合う中でCognition（思考）が刺激されて、多角的な視点からContent（内容）の学習を深めていけるであろう。授業形態をダイナミックに変えていくことは、教師の机間巡視のチャンスを増やし、生徒の反応を細かく拾って、それに柔軟に対応することも可能にしてくれるだろう。

発展的活動の他のアイデア

○ 「クラスの人気職業ランキング」と「なりたい職業世代比較」

もしスピーキング活動をもう少し広げるならば、「クラスの人気職業ランキング」を自分たちで作るところまで活動を発展させていってもいいだろう。その場合、クラスをいくつかのグループに分けて、各グループでなりたい職業を話し合った後、その結果をまとめて、クラス・ランキングを作っていくといいだろう。自分

の教えるクラスで、どんな職業が人気なのかを調べられ、その結果も興味深い。

また、別の角度から「なりたい職業世代比較」へと話を発展させることもできる。今の生徒の職業希望と、親の世代の職業希望は、どう違うのだろうか。

クラレが発表した2015年版の『新小学1年生の「将来就きたい職業」』(http://www.kuraray.co.jp/enquete/occupation/2015/)を見てみると、男子のトップ5は「スポーツ選手、警察官、運転士・運転手、消防・レスキュー隊、TV・アニメキャラクター」となり、女子のトップ5は「ケーキ屋・パン屋、芸能人・歌手・モデル、花屋、教員、保育士」となっている。これを1970年の朝日新聞(1970.11.02朝刊19面)に掲載された『現代っ子の「なりたい職業」は…』と比較してみると、男子のトップ5は「エンジニア、プロ野球選手、サラリーマン、パイロット、電気技師」で、女子のトップ5は「スチュワーデス、デザイナー、先生、看護婦、タレント」である。現代と比べて当時は、エンジニアやパイロットが男子に人気があり、スチュワーデスや看護婦が女子にとって花形職業だったようである。時代の移り変わりとともに、変化する人気職業と、しない職業があるところが興味深い。

そこで、授業で使える活動として紹介したいのが、親が子どもの頃になりたかった職業を調べて、自分たちのなりたい職業と比較してみるというものである。そして、親が最終的に就いた職業は何か、またなぜその職業に就いたかというところまで追求すると、英語の授業を通して、親子間の相互理解につながるかもしれない。まさに、コミュニケーションが広がる言葉の教育となるだろう。

こういった活動を取り入れる際は、当然、教師自身の場合はどうであるかを話せるようにしておきたい。生徒にとっては、先生が自分たちと同じ年頃に、どういう考えを持っていたのか、また今なぜ先生をやっているのかといったことは、案外気になるものである。そういう筆者自身はどうであったかと言うと、小学生の頃はエンジニアに憧れていた。エンジニアがどういった職業かはよくわからなかったが、とにかく日本を牽引するかっこいいイメージがあったことは確かである。1970年代であったので、高度経済成長期という時代の影響もあったかもしれない。高校生時代は、国連職員にも憧れた。成長するに従って、理系があまり得意でないことに気づいてきた。同時に、英語にどんどん興味が湧いてきた。それでも大学に入るまでは、自分が英語を教えるようになるとは夢にも思わなかった。大学、大学院と、勉学を深めていく中で、自分なりの特技を生かして社会貢献できる仕事に就きたいと考えるようになった。そこで最終的に選択したのが、

英語教師であり、大学教員である。我ながら、やりがいのある良い仕事に就けたと思っている。熱くなって語り過ぎてしまうことには注意しなければならないが、さて、読者のストーリーはどうであろうか。

国際比較の観点から

発展的学習の別のアイデアとしては、「なりたい職業国際比較」といった内容で、もっと広げていくこともできる。関連情報は、文部科学省、財団法人日本青少年研究所、ベネッセ教育総合研究所などが定期的に調査結果を発表しているので、調べてみるといいだろう。調べていて、特に筆者が興味深いと感じたのは、文部科学省が発行している「これからの日本に求められる科学技術人材」と題した論文・報告書である (http://www.mext.go.jp/b_menu/hakusho/html/hpbb200301/hpbb200301_2_004.html 参照)。そこでは、天然資源の乏しい日本が、いかに技術力を駆使して高度な経済成長を成し遂げてきたか、またそのために、どうやって人材を育成してきたかについて書かれている。特に興味深いのが、科学技術に関わる研究者という職業が、若者にとってどれくらい人気があるかということを示した国際比較のデータである。表3にその結果を示そう。

表3 ● 中学生の「情熱を注いでやってみたい夢（希望）」の国際比較

	日本				米国				中国			
	1990年		2002年		1990年		2002年		1990年		2002年	
	回答率	順位	回答率	順位	回答率	順位	回答率	順位	回答率	順位	回答率	順位
学問の分野	16.1	5	11.8	8	31.6	3	45.7	2	34.8	1	33.3	2
ITの分野			9.5	9			28.1	5			44.9	1
発明や技術開発の分野			13.6	7			16.4	7			29.7	5

注)「回答率」は、全回答者に対する無制限複数選択の回答者割合
資料：(財) 日本青少年研究所「中学生の生活と意識に関する調査報告」(2002年)
出典：文部科学省ホームページ
(http://www.mext.go.jp/b_menu/hakusho/html/hpbb200301/hpbb200301_2_012.html)

表3は、日本、アメリカ、中国、それぞれの国の中学生の将来の夢を比較したもので、その中でも学問、IT、技術開発の分野に的を絞って示したものである。学問分野では、日本の中学生の興味が1990年から2002年にかけて減少しているのに対して、アメリカと中国は増えているか、高いままを維持している。ITに関しては、日本は、アメリカや中国にははるかに及ばない数値となっており、技術開発の分野でも一番低い数値となっている。1970年代の人気職業にエンジニ

アや電気技術士が入っていたことを考えると、日本の中学生にとって、科学技術に関わる職業は、以前ほど魅力的でなくなっている状況がうかがえる。

このような傾向は、図16に示す、中・高生を対象として行われた国際比較調査の結果にも現れている。図16では、「どのようなことを目標として生きていくか」という質問のうち、「科学の分野で新しい発見をすること」への回答結果が示されている。日本は「あまりそう思わない」、「全くそう思わない」という否定的な回答が多いのに対して、アメリカ、中国、韓国では、「とてもそう思う」、「まあそう思う」という肯定的な回答が日本よりも多い。このことからも、諸外国に比べて、日本では研究者という職業が中・高生にとって魅力的なものとして捉えられていないことがわかる。

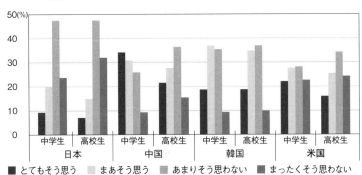

図16 ●「科学の分野で新しい発見をすること」を
目標として生きていくかという質問に対する中高生の回答

■ とてもそう思う　■ まあそう思う　■ あまりそう思わない　■ まったくそう思わない

資料：(財) 日本青少年研究所「21世紀の夢に関する調査報告」(1999年)
(http://www.mext.go.jp/b_menu/hakusho/html/hpbb200301/hpbb200301_2_012.html参照)

こういったデータを生徒に見せて、それぞれの図表が何を表しているのかを話し合っていくといったことも、教育的に大事な試みであろう。図表の読み取りは、それ自体重要なスキルであり、英語の授業で利用する際は、インプット理解やアウトプット産出をする際の視覚情報として大きな手助けとなる。ここで、生徒に技術者や科学者を目指すべきと説く必要はないが、こういったデータが何を意味しているのか、またなぜそうなっているのかについて議論することは重要であろう。そうすることで、生徒が自分の将来をもっと大きな視野で見つめて、自分なりの生き方、あり方を考える契機になれば素晴らしいことである。その上で尋ねる What do you want to be in the future? Why? といった質問は、より一層重みを増してくることとなろう。

I will show you some pictures tomorrow.

生徒主体のアウトプット活動の前に、十分に英語のインプットを与える例をもう一つ紹介しよう。

教科書の発展例2

　次に紹介したいのは、NEW HORIZON English Course 2（平成28年度版、東京書籍）のUnit 4に出てくる"Homestay in the United States"である。このユニットのパート2として、ホームステイ先で日本人留学生の咲がホスト・マザーと交わす次のような会話が登場する。

> *Mrs. Wilson*：Saki, did you sleep well?
> *Saki*：　　　Yes, thank you.
> *Mrs. Wilson*：Well, make your bed and come downstairs.
> *Saki*：　　　Make my bed?
> *Mrs. Wilson*：Yes. We all have to make our own beds.
> *Saki*：　　　OK. But I don't know how.
> *Mrs. Wilson*：All right. I'll show you.

出典：NEW HORIZON English Course 2, p. 34（平成28年度版、東京書籍）

このダイアログの後で、基本文として次のものが紹介されている。

> I **will** show you some pictures tomorrow.
>
> 助動詞 will
> 「…するつもりです」「…（になる）でしょう」と意志や未来のことを表すには、「will ＋動詞の原形」を使う。会話などでは、I will は I'll、it will は it'll[itl] と言うことが多い。

出典：NEW HORIZON English Course 2, p.57（平成28年度版、東京書籍）

　ここでの目標文法は助動詞のwill（…すること）であり、基本文に沿った代入練習がこの後に掲載されている。ただ、willを使った自由なスピーキング活動といったものはない。そこで、基本文を活用しつつ、生徒が考えながらできるタスクを考案したいが、読者ならどのような活動を考えられるだろうか。

Will を使ったフォーカス・オン・フォームの活動例

　ここに筆者の案を示そう。このユニットでは、ホームステイという魅力的な題材がすでに提示されているので、それを発展させないのはもったいない。そこで、もし生徒がアメリカにホームステイに行ったとしたら、何をしたいと思うか（I want to ...）、また何をしようと思うか（I will ...）について考えてもらう。I want to ...は既習事項なので、ここで新出項目のI will ...と対比しながら使ってもらうのが狙いである。「したい」と思うことは、wantで言い、「絶対にする・もう決めた」ということは、willで意思をより強く表現してもらうのである。

　ただ、ここで「思いつくことを自由に書きなさい／話しなさい」といきなり指示しても、生徒はなかなか具体的な案までたどりつかない可能性がある。そのため、最初は教師主導で始めるのがいいだろう。表4に示すように、ホームステイ中のシーンを大きく三つに分けて考えてもらうと、やりやすいだろう。図17は、生徒の興味をそそるアメリカのホームステイのイメージ写真集である。パワーポイントを使うと、一枚ずつ提示できて効果的である。

表4 ● *What will you do when you go to the United States for homestay?* の活動表

If you go to the United States for homestay, you can do a lot of things. What will you do? Fill in the chart below and exchange your ideas with your friends.		
With your host family	At school	In town
I will speak a lot of English!	I will join a PE class!	I will go shopping in the mall.
I will try American meals.	I will eat in the school cafeteria.	I will go watch a baseball game.

図 17 ● Homestay in the United States

表4の空欄のいくつかはすでに埋められているが、これは教師が生徒とのやりとりの中で、一つずつ示していくことになるので、最初は空欄となっている。その際のティーチャー・トークでのやりとりの様子を、以下に示そう。

T：Saki is visiting America for homestay now. She seems to be enjoying herself a lot. Do you want to go on a homestay in America too? How about C-kun?
S：Yes.
T：If you go on a homestay in America, what do you want to do?
S：I don't know ...
T：But you want to homestay, right?
S：Yes.
T：OK. Let me show you some pictures of homestay life. This is a typical homestay scene in America. A typical scene, 典型的なシーン, a typical scene. In your homestay, you can talk with your host family. Maybe you will have a host brother or host sister too. This may be your host sister. It's a very good chance for you to practice your English.
S：Ah, I want to speak English!
T：You want to speak English with your host family?

図17にあるような写真を使って、生徒のホームステイに対するイメージを膨らませてあげる。

写真を指しながら話していく。

S：Yes.

T：Let me write it down. ... Let me show you some more pictures. Do you want to try this big hamburger? It's huge, isn't it? If I go on a homestay in America, I want to eat a big hamburger. No, **I will** eat a big hamburger. "**I want to** eat a big hamburger" and "I **will** eat a big hamburger." So, which is stronger in meaning?

S：Will?

T：Right. "I will eat a big hamburger" means「絶対食べるぞ！」. "I want to eat a big hamburger" means 「食べたいなー」. Do you understand?

S：わかった。

T：You see?

S：I see.

T：Let me show you another picture here. This is a picture taken in school. Do you know where it is?

S：食堂みたい。

T：Good guess! It's a school cafeteria. In many schools in America, you go to the cafeteria and pick up some food there. You eat at school cafeterias, not in the classroom. Do you want to try that?

S：Yes.

T：How about classes? Do you want to take classes with American students?

S：でも英語がわからないよ。

T：You think you don't understand English well enough. But are there any subjects you can probably understand? A subject in which you use your body more than your head?

S：Ah, 体育だ！

T：How do you say 体育 in English?

S：PE!

T：That's right. PE. So, you want to join a PE class, or you will join a PE class?

S：I will join a PE class!

T：OK, D-kun will join a PE class. Let me write it down on the board. ...

欄外注
I want to speak English with my host family. を黒板の表の中に書き込む。
I will eat a big hamburger. の will を強調して言い、黒板の表の中に書き込む。
このように、コンテクストの中でタイミングを捉えて簡潔に文法説明を差し入れていく。
こういった機会に学校生活の違いも説明できる。
既習事項も織り交ぜて復習する機会を作る。

このように、ホームステイの写真を使いながら、生徒とのインタラクションを通して、will を使ったアクティビティーへと導いていく。この例では、基本文は

114

もうすでに紹介してあるので、フォーカス・オン・フォームとしては第2章で紹介した「連続型」となるが、生徒とのやりとりの中でwant to ...とwill ...の違いを示している点では、「統合型」の要素も持ち合わせていると言えよう。教科書ベースでの授業だからといって、いつも連続型となるのではなく、統合型のフォーカス・オン・フォームもチャンスがあれば取り入れていきたい。

授業時間によっては、全ての写真について言及できないだろうが、ポイントは、*with a host family*、*at school*、*in town*の三つのホームステイ中のシーンを明確にして、生徒に考えてもらうことである。その際の指示は、以下のようになる。

> T：So, you can think of your homestay activities in three typical scenes: *with a host family, at school, and in town*. Try to come up with any activities you want to do. If you really want to do it, and you are determined to do it, use "*will*" and write, "I will do such and such," "I will,"「〜するぞー！」OK? I will give you five minutes. Think individually first. Five minutes. Write as many ideas as you can. Ask me if you have any questions, OK? Ready, go!

個人で考えた後で、生徒同士で意見交換してもらい、特に良い考えだと思ったことをクラス全体に発表してもらう。活動の指示は、次のように箇条書きで板書すると、よりわかりやすくなるだろう。

【活動の指示例】

> 1　Come up with ideas for "I want to" and "I will."
> 2　Share your ideas with your classmates.
> 3　Report to class the best ideas you heard.

以上、will を使ったフォーカス・オン・フォームの活動例を紹介してきたが、ここでも生徒主体のアウトプット活動に移る前に、できるだけ多くのインプットに触れさせてあげることを強調したい。そうすることで、生徒の活動への動機づけを高め、創造性を刺激して、よりスムーズに活動に入れるようにしてあげられるからである。この授業案では、特にホームステイの写真を使って、教師がティーチャー・トークを駆使しながら生徒の発話を促した。こういった活動を行う際、

視覚情報の活用は重要である。生徒のインプット理解を助けるだけでなく、教師の発話も補助する役割があるからである。写真や映像や物を挟んでの「三角対話」の形を取ると、お互いに話がしやすくなることは、心理カウンセリングなどでも実証済みである。具体的にどのような写真を使い、どうティーチャー・トークを展開していくかは、教えるクラスの様子や反応に応じて、臨機応変に調整していっていただきたいと思う。

発展的活動の他のアイデア

 Do's & don'ts during homestay

このユニットではホームステイがテーマとなっているが、ここで挙げた例以外でもさまざまな活動が考えられる。教科書のこのパートの前には、You have to speak English here. But you don't have to speak perfect English.という基本文が掲載されている。ここでも、日本でのhave toとdon't have toと、アメリカでのhave toとdon't have toを、文化比較として考えてもらう活動が考えられる。日本ではYou have to speak Japanese.なら、アメリカではYou have to ...?、アメリカではYou have to change classrooms for every subject.なら、日本ではYou don't have to ...?などと考えさせながら、目標文法を使わせることができるだろう。異文化・自文化の学習と、義務の助動詞の学習を融合させた授業である。

この案をさらに進めて、ホームステイでのアドバイスをdo's（すべきこと）とdon'ts（すべきでないこと）としてまとめることもできる。そのまま考えさせるのが難しいようであれば、選択肢（例：come home by the set time, walk alone at night, make international calls without permission, cook Japanese dishes, show photographs of your family, be shy, keep an open mind）を与えて、どれをdo'sにどれをdon'tsに入れるかを考えてもらうこともできる。発表の際は、canやmustなどの助動詞も含めて選んで使ってもらい、理由も付け加えて発表させると、より一層難易度が上がるだろう（例：You have to talk with your host family because you have to practice English and also because they want to know about you. / You must not make international calls without permission because they are too expensive. / You can cook Japanese dishes because they will love them.）。

○ *Homestay troubleshooting*

　さらには、"homestay trouble/advice"や「ホームステイでのトラブル」といったキーワードを使ってインターネットで検索すると、ホームステイで留学生がよく出あう問題や、その解決方法が紹介されている。こういった情報も、問題解決型タスク作成の際、役立つ素材となる。ホームステイ体験は良いことずくめというわけではないので、自己防衛のためにもこういった活動は有効であろう。下に示すのは、シナリオ設定の例である。

> Homestay trouble 1:
> My host family doesn't talk to me much. At first, they asked me many questions, such as what my hobbies are and what my school life in Japan is like. But they don't ask me questions so much any more. Maybe they are bored with me. What should I do?

> Homestay trouble 2:
> My host family set a curfew (time to come home) at 7:00 p.m. I think it's too early. I want to make it after 9:00 p.m. because I want to hang around with my friends more. My friends have curfews at 9:00 p.m. or 10:00 p.m. What should I do?

> Homestay trouble 3:
> It's strange. Some of my belongings are missing from my room. Last week, my iPod disappeared, and this week, my Nintendo game player disappeared. There is a little boy (age 6) in my host family, and I think he took them. But I don't have any evidence. What should I do?

　こういったトラブル対策（troubleshooting）の活動は、学校で短期留学プログラムなどを企画しているところでは、特に役立つのではないだろうか。できれば、一教員が自分のクラスだけで企画して行うよりも、学校と英語科全体とが協力した形で取り組めればいいだろう。

◯ *Homestay in Japan*

　別の案として、外国人が日本の家庭にホームステイしに来たらどうするか、といったことを題材に活動するのもいいだろう。実際、クラスの生徒全員が海外にホームステイに行けるわけではないし、そうでない場合の方が多いだろう。しかし、自分の学校に留学生が来るといった状況や、近隣の大学で留学生のホストファミリーを探しているなどの状況に遭遇することは、あるかもしれない。そういった状況設定で、活動を展開するのである。このような題材に関しての情報も、インターネットでかなり入手できるので、さまざまなキーワード（「日本でのホームステイ体験」、"homestay in Japan"、"living with a Japanese host family"など）で探してはどうだろうか。参考として、以下に活動例を示しておこう。

Homestay in Japan 1:
Your school is going to have a group of international students from overseas (Australia, China, France and Thailand). Your class is going to organize a welcome orientation meeting with them. Come up with ideas about the following points:

（1） Questions that you want to ask them about their countries or about their knowledge / ideas / hopes about Japan;
（2） Points about Japan or about Japanese schools that you want to introduce to them; and
（3） Activities that you want to do with them.

Homestay in Japan 2:
Your family is hosting a student from Canada. He/she is interested in doing many things with you and your family. Come up with ideas about the following points:

（1） Points about your family rules that you want to tell them on the first day of his/her stay (e.g., curfew, table manners in Japan, how to use the bathroom, how to prepare the futon);

（2）Places you want to take him/her to in Japan (in town, in the countryside);
（3）Activities that you want to do with him/her (e.g., cooking, sports, shopping, watching movies/TV, eating out).

　こういった活動を導入する際も、いきなり活動に入るのではなく、外国人が日本でホームステイをしている様子を表す写真や映像を使いながら、ティーチャー・トークでのやりとりの中で徐々に活動へと導いていくといいだろう。

My parents want me to be a doctor.

教科書の題材を利用しながら、どうやってコンテクストの中で目標文法が練習できるのか、最後にもう一例、中学校の検定教科書を用いた例を取り上げる。

教科書の発展例3

　教科書を利用したフォーカス・オン・フォーム活動例として、もう一つ紹介しよう。NEW CROWN ENGLISH SERIES 3（平成24年度版、三省堂）のLesson 7（"We can change our world"）に、世界の子どもたちの声として次のような文章が掲載されている。

Maria, the Philippines：
I'd like to study abroad. My parents aren't sure. I want them to understand my dream. What should I do?

Boris, Russia：
I want to be a musician using computers. But my parents want me to be a doctor. Can I find a way to do both?

出典：NEW CROWN ENGLISH SERIES 3, p. 80、（平成24年度版、三省堂）

　そして、その下に次のようなポイントが書かれており、ドリル練習がそれに続いている。

POINT： **want + A + to ~**　「Aに~してもらいたい」
　　　　 Tom wants to play the piano.
　　　　 Tom **wants me to** play the piano.

出典：NEW CROWN ENGLISH SERIES 3, p. 80、（平成24年度版、三省堂）

　さて、このレッスンの流れで、上の目標文法を使ってどんな活動が考えられるだろうか。読み進む前に、読者自身でまず考えていただきたい。

want + A + to 〜 を使ったフォーカス・オン・フォームの活動例

　筆者の考えはこうである。左の文章では、MariaとBorisが切実な気持ちを訴えている。将来の夢があるのに、親が反対して別の考えを持っている。教えている生徒たちはどうだろうか。親との意見の食い違いはないだろうか。ここから生徒の意見を聞く活動へとつなげたいが、まずMariaとBorisの意見についてもう少し見てみたい。次のように板書して、内容と同時に目標文法に生徒の注意を引いていきたい。

Maria, the Philippines:

　　　　　　　　　　I'd like to study abroad. 〈Problem!〉
　　　　　　　　　　I **want to** study abroad.
My parents aren't sure. They **want me to** stay in the Philippines.
　　　　　　　　　　I **want them** to understand my dream.

Boris, Russia:

　　　　　　I　　**want**　　to be a musician using computers.
But my parents **want me to** be a doctor. 〈Problem!〉

活動へ導く際のティーチャー・トークの例は、以下の通りである。

T : Maria wants to study abroad. But her parents aren't sure about that. So, her parents say, "I am not sure if it's a good idea." They think it's not a good idea. They want her to stay in the Philippines. They want her to stay near them. Do you see the difference here? — between "I want to study abroad," and "They want me to stay?"

S : Fight!

T : Yes, they have a disagreement. They don't agree with each other. So, they have a problem here. Maria says, "I want to go abroad," but "**They** want **me** to stay."「私がしたい」と「私にしてほしい」. Different meanings, OK? How about Boris from

> 重要文を板書しながら話していき、既習事項と対比して、文法の違いと意味の違いを教えていく。

> 太字の部分を強調する。

第4章　フォーカス・オン・フォームの活動：中学編　　121

Russia? He wants to be a musician, but his parents want him to be a doctor. Maybe his parents are doctors. So, Boris says, "I want to be a musician, but my parents want me to be a doctor." Again, do you see the difference between the two sentences?

S : They have a problem.

T : Yes, they have a problem. Boris and his parents don't agree. Boris wonders if he can do both. So, here is my question for you. What advice would you give to Maria and Boris? Do you think Maria should give up her dream and stay in the Philippines? Or should she ignore her parents and go abroad anyway? For Boris, do you think he should give up his dream of being a musician? Maybe it's unrealistic? 非現実的, unrealistic? Maybe he should follow his parents' advice and become a doctor instead? What do you think? ...

> ここで生徒の意見を刺激する質問を投げかけていく。

Think of your advice to Maria and Boris. I will give you three minutes. After that, you will share your advice with your classmates and decide which advice is the best. First, think individually. OK? Ready? Go!

個人でアドバイスを考えてもらった後で、ペアでお互いのアドバイスを交換させる。その際、片方をMaria・Boris役、もう片方を友達役でロールプレーさせてもいいだろう。Maria・Boris役が"You know, I have a problem."で始めて、"What should I do?"と投げかける。それに対して、友達役が"I think ..."で始めて、アドバイスをして、最後に"What do you think?"で終わる。その間に入るセリフを考えてもらうという設定である。友達役の生徒が、何もアドバイスを思いつかない場合も想定して、教師はアドバイスの例を用意しておくことも大事だろう。例えば、Mariaへは、Tell your parents the good things about studying abroad. Borisへは、Show your parents your music and listen to what they think. などはどうだろうか。

アドバイス交換の後は、誰のアドバイスが一番いいかを決めてもらう。そして、それをクラス全体に発表してもらう。発表者は、各グループで自由に決めてもらってもいいし、じゃんけんで決めてもらってもいいだろう。グループ活動の最後の1分間で発表者を決め、グループ内で一度リハーサルを行ってもらうといいだろう。

T：OK, time is up! What advice did you come up with? Which group wants to present first? OK, how about this group over here? Who is the presenter? OK, E-san, go ahead. ...

発表後は、各アイデアに短くコメントを与えてから、今度は生徒自身の問題について考えてもらうようにする。もし「将来なりたいもの（将来の職業）」といったトピックがすでに扱ったものであれば、「近い将来したいこと」と少し見方を変えて話し合ってもいいだろう。以下のティーチャー・トークは、後者の場合を想定したものである。

T：We just discussed problems that Maria and Boris are having about their future. They want to do one thing, but their parents want them to do other things. How about you? Do you have any similar problems? You want to do one thing, but your parents want you to do other things. How about F-san? What do you want to do?
S：Um, I want to live self.
T：I beg your pardon?
S：I want to live ... myself.
T：Oh, you want to live by yourself?
S：Yes, I want to live by myself.
T：I see. And what do your parents think about that? Do they agree with you?
S：I don't know.
T：You don't know. You haven't told them.
S：Yes.
T：You mean, "No, I haven't told them." I see. If you tell them, what do you think they might say? Will they say yes or no?
S：Maybe no.
T：So, they might say you cannot live by yourself. They want you to live with them.
S：Yes.
T：What should you do then? How can you solve the problem? It's a hard question, isn't it? I want you all to think about your own problems here ...

生徒の発話に間違いがあれば、プロンプトやリキャストを与える。

と言いつつ、図18（124ページ）に示すプリントを渡していく。

図18 ● Realizing your wishes の活動表

```
Realizing your wishes

(1) What do you want to do in the near future?



(2) What do your parents want you to do?



(3) What will you do if you and your parents disagree?



(4) What will you do to realize your idea(s)?
```

　ここで自分の夢と親の希望を比較してもらい、不一致があるかどうかを考えてもらう。もし不一致が全くないという場合は、4番目の質問に移り、どうやってその夢をかなえたいのか、具体的な方策について考えてもらう。

　こういった活動を行う場合に時々問題となるのは、したいことが何も思いつかないという生徒への対応である。一つの対策としては、夢といっても本格的な将来設計ではなく、ぼんやりとでも思い描いているものを書いてもらうことである。また、親の希望に関しても、「わからない」と言う生徒もいるかもしれない。その場合も、親が多分希望しているだろうと思うことを、想像して書いてもらうようにする。自分の推測したものが曖昧であっても、書いて話すことによって、はっきり見えてくるものもあるだろうし、こういう機会をきっかけに真剣に考えるようになれば、それはそれで素晴らしいことである。

　また、別の方法として、教師自身の例について語ることもいいだろう。以下は、その際のティーチャー・トークの一例である。

　T：For Question 1, I want you to think about what you want to do in the future. It can be a vague idea, ぼやっとした考え, a vague idea, or a mere dream, 単なる夢, a mere dream. Anything is all right. For Question 2, think what your parents want you to do in the future. If you don't know, just imagine what they might say. Maybe they would say no, maybe they would say OK. They may say it's OK if you study hard. You never know. For Question 3, think what you will do to solve the problem. If you don't have any problems, you can skip to Question 4 and think what you will do to realize your dream. OK? ...

　　Before getting started, do you want to know my case? In my case, when I was in junior high school, I wanted to get a motorcycle license. I wanted to get a license for a big motorcycle, 400cc or 750cc. But my parents weren't sure. My mother thought it was dangerous. She wanted me to wait till I became 20, after I entered college. I thought, "Oh my, I want to get a license now! I want to ride a motorcycle now!"

S：先生、それでどうしたの？ バイク免許取ったの？ 元暴走族だったりして。

T：No, no, no. I was not a motorcycle gang member, but some of my friends were. But I didn't join them. I just wanted to get a license and ride a motorcycle. It's so cool, you know. So, what did I do? I finally decided to wait until I graduated from high school. And while in high school, I got a scooter license, 原付きの免許, a scooter license, and rode my sister's scooter! Then, when I became 18, I got a car license instead. I gave up the idea of riding a big motorcycle.

S：なーんだ！

T：Right. But who knows? I may get a motorcycle license in the future and come to school on a big motorcycle. I could be an Ojisan motorcyclist! It's popular nowadays, you know. Don't be surprised when that happens!

　　OK, how about you? Write your answers below each question. Think individually first, then you will share your answers with your classmates. Ready? Go!

日常生活での場合

「近い将来したいこと」に限らずに、普段の日常生活について話し合ってもらってもいいだろう。尋ねる質問は、次のようなものが考えられる。

1 What do your parents want you to do in your everyday life?
2 What do you want to do?
3 What will you do if you and your parents disagree?

　上の質問を表にしたプリントを配り、それに書き入れてもらうといいだろう（表5参照）。まずクラスメートと話し合ってもらい、いろいろな意見を聞いてから、個人で考える時間を設けてもいいだろう。英語力に不安がある場合は、最初の話し合いを日本語で、2回目の話し合いを英語で行ってもいい。また、最初は2人で、2回目の話し合いは、2ペア合同の4人で行うこともできる。

表5 ● Disagreements with your parents の活動表

Your parents' wish "My parents want me ..."	Your wish "I want ..."	Solution for any mismatch
e.g., To do my homework before having fun with friends	To have fun first and then do homework	I will tell my parents that I can study better after having fun.
e.g., To help them do the housework, like washing the dishes	To play my Nintendo instead	I don't mind clearing the table after dinner, but not washing the dishes.
e.g., To stop eating snacks before dinner	To eat my favorite snack (e.g., potato chips, Caramel Corn)	I will tell my parents that young people need more than three meals a day.

　繰り返しになるが、生徒にこういった活動に入ってもらう前に、教師がまず解答例を考えておくことが大事になってくる。そうすることで、タスクが生徒たちにとって取り組みやすい形になっているかどうかを確認することができるし、教師の発問を的確に生徒に伝えることができるからである。また、解答例を紹介する際は、ただざっと板書するのではなく、生徒とやりとりしながら、生徒のアイデアを刺激することも重要である。表5に示してあるのは、筆者の解答例である。
　生徒の発話がよりスムーズになるならば、以下のような会話フォーマットを用意してあげるのもいいだろう。ただ、こういったフォーマットは、生徒の発話の

自由を制限することにもなりかねないので、乱用は避けたい。

> S1：What do your parents want you to do?
> S2：My parents want me to ...
> S1：And what do you want to do?
> S2：I want to ...
> S1：How would you solve the problem?
> S2：I ...
> S1：**I think ...**（相手の意見に対してコメントする）

活動後には、「振り返り」として、次の三つの観点から生徒に質問を投げかけたい。

> 1　What did you learn today in terms of contents?
> 2　What did you learn in terms of language?
> 3　What else do you want to know about or learn beyond this class?

このように、内容面と言語面の両方で何を学んだのかを振り返ると同時に、疑問に思ったことや、これからもっと学んでいきたいことを、できるだけ具体的に考えてもらう。個人で考えた後は、クラスメートと一緒に授業での学びを振り返ってもらうこともできる。さらに、書いてもらったものを集めて、教師が自己省察として利用していくことも大事であろう。授業では口数の少ない生徒も、案外いろいろなことを鋭く観察し考えているものである。そういった生徒の声から授業改善のヒントを得て、次の授業につなげていくといいだろう。

まとめ　本章では、中学校の英語科の授業で、いかにフォーカス・オン・フォームを志向した活動が可能かについて考えてきた。現行の中学校の教科書は、トピックや場面設定等を工夫した複合シラバスの形態を取っているが、根底には文法シラバスがしっかりと存在している。そこで、教科書の題材を利用しつつ、コンテクストの中でいかに目標文法が練習できるかについて

考えてきた。また、英語のインプットを十分に与えながら、生徒の好奇心と思考力をかき立て、自由な発言を引き出す活動も提案してきた。

こういった活動の中で欠かせないティーチャー・トークのポイントも、ぜひもう一度確認していただきたい。：1）生徒の日本語での発言に対しての教師の英語での返答、2）インタラクションで出てくる重要ポイントの板書、3）生徒の間違いに対しての教師のリキャストやプロンプトを使った返答、4）未習事項と既習事項を織り交ぜた指導、5）日本語表現を英語表現で挟み込んで紹介する手法、6）繰り返し、言い換え、例示等によるインプット理解の促進、7）図表、写真・絵などの視覚教材の活用、などである。この他にも、ティーチャー・トークについては留意すべき点は多くあるが、要は、こういった試み全てが、本章で紹介してきた活動と相まって、フォーカス・オン・フォームの指導へとつながっていくのである。その意味で、フォーカス・オン・フォームを取り入れた授業の実現のためには、ただ目標形式を使わせるタスクを導入すればいいというわけではない。そういったタスクをコアにしつつも、授業構成全体を考えながら、言語、内容ともに豊かな授業環境を作っていくことが重要となってくる。

次章では、高校の英語授業でのフォーカス・オン・フォームの方法と活動を紹介していく。ここでは便宜上、中学校と高校編とに分けているが、英語レベルや生徒の興味・関心などを考慮して調整してあげれば、双方で十分に活用していけるものである。そのため、中学校、高校のどちらの教育に携わる方も、両章を読んでいただければ幸いである。

第4章　フォーカス・オン・フォームの活動：中学編

Column 4 Storch (2002)

ペアワークを成功させるためには何が大事か？

　最近の英語授業でも、いまだ教師主導の一斉授業のスタイルを見ることも少なくはないが、ペア活動やグループ活動を交えてインタラクティブに行われる授業がかなり増えてきている。協学を通したダイナミックな学びを創出する上で、大いに歓迎すべきことである。効果的なペア活動を実現するためには、少なくとも次の4点に注意する必要がある：(1) どうペアを組むか、(2) どんなタスクを与えるか、(3) どのタイミングで与えるか、そして (4) どうペア活動を進めてもらうかである。Storch（2002）のESL学習者を対象に行った研究は、特に（4）の点で参考になる。

　Storchは、学習者同士がペアでコミュニケーション・タスクに取り組む際、どういった活動のパターンが見られるかを調べている。ペア交流のデータを詳細に分析した結果、二つの軸を基に交流パターンが形成されていることを発見している（図D参照）。

図D ● ペア活動の交流パターン

　横軸に示されるのが平等性（equality）であり、活動の支配度を表す。英語クラスの場合、平等性は普通、英語力の差として現れるだろう。ペアの生徒の英語力に明らかに差があると、平等性は低くなり、同程度だと、平等性は高くなる。縦軸に示されるのが相互性（mutuality）で、ペアの活動への貢

献度を表している。片方の生徒ばかりが貢献していたり、お互いが主張し合って譲らなかったりする場合は、相互性が低くなり、お互いの貢献度が同程度だと、相互性は高くなる。

　これらの軸で分けられた4パターンで、支配的／受け身的（dominant/passive）パターンは英語力に差があるため平等性は低く、活動への貢献度も偏っているため相互性も低い。支配的／支配的（dominant/dominant）パターンは、英語力にそれほど差はないが、お互いが主張して譲らないため相互性は低くなっている。熟達者／未熟者（expert/novice）のパターンでは、平等性は低いものの、英語力が高い学習者が低い学習者からアイデアを引き出すように支援をしているため、相互性は高くなっている。最後に、協力的交流（collaborative）パターンでは、英語力に差はなく、お互い協力し合いながら活動を進めているため、平等性も相互性も高くなっている。

　授業でペア活動を行ってみると、確かにペアによって活動パターンに違いが見られるが、ここで大事なのは、交流パターンの違いが学習にどう影響を与えているかである。Storchの研究では、異なった活動パターンでタスクを行った学習者が、その後のタスクでどの程度の成果を出しているかを調査している。結果は、協力的交流パターンと熟達者／未熟者パターンで活動した学習者は、ペア学習で学んだことをその後のタスクで積極的に活用することができていた。それに対して、支配的／受け身的パターンと支配的／支配的パターンで活動した学習者は、ペア活動中に互いに学び合う機会が少なかっただけでなく、そこで話した内容を次のタスクで生かすことも少なかったのである。

　ペア活動の成否を分けたのは、平等性よりも、相互性の方であったという研究結果は興味深い。日本の英語教育現場では、習熟度別クラス分けをして授業を行うことが多くなってきているが、効果的な学びのためには、英語力の違いよりも、いかにお互いが協力し合いながら活動できるかということの方が重要になってくる。教師は、ペア作り、ペア活動導入のタイミング、タスク設定等を考慮するとともに、いかに生徒同士が助け合い、学び合える環境を作っていけるかを考えていかなければならない。Storchの研究では、学期を通して、ペアの交流パターンにはほとんど変化が見られなかったことが発見されている。これは、一旦決まった交流パターンは、生徒任せではなかなか変わらないということを意味している。生徒のイニシアチブを尊重しつつも、教師は常に効果的な学びが起こっているかどうかを確認し、必要なら

支援や指導の手を差し伸べて、交流パターンの再構成を図るべきである。相互依存関係の中で学び合える自律した学習者の育成も、今後の教育の大きな課題の一つである。

第5章
フォーカス・オン・フォームの活動：高校編

前章では、中学校の英語授業で取り入れられるフォーカス・オン・フォームの活動を紹介した。本章では、高校の英語授業でどんなフォーカス・オン・フォームの活動が可能かについて考えていきたい。続く第6・7章では、特にリーディングの問題を取り上げて、リーディングを基にした総合的英語コミュニケーションの授業展開について考えていく。そのため、本章では、リーディング以外の活動に焦点を当てていきたい。

フィードバック手法　134
教科書の文章の活用　140
アウトプットからインプットへ　145
同時通訳練習とフォーカス・オン・フォーム　153

フィードバック手法

フォーカス・オン・フォームと言うと、フィードバックのことを指すと考える人がいるほど、フォーカス・オン・フォームとフィードバックの結びつきは強い。ここでは、フィードバックを使ったフォーカス・オン・フォームの手法を具体的に見ていきたい。

フィードバックの与え方の例

　フォーカス・オン・フォームが最初に提唱されたときは、反応型フォーカス・オン・フォームが主流で、特に学習者の言語的な間違いに対してのリキャストがよく使われていた。そのため、「フォーカス・オン・フォーム＝リキャスト」と捉えられることが増えたと思われる。しかし、現在では、反応型に加えて、先取り型、連続型のフォーカス・オン・フォームなど、その種類は多様化してきている。それでも、コミュニケーションの中で適切なフィードバックを与えることが、生徒の形式・意味・機能の気づきを促す上で最も有効な方法の一つであることは間違いないだろう。

　そこで、最初に紹介したいフォーカス・オン・フォームの手法は、フィードバックを使ったテクニックである。どんなコミュニケーション活動であっても、そこにインタラクションの機会がある限り、いつでも取り入れられる手法であり、生徒の性格やニーズに応じて微妙な調節も可能である。さて、それでは、読者なら生徒が以下のような間違いをした場合、どう対処するだろうか。考えながら読み進めていただきたい。

【生徒の間違いの例】

```
T：What kind of music do you like?
S：I am like rock music.
T：...
```

　日本の英語授業で時折見られる対応には、次のものがある。

【対応1】

> S: I am like rock music.
> T: *That's not correct. Next person.*

【対応2】

> S: I am like rock music.
> T: *That's not right. You have to say, "I like rock music." Repeat.*

　対応1は、フィードバックというよりも、単に正解が出るまで生徒を当て続けるというやり方である。クラス運営上、こういった対応が必要なこともあるかもしれないが、その教育的効果はあまり期待できないだろう。せっかくの意味ある生徒の発話が、言語的な正確さや授業効率を優先するあまりに無視されてしまっているからである。こういった対応をされた生徒は、認知的に間違いに気づくよりも前に、情緒的に拒否反応を起こしてしまいかねない。対応2は、明示的間違い訂正である。ここでは生徒の発話内容は無視されてはいないが、教師の注目点はまだまだ言語的な正確さにある。その結果、その場では生徒も英文構造を理解したとしても、形式と意味を結びつける学習にはなりにくいだろう。

　それでは、フォーカス・オン・フォームの指導では、他にどんなフィードバックの方法があるだろうか。以下に例を示そう。

【フォーカス・オン・フォームの指導での対応例】
- リキャスト（recast）

> S: I am like rock music.
> T: *Oh, you like rock music.*

● 繰り返し (repetition)

> S: I am like rock music.
> T: *You are like rock music?*

● 導き出し (elicitation)

> S: I am like rock music.
> T: *You ...*

● 明確化要求 (clarification request)

> S: I am like rock music.
> T: *Could you say it again?*

● 意味交渉 (negotiation of meaning)

> S: I am like rock music.
> T: *You mean you are like rock music, or you like rock music? Which are you talking about?*

● メタ言語を使った合図 (metalinguistic clues)

> S: I am like rock music.
> T: *Pay attention to the verb usage. You are using two verbs.*

● インタラクション強化 (interaction enhancement)

> S: I am like rock music.
> T: *I beg your pardon?*
> S: ...
> T: *You mean, you like rock music?*

それぞれのフィードバック手法には、一長一短がある。「リキャスト」は意味に注目して、コミュニカティブな流れの中で、さりげなく正しい言い方を示して

あげられる簡便な手法である。だが、生徒によってリキャストに敏感に気づく生徒と、全く気づかない生徒がいるので、後者の生徒には、You **like** rock music. とlikeを強調して言ってあげたり、一旦間違えを繰り返して言ってからリキャストを与えたりする工夫が必要だろう。同様のことは、「繰り返し」の場合にも言える。間違いの繰り返しだけで気づかない生徒には、リキャストなどの他の手法と組み合わせるといいだろう。

「導き出し」は、生徒の発話の最初の部分だけを言い、間違いの箇所の前で止まることによって、生徒の訂正を促すことを狙いとしている。教師がすぐに正しい言い方を示さずに、まず生徒に考えさせて、自発的に訂正してもらう点が利点である。しかし、教師の言い出しの部分が短いと、なかなか生徒の発話を促せず、やりにくいフィードバックでもある。左のページの例では、You ... としか言い出せないので、その際Youの部分を特にゆっくりと言って、次に生徒に文を続けてもらうような仕草や手振りを加えた方がいいかもしれない。それでも生徒が自分の間違いを訂正できないようなら、「明確化要求」や「意味交渉」、あるいは「リキャスト」などに切り替えてもいいだろう。

「メタ言語を使った合図」は、特に最近習ったばかりで記憶に新しい項目の場合は、有効に働くだろう。"Remember the verb tenses?" "Do you recall how to say 仮定法?"といったように、記憶を思い起こすように問いかけてもいいだろう。しかし、フィードバックの明示性がそれだけ高くなるということは、間違いを明らかできるという利点とともに、生徒の注意が意味内容からそれてしまうという欠点も含んでいる。そのため、フィードバックはできるだけ簡潔に与え、生徒の自己訂正の後には、"So, what kind of rock music do you like?"といったように、意味内容に引き戻して会話をつなげていくことも忘れてはならないだろう。

もし文法説明が必要と感じたなら、「タイムアウト」を取り（"Let's take a time-out now to focus on grammar a little bit."と言って）、簡単な文法説明を導入してもいいだろう。フォーカス・オン・フォームでは、決して文法説明がいけないと捉えるのではなく、要は、それがどういったタイミングで、どこまで生徒のコミュニケーション・ニーズに応えた形で行われるかが肝心になるのである。形式だけに注目した文法説明ではなく、意味や機能との関係で文法を指導していけば、十分フォーカス・オン・フォームにかなった手法となろう。ただ、説明のための長い中断は、コミュニケーションと文法の分離を生みやすいので、注意が必要である。

それぞれのフィードバック手法の利点と欠点を考慮した上で、生徒の学習ニーズに応じた手法の選択と組み合わせを考えてもらいたい。以下に、いくつか生徒が犯しやすい典型的な間違いの発話を示しておくので、紹介したフィードバック手法（リキャスト、繰り返し、導き出し、明確化要求、意味交渉、メタ言語を使った合図、インタラクション強化）を使って、どのように対応するか考えていただきたい。授業風景を想像しながら、1人シミュレーションをしてみるといいだろう。

T：What subject do you like best?
S：*I am interesting in history.*
T：...

T：What did you do last week?
S：*I back to my hometown last week.*
T：...

T：What's wrong?
S：*My friend doesn't listen me.*
T：...

T：Why are you so busy?
S：*I have arubaito.*
T：...

　さまざまなフィードバック手法は、その日の授業のターゲット項目にだけ使うこともできれば、ターゲット項目以外の間違いを指摘するために使うこともできる。ターゲットを定めれば集中型、決めなければ広範型フォーカス・オン・フォームとなる（第2章参照）。また基本的にフィードバック手法は、教師主導のフォーカス・オン・フォームであるが、生徒同士でフィードバックを与え合うような形にすれば、生徒主導のフォーカス・オン・フォームにすることも可能である。
　生徒同士の会話の中では、相手の言っていることがよく理解できなければ、明

確化要求（例：I am sorry? Could you say it again?）や意味交渉（例：Are you saying ... ? Is this what you mean?）を行うことを、生徒たちに奨励していくといいだろう。こういった手法は、音読練習でも有効であり、例えばペアで音読練習をさせる際、相手の言っていることが不明瞭であれば、明確化要求をして、はっきりと発音することを要求させるのである。これは、いわゆる「つっこみ音読」と呼ばれる手法である。音読活動であってもコミュニケーション活動であっても、学びの助け合いの一環として、フィードバック手法を利用していくといいだろう。

教科書の文章の活用

最近の教科書の文章は、内容的にも形式的にもよくできているものが多い。形式面では、文レベルの文法構造だけでなく、段落レベルの構成面も、とても充実してきている。ぜひそういった利点を、フォーカス・オン・フォームの活動に利用していきたい。

テキストの書き換えタスク1

以下の文章を使って、テキストの書き換え活動をしてみよう。

【教科書に記載の文】

> In our daily lives we hear music in the background — in stores, in restaurants, and even on the telephone. It is true that most of us do not pay much attention to this music. Some people say they hardly hear it at all. But even so, it can affect them. Researchers have found that this kind of music can actually change the way we act and feel.

出典：POLESTAR English Course I, p. 70（平成14年度版、数研出版）
Adapted from 'Slow Music Soothes the Savage Appetite,' 'How Muzak Manipulates You,'
'Music Surprising Power to Heal' in *For Your Information 2* by Karen Blanchard and Christine Root.
Copyright © 1996 by Addison-Wesley Publishing Company, Inc.

　授業では、タスク活動に移る前に、テキストの言語面と内容面の理解を十分に深めることが大切である。その具体的な手順については、第7章で詳しく説明することにして、ここではまずBGMの重要性とその潜在的効果について、授業で話し合うことを考えていきたい。例えば、上の文章を読んで筆者が思いついた例として、「おさかな天国」の曲がある。これは、全国漁業協同組合連合会の中央シーフードセンターのキャンペーン・ソングとして制作され、2002年に日本全国で大ヒットした曲である。スーパーの鮮魚売り場などで、耳にしたことがある方も多いのではないだろうか。今晩のおかずは魚にしようとは思っていなかったけれど、この曲を聞いてついつい魚に手が伸びてしまったという人も少なくないだろう。買うとまではいかなくても、曲に合わせていつの間にかサビの部分を口ずさんでしまいそうである。
　また、今ではほとんど聞かれなくなったが、パチンコ屋と言えば、大音量でか

かるあの威勢のいい「軍艦マーチ」を思い浮かべる人もかなりいるだろう。この曲で気分が高揚し、強気になって多額のお金をつぎ込んだ客もいたのではないだろうか。こういった例を挙げながら、音楽の効果についてクラスで考えてもらいたい。どういった音楽が、どのような心理的効果をもたらすのか。また、効果的な音楽の使い道とは、どのようなものか。数々の発展的活動が考えられよう。

さて、左のページの文章は音楽をテーマに書かれているが、ここではその文章構造に注目してみよう。流れのいい文章となっているので、トピックは必ずしも音楽に限らず、いろいろな内容で使えそうな文章構造である。文章内で、"most of us do not pay much attention to this music"とあるが、BGM以外で、我々はどんなことを当たり前と捉えているだろうか（What else do we take for granted in our daily lives?）。例えば、「空気」はどうだろうか。そこで、"music"の部分を"air"に変えてみていただきたい。基本構造はそのままにして、全体として意味が通るように変えるのがポイントである。例えば、"In our daily lives we hear air in the background — in stores, in restaurants, and even on the telephone."では意味が通じなくなってしまう。"we hear air"ではおかしいし、in the background以降も変更が必要となってくる。さて、どう変えるべきだろうか。

【書き換え必要例】

> In our daily lives we hear **air** in the background — in stores, in restaurants, and even on the telephone. It is true that most of us do not pay much attention to this **air**. Some people say they hardly hear it at all. But even so, it can affect them. Researchers have found that this kind of **air** can actually change the way we act and feel.

筆者の変更は142ページ冒頭のようになる。下線は変更点を示している。

【airへの書き換え例】

> In our daily lives we breathe **air** every day, wherever we go, at home, in school, and even while we are sleeping. It is true that most of us do not pay any attention to the **air** we breathe. Some people say, "Of course, because we cannot see it at all!" But even so, it can affect all of us. It is the **air** we breathe that keeps us alive and healthy.

このような例を生徒に示した後で、今度は、"Let's make a new paragraph by changing 'music' to 'food,' 'mother,' or 'garbage'."と言って、テキストの書き換えタスクを導入していく。内容に応じて言語表現を調節してもらうので、意味と形式の密接な結びつきを実感しながら行える創造的活動となる。同時に、基本的な文構造は残しつつ文を変えていくので、全く新たな文章を作り上げるよりも難易度は低い。

"air"への書き換えモデルをすでに示してあるので、活動前にこれ以外の例示は必要ないだろうが、教師も授業準備の段階で、'food' 'mother' 'garbage'を使ってパラグラフを自ら作っておくことも重要であろう。そうすることで、活動の難易度や創造性が実感でき、手順等の調整もしやすくなる。教師の作品は、活動後に生徒に提示してあげてもいいだろう。参考として、筆者の"garbage"を使った作品を以下に紹介しておこう。

【garbageへの書き換え例】

> In our daily lives we throw away **garbage** every day, wherever we are, at home, in shopping malls, and even at restaurants. It is true that most of us do not pay much attention to the **garbage** we throw away. Some people say they don't care. But it can affect us, our children, and our grandchildren in the future. If we keep on throwing away as much **garbage** as we like, we will soon use up the earth's precious resources, destroy the environment, and we will be surrounded by garbage all over the place!

答えが一つしかない形式重視のエクササイズでは、一人一人の生徒の個性はなかなか引き出せない。しかし、こういった創造的な活動を取り入れていく中で、教師は改めて生徒の想像力と発想力に驚かされるのではないだろうか。活動の最

後には、ぜひとも生徒の作った作品をクラス全員で共有する機会を設けてほしい。

テキストの書き換えタスク2

　別の例を示そう。次の文章は、耳の不自由なAkikoの自伝に基づいた文章である。筆者が引いた下線の部分が、言葉の使い方を教える上で、特に注目したい箇所である。

【教科書に記載の文】

> "Life is full of adventures. Never give up, and have more guts!" These are the mottos kept in Akiko's mind. "I don't like to think about the things that I can't do. Instead, I like to think about the things that I can do. I want people around me to change, and I also want to change and grow." By making the most of her abilities, she hopes that other deaf people will follow suit. "I believe dreams are for everyone."

出典：BIG DIPPER English Course I, p. 58（平成23年度版、数研出版）

　この文章は、意味もさることながら、表現形式の対比がうまく使われている。そこで、図19に示すような板書を使って、生徒たちに表現形態のコントラストに注目してもらいたい。

図19 ● 言語表現のコントラストを示す板書

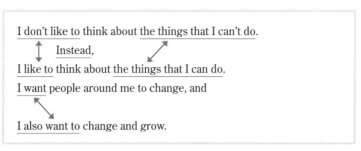

　そして、144ページに示すように、下線部を骨組みとして残して、生徒たちに…の部分を自由に考えて書いてもらう活動を行いたい。文章の真ん中に、For exampleとして、具体例を入れる工夫も加えてある。

【書き換えタスクで使用する表現】

> I don't like to ... that .... Instead, I like to ... that ....
> For example, ...
> I want ... to ... , and I also want to ....

　いきなり生徒に書き換えをさせるのが難しい場合は、まず教師のモデルを示すといいだろう。以下は一例である。

【書き換え例】

> I don't like to eat food that I don't like. Instead, I like to eat food that I like. For example, I love curry and rice, hamburgers, pizzas, Korean barbecues, etc. I want my mother to cook something nice for me, and I also want to learn how to cook.

　少し卑近な例だが、生徒がリラックスして自由に発想するきっかけになればいいだろう。生徒が書き終えたら、クラスメートと共有してもらう。その際、時間が許すならば、ペアから小グループ、小グループからクラス発表と、段階を経る中で練習を重ねていってもらい、慣れた頃にプレゼンテーションに移ることができるといいだろう。

アウトプットからインプットへ

インプットでは理解できることをアウトプットにどうつなげるか、アウトプットの特性を生かした具体的活動例を紹介していく。

アウトプットの特性を生かす

　別のフォーカス・オン・フォームの活動例を示そう。英語を学んでいると、インプットでは容易に理解できたと思ったことが、いざアウトプットしようとすると、思ったようにうまく言えないことがある。流暢に言えないというだけでなく、文法的複雑さや正確さが同じように表現できないという困難にもぶつかる。こういったときに、再度インプットに触れると、普段はあまり注意を払っていなかった言葉の使い方に気づくことがある。これは、アウトプットの**気づき促進機能 (noticing function of output**；本書第8章参照) と呼ばれる言語習得を助ける働きの一つである。このようなアウトプットの特性を生かして、インプットからアウトプット、そして再度インプットへ戻ることが有効になってくる。また時には、アウトプットから始まって、インプットへと流れる活動も活用していきたい。以下に、リスニング・スピーキングの活動例と、ライティング・リーディングの活動例を順に紹介しよう。

テキストの再生タスク1

　以下に示すのが、リスニング・スピーキングでの再生タスクの流れである。

【再生タスクの活動のステップ】

> 1　In the first listening, listen carefully to get the gist.
> 2　In the second listening, take notes of key words.
> 3　Make a pair and do jyanken. The winner will retell the story using the key words noted. The loser will listen and help as necessary.
> 4　When done, change roles.
> 5　Listen to the story again and take notes of key words again.

6	Repeat steps 3 and 4.
7	Repeat 5 and 6 (as necessary).
8	Study the entire text for self-analysis and feedback.

　最初に、文章全体を聴いてもらう。2度目のリスニングでは、話の内容を再生できるよう、キーワードをメモしてもらう。ディクテーションではないので、センテンス丸ごとではなく、自分が重要だと思う部分を書き出してもらう。教師が文章を読むスピードは、できるだけ通常の話し方と同じか、少し遅めの速度とする。必要なら、この部分はALTに手伝ってもらってもいいだろう。

　次に、ペアで文章を再生してもらうが、その際、助け合いながら行ってもいいことにする。助け合いの中で、相互の協力がうまく引き出せれば、役割交代はあえて必要ないかもしれないが、ここでは各自が責任を持って発話するよう、あえてステップ4を入れてある。ステップ5に移る前に、クラス全体に"Do you want to listen to the story again?"と尋ねてみる。満足のいくアウトプットができず、再チャレンジを願う生徒が多いことに気づくだろう。そこで、もう一度文章を聴いてノートを取ってもらい、テキストのリテリングに再チャレンジしてもらう。生徒が飽きていなければ、このサイクルを何度続けても構わないが、おそらく2〜3回程度の繰り返しが現実的だろう。

　テキストとしては、次の文章を使ってみよう。テキストの長さや内容は、生徒のレベルに応じて適宜調整していただきたい。一読後には、読者もこの流れに沿って、一度活動を試していただきたい。

【使用する文章】

> Nelson Mandela fought against apartheid, a system in South Africa where non-white people did not have equal rights as white people. Because of this, Mandela had to spend 27 years in prison. If he had not served so long in prison, he would not have become a symbol for his people. If he had given up his hope, the day would never have come when all races were allowed to vote in South Africa. And Mandela would never have become president of South Africa. Mandela was awarded the Nobel Peace Prize in 1993. He became a symbol of peace and equality for all humanity.

Ref: Nelson, Ken. (2015). Kid. Ducksters. Retrieved from http://www.ducksters.com/biography/nelson_mandela.php

　上の文章は、第2章で紹介したインプット洪水の手法を取り入れて教材として加工した例である。目標文法項目は仮定法過去完了で、次の三つの文がその目標文法項目を含んでいる：If he <u>had not served</u> so long in prison, he <u>would not have become</u> a symbol for his people. If he <u>had given</u> up his hope, the day <u>would never have come</u> when all races were allowed to vote in South Africa. And Mandela <u>would never have become</u> president of South Africa.

　想定として、生徒が148ページに示すようなノートを取ったとしよう。ここまで書けない生徒もいるかもしれないので、その際は、もう一度読み聴かせたり、いくつかのキーワードを板書してあげたりするといいだろう。例えば、South Africaでのapartheid（アパルトヘイト）とNelson Mandelaについての知識は、話の理解には必須である。それらについて全く知らないと、タスクを続けていくのが難しいので、その際は、1回目のリスニング後に必須単語を板書して、簡単に説明してあげるといいだろう。マンデラ氏の写真を見せるのも有効である。

　ここで148ページのノートを見ながら、読者もリテリングに挑戦してみていただきたい。リテリングの後で、もう一度オリジナルのインプットに目を通し内容を改めて確かめてから、再度リテリングに挑戦していただきたいと思う。

【ノートの例】

```
Nelson Mandela          apartheid          South Africa
non-white                          white people  Because
                27 years in prison  If         not          in
prison                  symbol for   people  If      given up
    hope      day                       all races            vote
   South Africa  And Mandela     never           president
                        Nobel Peace Prize    1993
 symbol of peace     equality       humanity.
```

　ここの紙上でのリテリングは、オリジナルを聞く代わりに読んで話すとなっているので、生徒が取り組むものとは違う形となっているが、挑戦していただいて、どうだっただろうか。最初に文章を読んだときには、どういった部分に注目しただろうか。また、アウトプットの際は、どんな問題に直面しただろうか。そして、アウトプット後にインプットに再度戻ったとき、何に注目して、次のアウトプットがどう変わっただろうか。テキストの再生タスクを行う中で、読者がアウトプットの気づき促進機能を実感できたことを期待する。

　生徒がアウトプットする際、特に難しくなると思われる箇所がいくつかある。しかし、教師が先回りして説明するのではなく、そこはあえて見守って、生徒がアウトプットからインプットへと移行する過程で気づくことを促したい。これがアウトプットを使った自己主導型フォーカス・オン・フォームとなる。アウトプット → インプット → アウトプットの流れを繰り返す中で、生徒が何に気づき、何を自分のアウトプットに取り入れて表現していくかを、じっくりと見守りたい。

　そして活動の最後には、文章全体をクラスに提示してあげる。全文がプリントされたものを配って、今回の活動で学んだこと、また学ぶべきだと感じた箇所に下線を引いてもらう。生徒が何を学んだのか、何を学ぼうとしたのかを教師が確認しながら、全体へのフィードバックを与えてもらいたい。生徒自らがアウトプットの際に苦労した点は、より強い問題意識を持って吸収することが可能になるだろう。文法説明の際も、図20に示すような対比を基に生徒に意味の違いを考えてもらうと、生徒の文法への意識をより一層高める効果があるだろう。

図 20 ● 仮定法のコントラストを示す板書

```
If he had not served so long in prison,
         ↘ does not serve
            did not serve
         he would not have become a symbol for his people.
                  ↘ will not become
                     did not become
```

テキストの再生タスク 2

次に示す例は、最初からアウトプットで始まり、その後でインプットを見せるパターンである。今度は、ライティングのタスクとして行ってみよう。以下に示すのが、活動の流れである。

【再生タスクの活動のステップ】

1. Look at the pictures and narrate the story.
2. Read the model texts written by native speakers of English and underline any words and phrases that you find particularly useful and helpful for you.
3. Without looking at the native-speaker models, rewrite your narrative using whatever you learned from the models.
4. Repeat steps 2 and 3 (as necessary).
5. Compare your writings in pairs and give each other feedback.
6. Examine sample students' writings for a whole class feedback.

生徒にまず簡単なストーリー性のある絵を見せて、それを人に伝えてわかるように英語で書いてもらう。その後で、英語の母語話者が同じ絵を見て書いたライティングを見てもらい、良いと思う表現や言い回しに下線を引いてもらう。そして、モデルを見ずに、改めて自分で書いてもらう。ここでモデルを見ないようにするのは、書き写しを避けるためである。このアウトプットからインプットへのサイクルを、必要に応じて繰り返す。その後、ペアでお互いの作品を交換しても

らい、内容が伝わるかどうかお互いにフィードバックを与え合う。その際、お互いの良いと思われる部分と、まだ足りないと思われる部分を指摘し合うように指示する。最後に、クラス全体で生徒の代表作を吟味し、教師が全体へフィードバックする。

　それでは、図21の絵を見ていただきたい。何が起こっているか理解できたら、それを英語で書いてみていただきたい。

図21 ● ナレーション・タスク

出典：公益財団法人日本英語検定協会 実用英語技能検定 2000 年第２回２級二次試験問題 カードＢ

　さて、上の絵に描かれている事柄を、どのように表現しただろうか。また、何か表現しにくい箇所はあっただろうか。この活動は、アウトプットの気づき促進機能の効果を検証するため、Hanaoka (2006, 2007, 2012)が実際に授業で行ったタスクである。Hanaokaの研究では、英語母語話者の教師２人にモデル文を書いてもらい、それを生徒自身がアウトプットした後に見せて、そこで起こる気づきについて調べている。研究で使われたネイティブ・モデルを図22に示そう。ここで読者が気になる表現や言葉遣いはあるだろうか。モデルを読んだ後は、図21の絵をもう一度見て、再度ストーリーを書いてみていただきたい。

図22 ● ネイティブの書いたモデル文

> **MODEL 1**
> While riding her bike to work one morning, a woman passed a co-worker who was driving his car. He was caught in a traffic jam. One hour later the woman was at work when the co-worker she passed finally arrived at work. His boss and co-workers were angry because a meeting had already started and he was 40 minutes late.
>
> **MODEL 2**
> A man and woman are on their way to work. The woman is riding a bicycle and looks very happy and refreshed. The man is driving a car and looks frustrated. He is in a traffic jam. An hour later the man storms into his office all sweaty and embarrassed. He is late and a few of his colleagues are scowling at him. The woman, meanwhile, is sitting at her desk very relaxed and amused.

出典：Hanaoka, 2007, p. 479

　Hanaokaの研究では、大学生を対象にこのタスクを与えているが、その示唆に富む研究結果をここで簡単に紹介しておきたい。最初のアウトプットの時点で、生徒たちは既存の言語知識を振り絞って、必死にストーリーを表現しようとしている。例えば、「同僚」は英語で何と言ったらいいのかわからず、"When he felt unlucky, a girl who is his companion get through him by bicycle."や、"They are working in the same company."といったように、言い換えなどを試みている。ここで大事なのは、最初から英語を正確に使えているかどうかではなく、タスク達成のために、自分の持つ言語能力をフルに活用しようと最大限の努力をしているかどうかである。どうにかしてアウトプットしようとすることで、生徒は自らの発話能力とその限界の両方を意識するようになり、それが後のインプットへの注目度を上げることにつながっていくのである。これがタスクの中で起こる、**強制アウトプット（pushed output）**の効用と考えられる。

　アウトプットしようと努力する過程で、生徒たちはさまざまな言語的問題に直面し、疑問や質問が湧いてくるので、次に来るインプットを強く欲するようになる。一般的には、生徒が英文を読みたいと強く求めることはそれほどないだろう

が、アウトプット後の彼らの知的欲求はとても高くなる。そういった状態でモデル文が与えられると、彼らは言語面や内容面等、数々の事柄に注意を払うようになる。そして、2度目のアウトプットの機会が与えられると、今度は気づいたことを自らのアウトプットで積極的に生かそうとする。Hanaokaの研究では、まさにこういったことが授業内研究で実際に起こっていると証明されている。これはアウトプットの気づき促進機能が、教室環境でも十分に起こり得ることを立証したものと言える。アウトプットを使っての、自己主導型フォーカス・オン・フォームの実践である。

　いつも受け身で、教えられることを待つのではなく、アウトプットしようと努力する中で、その解決策として、インプットを自己表現のための「リソース」として使っていく。こういった姿勢は、自律的学習者に欠かせない要素であり、そういった学習者が、教室外でも起こる言語習得を豊かなものとしていけるのである。

　ここで示した指導手順は、他のさまざまな絵や図表などを使っても行える。例えば、4コマ漫画を使ってストーリーを書いてもらったり、最後の部分を空白にして、独自のオチを考えてもらったりすることもできるだろう。ポイントは、アウトプットをさせっぱなしにするのではなく、それをインプットと組み合わせて、アウトプットの気づき促進機能を最大限に利用することである。

同時通訳練習とフォーカス・オン・フォーム

日本語を有効活用したバイリンガルの活動を次に紹介する。第7章で、リーディングに関するチャンク・リーディングと、それに続くチャンク・トランスレーションといった活動を紹介するが、それらの活動に慣れてきたらぜひ試してもらいたい、創造的かつ実践的活動である。

ロールプレーで行う即興同時通訳

　ここで紹介する活動は3人一組でやるのが一番いいが、1グループ4人以上いても十分可能である。3人の役割は、以下の通りである：（1）日本語しかできない日本人役、（2）英語しかできない外国人役、そして（3）日本語も英語もできるバイリンガル（通訳）役である。図23に、生徒に説明する際、板書で使う関係図を示そう。

図23 ● 即興同時通訳会話活動のセッティング

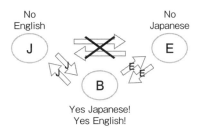

　J（Japanese speaker）は日本人で、E（English speaker）の外国人と話さなければならないが、残念ながら日本語しかできない。一方、EはJと話さなければいけないが、あいにく英語しかできない。そこで、2人はB（Bilingual speaker）に同時通訳の助けを求めるという設定である。JはEに伝えたいことをBに日本語で伝え、EはJに伝えたいことをBに英語で伝える。ここでBは、両者のコミュニケーションを助ける橋渡し役となる。

　一見わざとらしいセッティングに思えるかもしれないが、実はかなり現実的な状況である。例えば、筆者が留学中に母親がアメリカを訪れたとき、誰かれ構わず日本語で話しかけていたことがある。「いつも息子がお世話になっております」、「いろいろとご迷惑をお掛けしているんじゃないでしょうか」、「息子は真面目だけが取りえです」等々。息子である私は、突然同時通訳をやる羽目になり、かな

り焦ったが、文化の違いなども考慮に入れ、一生懸命通訳した思い出がある。英語の発話力は低いが、理解力は少し高いという日本人もいたりするので、「今の訳は私の言いたいこととちょっと違う」と注文をつけてくる場合もあるだろう。その意味でも、この活動のJ役などは、B役とともに、現実味のある設定と言えるだろう。

活動の流れは、以下の通りである。

【活動の流れ】

1　Form a group of 3-4 people.
2　One person in each group will be a Japanese speaker who cannot speak any English. Another person will be an English speaker who cannot speak any Japanese. A third (and fourth) person is bilingual and becomes an interpreter who helps the two people to communicate with each other successfully.
3　Understand the situations you are going to perform.
4　Teacher-student modeling
5　Do jyanken to decide which role you will play.
6　Plan and rehearse what you are going to say in the given situation.
7　Start the role play. Make it last for at least 5 minutes.
8　Question-and-answer time.
9　Rotate the roles clockwise so that J now becomes E, and E becomes B, etc. and repeat steps 6 to 8.
10　Rotate the roles clockwise one more time so that each person plays all different roles.
11　Examine representative students' role play for feedback.

まず活動の趣旨と設定を説明して（図23〈153ページ〉参照）、3〜4人のグループを作ってもらう。そして、活動のシナリオを説明する。シナリオの例は、図24から図26に示す通りである。

図24 ● 同時通訳タスクのシナリオ例1：On the street

Situation	Japanese speaker	English speaker	Bilingual
On a street in your town, a foreigner seems to be looking for the right way to go.	・あなたが道を歩いていると、道に迷った外国人がいました。 ・あなたは英語が話せませんが、なんとか助けてあげたいと話しかけます。 ・「どうかしましたか？」と日本語で優しく話しかけてみてください。 ・道案内するだけでなく、日本滞在が十分楽しめるよう、いろいろと助言や情報を与えてあげてください。 ・例えば、訪ねるといい所や、試すといい食べ物、またどこで遊べるかを教えてあげてください。	・You are a tourist visiting Japan. ・You want to go shopping for some electronic devices. You also want to visit some good places in town. ・But you got lost and found a kind-looking Japanese person approaching you. ・Ask him/her many questions about the town and how to get there (e.g., which is the best shop to buy a camera, where to go for good food, which places are really Japanese).	・You are a high-school student. ・You have such a good command of English that other people often rely on you for help with their English. ・Near the high school, you see a Japanese person trying to help a lost foreigner, but they both look confused. ・You offer to help them communicate with each other. ・Approach them by saying「どうかしましたか？」"May I help you?" ・Be a good interpreter!

図25 ● 同時通訳タスクのシナリオ例2：At the school cafeteria

Situation	Japanese speaker	English speaker	Bilingual
In the school cafeteria, an international couple is having a fight about something.	・あなたは現在アメリカから来た留学生と交際しています。 ・あなたは英語が話せませんが、彼／彼女のことが大好きです。 ・あなたは最近、彼／彼女があなたの知らないところで、別の人とデートしているという噂を聞きました。 ・その噂が本当かどうか確かめたいと思っています。 ・彼／彼女が6カ月後にアメリカに帰国してからどうなるのかも、とても気になっています。 ・できるだけ仲のいい関係が続けられるよう、話し合ってみてください。	・You are an exchange student from the U.S. ・You are now dating a Japanese student. ・You are going back to the U.S. in 6 months. ・Because you have only a limited time in Japan, you want to experience as many things as possible. So, you often go out with other friends. ・So, even though you love your boyfriend/girlfriend, you don't want to be tied to him/her. ・One day, your boyfriend/girlfriend starts asking you many questions. ・Try your best to keep your relationship while explaining your situation.	・You are a bilingual student. ・In the school cafeteria, you notice your friend is having a fight with his/her American boyfriend/girlfriend. ・They are having great difficulty having a smooth communication. ・So, as a friend, you want to help them communicate better. ・Approach them by saying「どうかしたの？私／俺でよかったら通訳しようか？」"What's going on? Can I help?"

図26 ● 同時通訳タスクのシナリオ例３：Meeting with a teacher

Situation	Japanese speaker	English speaker	Bilingual
At a teacher's office in an international school, a parent is visiting his/her child's teacher for the first time.	・あなたはインターナショナル・スクールに通う子どもの親です。 ・今日は、学校に行って、いつもお世話になっている先生にあいさつをしようと思っています。 ・あなたは英語が話せませんが、日頃の感謝の気持ちを伝えようと思っています。 ・また、子どもが普段どういった学校生活を送っているのかも知りたいと思っています。 ・子どもが大学に行けるかどうかも、とても気になっていて、先生の助言や指導をお願いしたいと思っています。	・You are a teacher at the international school. ・A parent of your student is visiting you and asks you many questions about how his/her child is doing at school. ・Unfortunately, the child is not doing well at school, although he/she is doing well in club activities. ・You want to ask the parent to encourage him/her to study harder. ・The student does have potential, and he/she is doing well with his/her classmates.	・You are a child of the parent who is visiting your teacher at school. ・You have to help your parent and your teacher communicate with each other successfully. ・You are doing well with your classmates and in club activities, but not so well in tests.

　図24（155ページ）のシナリオでは、道に迷った外国人に道案内をする内容となっているが、街の地図などがあると、より現実味が増すだろう。また、生徒の興味によっては、東京や大阪といった大都市などに話を広げてもいいだろう。

　図25（155ページ）では、アメリカ人と日本人の国際カップルの仲介場面を想定している。日本語しかできない日本人と英語しかできないアメリカ人が、どうやって交際できるのかを疑問に思う読者もおられるかもしれない。しかし、これは筆者が留学中に実際に遭遇した経験に基づいている。そしてそのときは、筆者自身が通訳として仲介役を果たした。恋は言葉を超越するが、付き合いが進んで話が複雑になってくると、やはり言葉の壁が問題になってくる。

　図26に示すのは、インターナショナル・スクールという設定で、親が外国人教師と懇談する際、生徒である子どもがその通訳をするというシナリオである。どの場面でも、どこまで役になりきれるかが、タスクの成否の鍵となってくる。そこで、生徒に場面をイメージしてもらうためにも、活動前の教師のモデリングが重要な役割を果たすだろう。

　シナリオを説明した後、グループでじゃんけんをしてもらい、各自の役割を決めてもらう。そこで、いきなりロールプレーを開始するのは難しいかもしれない

ので、まずは5分ほど準備時間を設ける。考えてもらうことは、自分の役のセリフと、想定される相手からの発言に対しての返答である。通訳の生徒には、会話の内容を予測して必要な英語表現を考えておくか、自分が他の役になったときに言いたいセリフを考えておくよう指示する。その間、教師は机間巡視をしながら、生徒の準備をサポートする。そこで生徒から良い意見や質問を聞いたら、板書してクラス全体と共有するといいだろう。

　ステップ7で、いよいよロールプレーの開始である。すぐに終わってしまうといけないので、最低5分間（教師が"Stop."と言うまで）は会話を続けるよう指示する。ステップ8の質問タイムでは、活動中に生徒が言いたくても言えなかった表現や不確かな表現等をクラス全体で話し合い、教師が助言する。まさに、自己主導型フォーカス・オン・フォームの絶好のチャンスである。ここで教師は、いつもぴったりと一致する完璧な英語表現を教えようと気張る必要はない。ポイントは、言いたいことを形にすることなので、遠回しの表現や近い意味の表現であっても構わない。そういう風にコミュニケーション方略の訓練と捉えると、教師も生徒も活動しやすいのではないだろうか。

　ちなみに、こういった柔軟な発想と対応を可能にするためには、普段から正確で厳密な言語形態ばかりを追い求めない授業を行っていることが大切である。こういった活動のときだけ柔軟になれと言われても、なかなか難しいからである。同様のことは、授業での英語使用全般にも当てはまる。普段の授業から、教師も生徒も英語を使うことが習慣づけられていないと、突然ある活動で英語だけを使えと言われても、それは無理がある。英語授業は、日頃からできるだけ英語で行うことの重要性がここにもある。

　同時通訳活動が一巡したら、今度は役割を交代して、再度挑戦してもらう。これを3回行うと、生徒が皆全ての役割を演じたことになる。役割が交代すると視点が変わるため、同じ内容であっても飽きずに取り組める。同時に、前回のロールプレーを参考にして、正確さ、複雑さ、流暢さといった面を徐々に向上させることも期待される。最後には、代表グループにロールプレーを披露してもらい、教師は全体へのフィードバックを与える。フィードバックは、特にバイリンガル役のコミュニケーション方略や英語表現、また文化的な点に焦点を当てるといいだろう。

　なお、代表グループを選ぶ際は、机間巡視で各グループをしっかり観察し、なるべくクラスでシェアしたい要素を多く含むグループを選ぶことである。事前に

代表グループに発表してもらうことを伝えておくと、生徒は自覚して、より責任感を持って活動に取り組むようになるだろう。代表に選ばれなかった生徒にとっても、ロールプレーを見ることは、「近い存在のロールモデル」(near-peer role model) の能力や活躍を垣間見る機会となり、彼らの学習意欲にもつながっていく。

まとめ　本章では、高校の英語授業で使えるフォーカス・オン・フォームの手法と活動を紹介した。現在の中学校では、文法シラバスの傾向がまだ強いため、目標文法項目を意識しつつ、それを意味内容あるコンテクストの中で使うことを主眼にして考えた。それに対して、高校では、もっと生徒の知的レベルに訴えかける言語、内容を追求し、実際の授業でどうフォーカス・オン・フォームを取り入れていくかを考えた。具体的には、フィードバック手法の紹介に始まり、教科書の文章を活用して行うテキストの書き換えタスク、アウトプットからインプットへとつなぐテキスト再生タスク、そして同時通訳タスクなどのフォーカス・オン・フォームを紹介した。

　こういった活動以外にも、まだまだ取り入れてほしい活動は存在する。例えば、ディベート、ディスカッション、プレゼンテーションといった活動はバリエーションも多く、高校授業では必須とも言える活動となるだろう。これらの活動は、実践的に応用できるという可能性を秘めているだけでなく、内容に焦点が当てられた活動なので、生徒の注意が自然と意味や機能に注がれるという利点もある。すでにフォーカス・オン・フォームを取り入れる環境が、そこに整っているということである。そこで教師が考えなければならないのは、フォーカス・オン・フォームをどのタイミングで（活動の前、中、後？）、どのような方法で（例：リキャスト、意味交渉、それとも説明？）、どの言語項目に対して（特定項目に対して集中的に、それとも生徒のニーズに応じて広範的に？）行うかである。いずれを選択するにしても、授業の狙いは、生徒が形式・意味・機能のつながりを学ぶことを補佐するということである。

　ディベート、ディスカッション、プレゼンテーションといった活動は、授業で行う際、必ずしも大げさにする必要はない。最初からあまり堅く考えてしまうと敷居が高くなり、たまにしか導入しない特別な活動となってしまうからである。それよりも、もっと気軽に授業に取り入れた方が、その効果は大きい。例えば、日常的なトピックを話題にして、3人組で行う即興ディベートや、テキストの中の話題、知っていること、感じたことを自由に話し合ってもらう活動、また、ペア、小グループでディスカッションしたことをクラス全体に報告する発表等である。

こういった英語活動が、生徒の質問、教師の問いかけを引き出し、フォーカス・オン・フォームのチャンスも次々と生まれてくるのである。
　次の第6章では、高校での英語リーディング指導のあり方について考えていく。そして、続く第7章では、その具体的な授業案を提案していきたい。

Column 5 Charkova & Halliday (2011)

文法教育の what と how の問題

　言葉を学ぶ上で、その文法を学ばなければならないことは当然である。しかし、どのような文法を、どのように学ぶべきかといったことが議論の的になることは少ない。Charkova & Halliday (2011) の研究では、この what と how の問題を我々に投げかけている。まず、読者に次の文を読んでいただき、それぞれのカッコのどちらの語が適切かを選んでいただきたいと思う。

---

(1) You see your friend Hilary who says: "I work on my thesis eight hours every day and because of this I am tired all of the time. My back hurts and my eyes are red."
One hour later, you see Ann:

Ann : Have you seen Hilary lately?
YOU : I saw her an hour ago, and she told me that she **(works / worked)** on her thesis eight hours every day and because of this she **(is / was)** tired all of the time. She said that her back **(hurts / hurt)** and her eyes **(are / were)** red.

---

(2) Your friend Marian tells you: "Did you hear about Shawn? He was arrested for underage drinking and spent the night in jail for that!"
A month later, a friend asks you:

Friend: I haven't seen Shawn in ages. What's up with him?
YOU: Oh, I can't believe you haven't heard this. Two weeks ago, I met Marian and she told me that Shawn **(was arrested / had been arrested)** for underage drinking. She said that he **(spent / had spent)** the night in jail for that.

---

(3) During your graduation party, all your friends get together to make several predictions about their future. Your very best friend Mark predicts: "I will become a lawyer and will make a lot of money. I am going to marry a beautiful blonde lady."
After a month, you see Mark and remind him of his predictions:

YOU: Hey Mark, I wonder whether all your predictions will become true.
Mark: What do you mean?
YOU: You know, at the graduation party you told us that you **(will / would)** become a lawyer and **(will / would)** make lots of money. You also said that you **(are / were)** going to marry a beautiful blonde lady.

　これらは全て「時制の一致」を、現在（1）、過去（2）、未来（3）の文脈で当てはめるかどうかを問うた問題である。読者はそれぞれのカッコ内でどちらの動詞形を選ばれただろうか。

　Charkova & Hallidayは、(1)〜(3)の問題を英語母語話者（NS）、アメリカで学ぶESL学習者、そしてブルガリアとボスニアで学ぶEFL学習者に行ってもらい、その結果を比較している。図E（162ページ）に示すのが、その結果である。それぞれ棒グラフが長い方が、時制の一致を試みた程度が高いことを示している。

図E ● 時制の一致の度合い

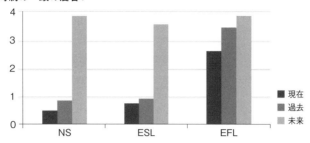

　EFL学習者が、現在・過去・未来のどの場合でも時制の一致を試みた（つまり、この例で、worked, had been arrested, wouldを選択した）のに対して、英語母語話者とESL学習者は、現在と過去ではほとんど時制の一致を試みず（works, was arrestedを選択した）、未来でのみ時制の一致が多かった（wouldを選択した）。

　この結果は何を意味しているのか。「ネイティブは文法を知らない」と主張する人もいるが、文法を知らないでその言葉を自由に操ることは不可能である。この結果は、母語話者とESL学習者は、EFL学習者とは異なった文法規則に従っていると解釈されるのが妥当だろう。違いは、**記述文法（descriptive grammar）**と、**規範文法（prescriptive grammar）**の違いとして表される。記述文法とは、実際に人が使用している文法であり（how grammar *is* actually used by people）、それに対して、規範文法とは、文法がどう使用されるべきかを定めた文法（how grammar *should* be used）である。規範文法はもともと記述文法に基づいて作られているが、時代とともに言葉は変化するので、両者の間には違いが生じてくるのが普通である。

　学校で通常教えられている規範文法では、時制の一致はごく一部の例外を除けば（例えば、普遍的真実など）、全ての時制に絶対的に当てはめられる規則として扱われている。それに対して、現代の記述文法では、なるべく元の話し手の表現を維持しようとする傾向が強い。時制の一致が当てはめられるのは、元の発言が今も本当かどうか定かでないときに限られる。こういった点から考えて、この例で唯一未来の文脈で時制の一致が多かったのは、その不確定さのためだと思われる。つまり、1カ月前に言った未来の予測が、今も変わっていないか不確かなので、あえて過去に言ったことだと強調するために、willではなくwouldを、are going toではなくwere going toを選択するのである。

しかし、未来でも、ほんの数時間前に言われたことは、時制の一致がないまま表現される（つまり、willやare going toを選ぶ）傾向が強い。数時間前に言われたことはまだ確実性があるが、数カ月を過ぎると、確実性は弱まるということである。要するに、現代の記述文法では、時制の一致は厳密な統語的規則に縛られるのではなく、文脈や状況を考慮して当てはめられるようになっている。

　記述文法と規範文法の関係は、図Fに示すような二つの円で表すことができる。便宜的な描き方だが、円の重複している部分が、両者の変わらない部分である。しかし、記述文法が時代とともに変わっていくのに対して、規範文法は一旦その時代に決まってしまうと、なかなか変わらない性質がある。そのため、両者の間には少しずつ違いが広がっていくことになる。そういった意味で、「ネイティブは文法を知らない」のではなく、「ネイティブは最新の文法を使っていて、EFL学習者は古い文法を学んでいる」と言うこともできるだろう。

図F ● 記述文法と規範文法の関係

　二つの文法の重複部分は、話し言葉か書き言葉かでも、微妙に変わってくる。言語変化の速度は、普通、話し言葉の方が速く、書き言葉はそれにゆっくり追いついていく傾向があるので、重複部分は書き言葉の方が多少なりとも大きくなるだろう。また、図Fで円の大きさが違って描かれているのは、規範文法は、いまだ記述文法の全てを解明しているわけではないからである。文法は人の脳内に存在するものであり、規範文法はそれを説明しようとする試みであると考えると、規範文法が記述文法よりも大きくなることはあり得ない。

　さて、このような記述文法と規範文法の違い、また、ネイティブの使う文法とEFL学習者の使う文法の違いを、我々英語教育者はどう捉えていったら

いいのか。この点を考える上では、図E（162ページ）で示されたESL学習者の結果が興味深い。ESL学習者は、英語母語話者と似通った時制の一致の使い方を示しているが、これらの学習者も元はEFL学習者である。こういった学習者は、アメリカに渡って2年ほどしてから、文法の使い方が英語母語話者と近いパターンへと移り変わるようである。つまり、これらの学習者は、規範文法として一度学んだものを再び学び直して、現在の能力に達したと考えられる。一度は「説明」を基に学んだ規範文法を、今度は「インプット」を通して、実際に使われている形で学び直していると言えよう。

　ここで疑問なのは、このような回り道と思えるような学び方が必要なのかどうかということである。もっと初めから、説明とインプットのギャップの少ない学び方ができないものだろうか。自然なインプットに2年以上も触れ続けないと、母語話者と同じ文法判断ができるようにならないのはなぜか。絶対的に正しいものとして学んだ規範文法が、学びの障害となってはいないだろうか。もっと別の（例えば、元の発言の不確定さを表したいときだけ時制の一致をする）形で学んだとしたら、学びの経路はどう変わっていくのだろうか。わざわざ母語話者が従わない文法規則を、規範文法として教える必要があるのだろうか。疑問は尽きない。

　少なくとも、英語教師は、記述文法と規範文法の違いをしっかりと認識しておくことが大事である。また、普段教えている文法が、必ずしも実際に使われている英語の実態と同じでない可能性があることも知っておかなければならないだろう。それはどちらの文法が良い・悪いといった問題ではなく、言葉は「生きもの」であり、規則は規則と勝手に決めつけない柔軟な姿勢が必要だということである。よく知られる別の例として、以前はwhomとwhoの違いが強調され、テストでは、He is the man (who/whom) I met yesterday. の問題で、whoが間違いとされていたことがある。しかし、もはやこのような問題は、一般英語試験では出題できなくなっている。なぜなら、今や両方とも正しいか、もしくはwhoの方がより自然となってきているからである。英語教育で、何をどう教えるかという問題は、教師も生徒とともに英語を学び続ける中で考え続けなければならない問題である。

第**6**章

CLILを志向した「森から木へ」の英語授業のすすめ

本章では、リーディング指導を中心としながら、総合的な英語能力を養うCLILの授業について、主に理論的な観点から論じていく。次章では、本章の内容を踏まえて、具体的な授業案を提示していきたい。最初に、リーディングとは何かということについて考えるところから始め、次に従来型の「木から森へ」と進む授業スタイルの問題点を指摘し、そして、その問題点を克服すべく、「森から木へ」の授業スタイルへの転換を提案していきたい。

- リーディングにおけるコンテクストの役割　166
- インタラクティブ・リーディング　172
- 従来型リーディング指導の問題点　175
- 「森から木へ」の英語指導法　181

リーディングにおけるコンテクストの役割

第1章では、言葉の的確な理解と発話のために、コンテクストが重要な役割を果たすことについて述べた。リーディングにおいても、全く同様のことが言える。このことをより深く理解するための例を示す。

言語理解におけるコンテクストの重要性

　下に示す文章を読んでいただきたい。そして、読んだ後には、その下に続く問いに答えていただきたい。まず、英語の前に日本語で始めてみよう。

> 　新聞の方が雑誌よりいい。街中より海岸の方が場所としていい。最初は歩くより走る方がいい。何度もトライしなくてはならないだろう。ちょっとしたコツがいるが、つかむのは易しい。小さな子どもでも楽しめる。一度成功すると面倒は少ない。鳥が近づきすぎることはめったにない。ただ、雨はすぐしみ込む。多すぎる人がこれをいっせいにやると面倒がおきうる。ひとつについてかなりのスペースがいる。面倒がなければ、のどかなものである。石はアンカーがわりに使える。ゆるんでものがとれたりすると、それで終わりである。
>
> 出典：『わかったつもり　読解力がつかない本当の原因』西林克彦著 2006 光文社新書
>
> 問い
> （1）新聞と雑誌のどちらの方がいいでしょうか。
> （2）鳥が近づくことはよくあるでしょうか。
> （3）何がアンカー代わりに使えるでしょうか。

　いかがだろうか。全ての問いに答えられただろうか。答えは本文に書かれている通りであるが（答え1：新聞、答え2：ない、答え3：石）、問題は、これらの質問に答えられたからといって、必ずしも文章が理解できたことにはならないということである。読者は、この文章が何について書かれているのか、どこまで理解できたであろうか。もしこの文章が難しいと感じたならば、それは単語や文法の問題ではなく、コンテクストがはっきりしないことと関係している。それでは、ヒントを出そう。この文章は、「たこあげ」についてである。それを念頭に、

もう一度上の文章を読んで、内容を再度確認していただきたい。

どうだろうか。前よりもずっと内容がよく理解できるようになったのではないだろうか。一文一文に「命」＝「意味」が吹き込まれたように感じられたのではないだろうか。

次に、英文で試してみよう。日本文の場合と同様に、次の文を読んで、続く問いに答えていただきたい。

> The procedure is actually quite simple. First you arrange things into different groups. Of course, one pile may be sufficient depending on how much there is to do. If you have to go somewhere else due to lack of facilities, that is the next step; otherwise you are pretty well set. It is important not to overdo things. That is, it is better to do too few things at once than too many. In the short run this might not seem important, but complications can easily arise. At first the whole procedure will seem complicated. Soon, however, it will become just another facet of life. It is difficult to foresee an end to the necessity for this task in the immediate future, but then one never can tell. After the procedure is completed, one arranges the materials into different groups again. Then they can be put into their appropriate places. Eventually they will be used once more, and the whole cycle will have to be repeated. However, that is part of life.
>
> 出典：Bransford & Johnson,1972, p. 722. *Journal of Verbal Learning and Verbal Behavior, 11(6)*
>
> Questions
> （1）What is the first thing you have to do?
> （2）Which is better, to do too few things or too many at once?
> （3）Will this task become unnecessary in the near future?

さて、質問には全て答えられただろうか。答えは、（1）To arrange things into different groups.、（2）To do too few things.、（3）No.である。ここでも、質問に答えられたからといって、内容が理解できたということにはならない。いくら一文一文の意味が理解できたとしても、それぞれの文のつながりがはっきりしないし、全体として何を言おうとしているのか見当がつかないのではないだろうか。それでは、ヒントを出そう。この文章は、washing clothesについてである。つまり、「洗濯」の過程を説明している文章である。それを念頭に、もう一度読

んでいただきたい。

　今度はかなりスッキリと読めたのではないだろうか。それでは、もう一例示そう。次の文章を読んで、続く問いに答えていただきたい。

> If the balloons popped, the sound wouldn't be able to carry since everything would be too far away from the correct floor. A closed window would also prevent the sound from carrying ... Since the whole operation depends on a steady flow of electricity, a break in the middle of the wire would also cause problems. Of course, the fellow could shout, but the human voice is not loud enough to carry that far ... It is clear that the best situation would involve less distance. Then there would be fewer potential problems. With face to face contact, the least number of things could go wrong.
>
> 出典：Bransford & Johnson,1972, p. 719. *Journal of Verbal Learning and Verbal Behavior, 11(6)*
>
> Questions
> （1）What would happen if the balloons popped?
> （2）Is a steady flow of electricity important?
> （3）What is the best situation?

　どうだろうか。質問の答えは、以下の通りである：（1）The sound wouldn't be able to carry.、（2）Yes.、（3）Face to face contact. さて、この文章は何について書かれているのだろうか。今度は、図27の絵を見た後で、改めて上の文章を読んでいただきたい。

図27 ●「風船の話」のコンテクストを与える絵

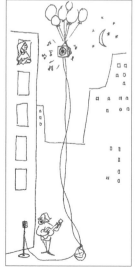

出典：Bransford & Johnson,1972, p. 718

コンテクストとスキーマの重要性

これらの例からどんなことが言えるだろうか。いくら単語が全てわかったとしても、また文法構造がスムーズに理解できたとしても、それだけでリーディングができるとは限らない。おそらく読者にとっては、それぞれの文章を一読して質問に答えることは、さほど難しくなかったのではないかと思う。しかし、いくら質問に答えられたからといって、質問の意図がわかって答えているわけではないし、文章全体の意味もよくわかっていないかもしれない。文章の全体像がつかめないため、内容理解が曖昧で各文の内容があまり頭に残らなくても、それは仕方のないことなのである。

ここでの例は全て、リーディングにおけるコンテクストの重要性を示している。また同時に、読解過程において、読み手の既存知識を活性化させることの大切さを示している。リーディングとは、テキストの文字に表される外部情報と、読み手が頭の中にすでに持っている内部情報との相互作用によって起きるものである。従って、それらをつなぎ合わせるコンテクストが、とても大事な役割を果たすのである。

読み手が読解時に活用する背景情報のことを**スキーマ（schema）**と呼ぶが、人はスキーマを基に、次に来る話の筋を予測したり、行間を読んだりする。166、167ページの例で言えば、「たこあげ」や「洗濯」というスキーマが活性化されたことで、文章理解が促されたと言える。これらの例では、すでに知っている内容についてのスキーマが活性化されると、読みが促進されることを示している。3番目の「風船の話」の例では、まだよく知らない内容についても、絵などの補助が、重要なコンテクスト情報を与えて関連するスキーマを活性化させ、読みの過程を強力に支援することを表している。逆に言うと、スキーマが活性化されないでいると、わかるようでよくわからないという状態に陥ってしまうのである。スキーマ活性化を助けるコンテクスト情報には、タイトルや見出し、絵や写真、直前の会話などさまざまなものがある。

英語母語話者を対象とした実験

Bransford & Johnson（1972）は、英語母語話者の高校生にこの「風船の話」の文章を読んで聞かせ、その理解度を調べている。高校生は次のグループに分けられた：図27の絵を見ないで文章を聞いたグループ（コンテクストなし）、絵な

しで文章を二度聞いたグループ（コンテクストなし ＋ 二度読み）、文章を聞いた後で絵を見たグループ（後でコンテクスト）、そして文章を聞く前に絵を見たグループ（前にコンテクスト）である。これらの異なった条件で文章を聞いた高校生の文章理解度と内容記憶度を計った。生徒には「とても難しい」〜「とても簡単」を1から7の数字で理解度を表してもらい、記憶度は読後に覚えていることを書き出してもらい、キーワードの数で平均値を取った。結果は、表6に示す通りである。

表6 ● 英語母語話者を対象にした実験の結果

	コンテクストなし	コンテクストなし ＋ 二度読み	後でコンテクスト	前にコンテクスト
理解度	2.30	3.60	3.30	6.10
記憶のリコール	3.60	3.80	3.60	8.0

出典：Bransford & Johnson, 1972, p. 720

　理解度においては、コンテクストなしのグループが一番低く、次に二度読みグループと読後に絵を見たグループが同程度であった。それに対して、読む前に絵を見たグループは、他のグループよりはるかに高い理解度を示している。読んだ内容の記憶度においても、読む前に絵を見たグループは、他のグループと比べて、はるかに内容記憶度が高かった。絵を読後に見たグループと二度読みのグループは、絵を見なかったグループとたいして変わらない結果を示している。

　同様の結果は、上に示した「洗濯」に関する文章でも得られている。すなわち、「洗濯」というトピックを事前に与えられたグループは、内容がよく理解でき、その記憶も良かった。しかし、トピックを読後に与えられたグループと、全く与えられなかったグループは、文章理解に大きな困難を感じ、また内容の記憶も悪かったのである。ここでは、トピックがコンテクストの役割を果たして、読み手のスキーマを活性化させたと考えられる。

　これらの結果から、文章理解において、コンテクストは非常に重要な役割を果たすことがわかる。コンテクストは、文章理解と同時に、読んだ内容の記憶という点でも大きな影響を及ぼす。加えて、コンテクストは、読む前に与えることが重要であり、読んだ後に与えても、理解度や記憶度にさほど影響力を与えなくなってしまう。つまり、コンテクストは、読んで理解する過程で大事な役割を果たすのであって、後から付け足しても、あまり助けにはならない。

さて、これらの結果が、英語のリーディング指導にどのような示唆を与えるのか。従来型の最初から丁寧に 1 文ずつ読んでいく指導方法が、本当に生徒のリーディング能力を向上させる上で有効な方法なのであろうか。ネイティブの高校生にとって、文章理解でコンテクストがそれほど重要であるということは、英語学習者にとっては、コンテクストはより一層大きな意味を持つことになってこよう。

インタラクティブ・リーディング

前述のコンテクスト、スキーマ、リーディングの関係は、トップダウン、ボトムアップ、インタラクティブ・リーディングといった理論的枠組みで理解されている。ここで、これらの概念について簡単に説明しておく。

言語理解のプロセス

リーディングに限らずリスニングにおいても同様だが、言語理解のプロセスには、**ボトムアップ処理（bottom-up processing）** と**トップダウン処理（top-down processing）** の両方が関係していると言われている。そして、これらの両方が相互に交流し、効果的な理解を可能にするプロセスは、**インタラクティブ処理（interactive processing）** と呼ばれている（図28参照）。ボトムアップ処理とは、言葉それ自体から得られる情報を基に、理解を進めていくプロセスである。リーディングであれば、文字を見て、それを音声化し、脳内辞書に照らし合わせて単語を認知して意味を検索し、さらに句・節・文からなる文法構造の分析作業を通して、文の意味を理解するという一連の作業のことを指す。

図28 ● リーディングのプロセス

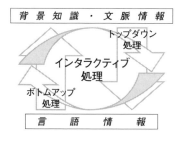

文字情報に基づいて読解作業を進めていくことは、リーディングでは必須のプロセスであるが、それだけで読解が完成するわけではない。リーディングとは、与えられた意味をそのまま汲み取るといった受動的な行為ではなく、読み手をも巻き込んだ複雑で能動的な行為である。そういった読み手の能動的な関わりは、トップダウン処理として理解される。トップダウン処理とは、読み手がコンテクストから得られる情報を手掛かりに、自己の持つスキーマを活性化させ、推測力を働

かせながら、文章理解を進めようとする過程のことを言う。読み手は、自分の予測したことと書かれた内容がどこまで一致しているかを逐次検証し、また、読み手の持つ既知情報と読み取った新情報がどこまで合致しているのかを見極めようとしながら、読む作業を進めていく。ここまでに見てきた「たこあげ」、「洗濯」、「風船」の話の例は、読解作業におけるトップダウン処理の重要性を示したものと言える。

　インタラクティブ処理とは、読解の過程がボトムアップ処理とトップダウン処理のどちらかだけに依存しているのではなく、両方が同時進行で起こり相互に影響し合うプロセスのことを言う。同じ文章を読んでも、それぞれの人が必ずしも同じ理解をするわけではないことは、日常生活でよく見られることである。人によって解釈や記憶が異なるのは、読み手の既知情報や、既知情報を基になされる予測が違うことに由来している。また、書かれたトピックについての背景知識があれば、それだけ容易に内容が理解できるが、逆に背景知識が欠けていれば、同じ内容であっても難解に感じられ、読み方も表面的となる。これも、インタラクティブ処理が深く関係しているからである。

相互補完モデルとリーディング指導のあり方

　インタラクティブ処理と深く関係している考え方に、**相互補完モデル (interactive-compensatory model)** がある。人はボトムアップとトップダウン処理のどちらかで弱いところがあれば、強い方の処理分野が、弱い方の処理分野を補完して読解作業を進めていく。例えば、読み手が文法に弱く、構文解析が下手な場合や、単語知識が足りないような場合は、背景知識をフルに活用することで、それらの欠如を補うことができる。逆に、書かれている話題に関する知識が不足している場合は、語彙や文法知識を駆使して読解作業を進め、背景知識の不足を補っていかなければならない。リーディングには、多くのサブ・スキルが関わっているので、いつも一つのスキルに頼るというのではなく、状況、目的、また自分の能力と読む文章に応じて、柔軟に対応していくことが相互補完モデルで表されている。

　外国語学習者は、これまでの人生経験からそれ相応の常識的知識や背景知識を有しているが、それに比べて言語知識が限られている。そのため、どちらかと言うと、ボトムアップ処理よりもトップダウン処理の方を得意とするのが普通である。海外留学した生徒が、最初は周りの人の話がさっぱりわからないが、教室や

第6章　CLILを志向した「森から木へ」の英語授業のすすめ　　173

食堂といった場所や、または、教師や配膳係といった人の役割などの情報からヒントを得て、言語理解を深めていくことはごく一般的なプロセスである。また、周りの人の対応をつぶさに観察することで、最初は未知であった環境の中でも、うまく順応していくことができるのである。これはまさにトップダウン処理がボトムアップ処理を補っている形と言えよう。「言葉がわからないから何もわからない」などと言っていては、いくら経っても英語の習得など望めない。

　受験勉強や英語能力試験の対策でも、相互補完モデルの考え方は役に立つ。スキーマをうまく活用した学習をすることで、試験の読解問題などに効果的に対応することができる。例えば、環境問題に関するリスニングやリーディングはわかりやすいが、政治や経済に関することはわかりにくいという場合は、まず日本語で背景情報を入手しスキーマを強化することで、英語の内容理解を助けることができる。試験問題は、普通そこまで専門的な内容にはならないので、普段から日本語で新聞などを読むように習慣づけていれば、試験対策に大いに役立つはずである。逆に、日本語で新聞も読まないし、ニュースもほとんど見ないといった場合、それだけスキーマが弱くなるので、英語理解においてトップダウン処理には頼れなくなる。そうすると、ボトムアップ処理の負担がより一層増すこととなる。つまり、それだけ語彙力や文法解析能力が優れていなければ、内容を理解できないことになる。

　相互補完モデルから得られる知見は、日本の英語授業でもっと積極的に活用すべきことである。コンテクスト情報を活用して、生徒のスキーマを活性化させることで、そのまま読めば難しい文章も、推測力と予測力を使うことでかなり読みやすくなる。生徒の強みであるトップダウン処理を活用せず、どちらかというと弱みである言語力のみを強化しようとすると、本来は楽しいはずのリーディングが、弱さの克服だけの活動となり、必要以上に忍耐力を強いてしまう。これでは生徒もどこかで疲れ果ててしまい、いつしかリーディングが苦痛になってしまうだろう。語学学習上、ボトムアップ処理能力の向上が重要なことは言うまでもないが、最初のうちはトップダウン処理の力を大いに活用して、その中でボトムアップ能力を鍛えていき、総合的なリーディング能力を育成すべきである。

従来型リーディング指導の問題点

ここまでリーディングのプロセスを把握した上で、リーディング指導のあり方を考えてきたが、ここで改めて、日本の英語授業でのリーディング指導について考えてみたい。

従来型は「木から森へ」の指導法

　従来型の典型的な指導法は、教科書を開けたら一番上の文から順に読んでいき、それに教師が新出語彙や文法の解説を挟んでいくといった方法であった。最近の教科書では、文章の前に挿絵、写真、また質問などが掲載されているものも少なくないので、それらを使って導入した後に、読み始めることもあるだろう。ただ、その使い方はさほど計画的ではなく、ウォームアップの活動から本題、そして読後の発展的な活動までの流れをしっかりと考えた指導展開を見ることは意外に少ない。

　筆者は、このような従来型の指導方法を、「木から森へ」の指導法と呼んでいる。なぜなら、それは木を一本一本丁寧に見る動作にたとえられ、そうすることによって初めて読解が可能となり、最終的な「森」の姿が浮かび上がってくると想定しているからである。しかし、このような考え方は、本当に理にかなっているのだろうか。生徒はこの指導法に従えば、本当に「森」の姿が見られるのだろうか。ここで言う「森」とは、文章の全体像であり、書き手の伝えようとしている意図と内容である。もし本当に全体像がつかめるのだとしたら、読んだ後のディスカッション活動などへの移行は、さほど難しくないはずである。読んだ文章に関して、生徒がどういった感想を持ったのか、賛成か反対か、何をもっと知りたいと感じたか、などの意見を容易に引き出せるはずである。しかし、実際はどうだろうか。

「英語教育改善のための英語力調査事業報告」の示すこと

　文部科学省が行った「平成26年度　英語教育改善のための英語力調査事業報告」(http://www.mext.go.jp/a_menu/kokusai/gaikokugo/1358258.htm参照) では、全国の高校3年生約7万人（国公立校約480校）を対象に、英語の4技能の力を測り、その学習状況を検証している。これまでの日本の英語教育の成果を確認し、これからの方向性を探る上で、重要な報告書であると考えられる。ここでは特に、

高校英語授業で幅広く行われている従来型の「木から森へ」の指導法の成果の参考データとして、その結果を見てみたいと思う。報告書の詳細は文部科学省のウェブサイトを参照していただきたいが、以下に、テスト結果、質問紙の分析、及び英語教員への付随調査の結果の要点を簡単にまとめて記そう。

- 英語4技能全てにおいてテスト結果が思わしくなく、課題が残される。特に、「書くこと」「話すこと」において課題が大きい。
- 英語が好きでないとの回答が、半数を上回る。
- 英語を聞いたり読んだりする際、概要や要点を捉える活動は少しでも行ったことがあるという生徒は、半数を上回る。
- 逆に、聞いたり読んだりした後、英語で話し合ったり書いたりして意見交換をした経験は少ない。
- スピーチやプレゼンテーションを行ったことのある生徒は少ない。特にディベートやディスカッションといった活動経験は非常に少ない。
- 「話すこと」の試験結果が高い生徒ほど、授業の中で英語を使ってスピーチ、プレゼンテーション、ディスカッションをしていた割合が高い。
- 「書くこと」の試験結果が高い生徒ほど、聞いたり読んだりした後に、その内容を英語でまとめたり、自分の感想を英語で書いたりした割合が高い。
- 日本の生徒全体の英語力をCEFR（Common European Framework of Reference：ヨーロッパ言語共通参照枠）で見ると、「読むこと」と「聞くこと」に関しては、A1上位からA2下位レベル（基礎段階の言語使用者レベル）に集中している。
- 「書くこと」「話すこと」に関しては、A1下位レベルにいる生徒が多く、課題が大きい。

こういった結果から、報告書の示す改善案としては、「英語を使って何ができるか」という観点から、生徒が主体的に学べるような授業の工夫や、生徒の興味や関心を考慮した時事問題や社会問題などの幅広いテーマを使って、発表、討論、交渉などの活動を行うことが挙げられている。さらには、聞いて書くなどの複数技能を統合した活動をもっと導入して、主体的かつ協同的に学べる教育の実践を訴えている。これらはまさに、本書が主張することと軌を一にした内容である。

当報告書では、全国調査の結果を示すだけでなく、英語授業改善に積極的に取

り組んでいる高校の実態についても報告がなされている。これらの高校では、さまざまな改善を試みた結果、英語4技能全てにおいて生徒の英語力が全国平均よりも大幅に高くなっている。また、「英語嫌い」の割合も大幅に少なくなり、生徒の将来における英語使用のイメージも、明確になっている。聞いたり読んだりしたことについて話し合ったり、意見を交換したりする生徒の比率も圧倒的に多い。いわゆる「困難校」と言われる高校でも、英語授業改善に取り組んでいる学校では、生徒の学習意欲が明らかに高くなっており、英語を使うことへの抵抗感は、かなり減少していることが報告されている。

　こういった学校では、4技能のバランスを考えた指導と育成を心掛けており、生徒主体の活動や内容重視の活動を多く取り入れていることが特徴となっている。そこでは、生徒が英語に触れる機会を増やす工夫がなされ、ペアやグループ活動を含む協同学習を推進している。活動内容に、生徒の思考や発言の自由が確保されていることも特徴であり、教師は生徒の知的好奇心を喚起するような導入や発展を工夫することによって、生徒の発言意欲を高めることに努めている。本書でこれまで述べてきた、フォーカス・オン・フォームとCLILの考え方が実現された授業作りがここにあると言えよう。

　日本の高校3年生の英語レベルが、CEFRのA1からA2レベルに集中しているという結果は見逃せない。A1レベルは、学習を始めたばかりの者、A2レベルは学習を継続中の初級者を指しており、ともに一番基礎段階の言語使用者のことを指す。英語をこれまで少なくとも5年以上学習してきた結果が、初級者のレベルを超えないというのは、「EFL環境だから」、「日本人は英語が苦手だから仕方がない」などと言っている場合ではないだろう。しかも、この結果は、日本人が苦手とする「話すこと」だけに限らず、「書くこと」「聞くこと」、さらには、時間をかけているはずの「読むこと」にも当てはまる。こういった状況の中で、従来通りの指導法をそのまま続けていく理由は、もはやどこにも見当たらないのではないだろうか。

「木から森へ」の授業の問題点

　「英語教育改善のための英語力調査事業報告」の示す結果を真摯に受け止めて、今後の対策に生かしていきたい。そのためにここで、従来型の「木から森へ」の授業について、その問題点を整理しておきたい。

◎ 授業外で予習、授業内でチェック？

「木から森へ」の授業の一つの問題として、授業外の勉強は予習を基本として、授業中はその確認作業に大半の時間を使ってしまうという点がある。典型的な予習方法は、未知語の意味を調べて文章を和訳することである。予習それ自体が悪いわけではないが、読むことの動機づけなしに、宿題としていきなり翻訳という困難な作業を生徒に強いるのは問題である。こうした宿題が知的好奇心や読む意欲が喚起されないまま出されると、わからない単語の意味を辞書で調べて英文を和訳し、それをノートに書き移すだけの機械的作業に終わってしまう。自分の和訳を読み返して、それが直訳過ぎないかとか、どの文章が要点を述べているかなどといったことに気を配る生徒は、ほとんどいない。

また、生徒が予習の段階で全文を和訳しているということは、授業開始時点でその文章はもうすでに一読されているので、授業で読む際に新たな発見や驚きといった新鮮味は失われる。そのような状態で、スキーマ活性化のためのオーラル・イントロダクションを導入したとしても、残念ながらその効果は半減してしまうだろう。授業時間の大半は、和訳のチェックに費やされるので、読んできた内容を基に発展的な活動が行われるといったことはほとんどない。これが、本当に授業時間の有益な使い方と言えるのか、もう一度よく考える必要がある。

復習のあり方はどうかと言えば、定期テスト前に、今まで習ったことをざっと見直すというのが、一般的なパターンのようである。日常的には生徒は次の予習で手一杯になるため、復習は先延ばしにされてしまいがちである。テスト前の復習は、暗記作業が中心となるため、テスト直前に行った方が効率的ということになる。こういった勉強の仕方で、本当に英語リーディング力が育つのか、また英語の総合的能力が身につくのか、大いに疑問である。予習と復習のどちらが重要かということについては、結局はバランスの問題であり、より本質的には、学習の質の問題である。それは、授業内容との兼ね合いの中で考えていかなければならない問題である。

◎ 教科書を何回読むか？

別の問題として、英文に触れる量の問題が挙げられる。「木から森へ」の授業では、通常最初から一文一文丁寧に解読していくため、生徒が教科書の文章を通して読むのは、一回か、良くて二回であろう。もし音読をするなら、もう少し多

くなるだろうが、その音読の質も問われるところである。音読の基本は、意味に注目しながら声に出して読むことであるが、果たしてそういった内実のある音読練習が、どこまで行われているだろうか。ただ機械的に文章を音読し、その後に和訳と構造解析作業が続くだけであれば、本来のリーディングの目的を達成することも、音読のあるべき効果を得ることも難しい。分析作業や和訳作業それ自体が主目的となってしまっては、リーディング指導としては本末転倒である。意味を理解し、内容について考えるためのリーディングであり、それを補佐するための分析や和訳でなくてはならないはずである。

◯ 教師主導、解説中心、知識伝授型授業？

「木から森へ」の授業では、「正しい知識」を伝授することが主眼とされるため、ほとんどの場合、教師主導の解説調の授業となる。教師の解説が多いということは、生徒は当然聞き役として受け身に回ってしまう。また、知識伝授型の授業では、解説をわかりやすくする手っ取り早い手段として、日本語が多用される。その結果、教室は英語使用の環境からどんどん遠ざかることになる。英語の授業であっても、触れるのは日本語の方が圧倒的に多いという状態に陥ってしまう。言語習得では、インプット、アウトプット、インタラクションといった要素が不可欠だが、日本語を主体とした解説調の授業では、これら不可欠な要素が全て最小限となってしまう。そういった雰囲気の中で、ディスカッションのような英語を使った活動を導入しようとしても、それは容易ではない。その理由は、決して生徒のモチベーションが低いからとか、英語力が低いからといったことではなく、それよりも前に、授業構成や流れ自体に問題があるからである。

◯ 全体と細部のバランス？

「木から森へ」の授業では、全体と細部のバランスの面でも問題がある。個々の文がわからなければ、全体像などわかり得ないという理由から、単語や文構造といった細かい部分に終始注意を払うことになる。しかし、いくら単語や文法構造がわかったとしても、全体像が見えてくるとは限らない。前に見た「洗濯」や「風船」の文章の例は、まさにそういった問題を提起している。生徒は文単位での分析と和訳作業に気を取られるあまり、文章全体どころか、段落の要点や、文と文のつながりすら把握することが難しくなる。

人は通常、漠然とでも全体像が見えていると、細かい部分をより集中して見る

ことができる。逆に、全体像が見えていないと心理的に不安になり、学習に集中できなかったりする。自分の現在位置がよくわからず、また、今やっていることが何につながっているのかがわからないからである。つまり、最初から細かい部分を見ていって、それを全体像につなげようとする試みは、認知的観点・情緒的観点のどちらから見ても、読み手にかける負担は非常に大きくなる。

◯ 読解ストラテジーの指導？

「木から森へ」の授業では、単文の分析に重きが置かれるため、読解ストラテジーの指導が手薄になることも問題である。**読解ストラテジー（reading strategies）**とは、文章を目的に応じて効果的かつ効率的に読むスキルを指す。挿絵やタイトルの活用、未知語の推測法、文章の構成知識の活用、要点を取るスキミングや、必要な情報だけを見つけるスキャニングなどの多彩なスキルが含まれる。読解ストラテジーは、インタラクティブ・リーディングのトップダウンとボトムアップの両方の処理を、巧みに使い分けていくためにも必要となる。生徒のリーディング能力のみならず、英語能力全般を伸ばすためにも、その養成は不可欠である。しかし、一語一語、一文一文の指導に執着している限り、柔軟に読解ストラテジーを使える能力を育てることは難しい。

◯ 木から森へ本当にたどりつけるか？

ここでは、従来型の指導法を「木から森へ」の指導法と言っているが、より正確に言うならば、「木から森へ行くはず」の指導と呼ぶべきかもしれない。それは、「行くはず」だが、結局は道に迷ってしまうことが多いからである。「木を見て森を見ず」（missing the forest for the trees）の状態に陥ってしまうのである。生徒によっては、「木」自体さえよく見えないこともある。注目しているものがあまりに近過ぎて、結局、文の要点さえも捉えられなかったりする。そういった読み方では、リーディングの面白さを発見することは難しいだろうし、もっと読みたい、もっと知りたいという動機づけにもつながりにくい。日本の英語学習者に必要なのは、単に「木」を分析する力ではなく、全体像としての「森」を捉える力である。その上で、「木」の重要性を把握し、「木」と「森」がどうつながっているかを見極める力を養成すべきである。

「森から木へ」の英語指導法

従来型の英語指導法の問題点を改善するために、「木から森へ」の逆の発想である「森から木へ」の英語指導方法を提案したい。「木から森へ」の指導技術を取り入れつつも、その弱点を補っていく指導方法の提案である。ここからはこの「森から木へ」の指導方法について、より詳しく見ていきたい。

ラウンド制、CLIL、フォーカス・オン・フォームの融合

　「森から木へ」の指導法とは、リーディングを中心としつつも、技能統合型で行う、総合的なコミュニケーションの授業方法である。必ずしも新しい教え方というわけではないが、従来型の「木から森へ」の指導法に慣れ親しんだ教師にとっては、大きな発想転換が必要となる。授業では、基本的な授業構成の枠組みとして、**ラウンド制指導**の形態を取る。バックボーンとなる考え方は、CLILを採用しながら、具体的な指導形態としてフォーカス・オン．フォームを使っていく。その意味で、「森から木へ」の指導法は、ラウンド制、CLIL、そしてフォーカス・オン・フォームを融合した教育法と捉えられる。CLILとフォーカス・オン・フォームについてはすでに述べてきたので、ここではラウンド制指導とは何かについて、簡単に説明しておきたい。なお、ここで採用するCLILは、英語教育が主目的となるため、第3章で紹介したCLILのバリエーションのSoft CLILを指す。

　ラウンド制指導とは、さまざまな異なるタスクを用いて、多面的な角度から教科書を学習することによって、読解ストラテジーを含めた、言語能力の向上を目指す指導法である。その名のごとく、授業をいくつかのラウンド（段階）に分けて、それぞれのラウンドで目的ある活動を行い、最終目標である文章内容の理解を目指す。そして、それに続く豊かな応用活動をも可能にしていく。教師の役割は、時には解説者だが、多くの時間は、コーディネーターやサポーターとなる。

　リーディング指導では、ラウンドは大きく分けてpre-、while-、post-readingの3部に分かれるが、その流れは「森から木へ」の指導理念に沿って、基本的に、「全体」から「細部」へと徐々に焦点を移していくことになる。最初は、細かいことは気にせずに、大雑把に文章の概略を把握することから始めていく。段落を基本的な単位とし、それぞれの段落の要点を押さえるようにしていく。そして、徐々に文に注目していき、節や句といった単位を意識しながら、意味内容の理解を深

めていく。こういった全体から細部への流れは、意味から徐々に形式に注意を向けていく流れとして捉えることもできる。大意を把握する上では、細かい文法や機能語などはさほど重要にならない。しかし、注意が細部に向くほど、形式面の重要性は高まっていく。そこでフォーカス・オン・フォームが生きてくるのである。

　ラウンド制は、多くのスポーツで採用されているので馴染みがある読者も多いだろうが、ここではボクシングなどのたとえで考えるとわかりやすいかもしれない。ボクシングの世界戦は、3分12回のラウンドで行われるが、毎ラウンドで同じ戦い方を繰り返すわけではない。最初は相手の出方を見ることから始まり、中盤でラッシュをしかけていったり、後半で勝負に出たりといった具合に、各ラウンドで強弱や戦い方が変わったりする。それがいわゆる試合の「ゲームプラン」と呼ばれるものである。ゲームプランは、試合相手によって変わってくるし、相手との力量差によっても違ってくる。最初から勝負に出て、1～2ラウンドで決着させる場合もあれば、最後の12ラウンドまで戦って判定で決着をつける場合もある。

　これと同じように、リーディング指導も、50分1ラウンドでずっと同じペースで読み続けるのではなく、一つの授業をいくつかのラウンドに分けて考える。そうすることで、一見難しい読解作業も、段階を経て扱いやすくしていく。各ラウンドでは、同じ読み方を繰り返すのではなく、さまざまな角度から、時には広く浅く、時には狭く深くテキストを読み込んでいく。ラウンドの回数と内容は、読む文章と読み手の読解力によって決まるが、ゲームプラン、すなわち指導内容は、全体 → 細部 → 全体、意味 → 形式 → 意味、インプット → インテイク → アウトプットを基本的な流れとして構成していくとよい。

◎ プロセス・ライティングとプロセス・リーディングの考え方

　「森から木へ」の指導は、**プロセス・ライティング（process writing）**の考え方と多くの共通点を持っている。プロセス・ライティングとは、段階を追って書くプロセスを大事にするライティング方法であり、早くから結果のプロダクトを求めるやり方（product writing）と対比される。書くという行為は、書き始めて最後まで書き終わったら完成といった単純なものではなく、書き始めはアイデアのブレーン・ストーミングから始まり、構成を練って、下書きをし、何度も推敲を重ねながら完成させていくものである。そういった過程を指導方法に反映させたのが、プロセス・ライティング・アプローチである。

ライティング教育の分野では、プロセス・ライティングはプロダクト・ライティングに取って代わって、現在のライティング指導の主流となっている。ここで提案している「森から木へ」の指導法は、その考え方をリーディング指導へと応用した、プロセス・リーディング・アプローチとも言えるものである。プロダクト・リーディングが最初から細部の理解を求めて、結局は一度ぐらいしか文章を読まないのに対して、プロセス・リーディングでは、いろいろな段階を踏んで、読みを深めていく。そうした指導法は、自然とラウンド制の形態を取ることになる。

「森から木へ」の授業の流れ

以下に、「森から木へ」の指導の具体的な流れを示そう。

◯ 導入のパート

「森から木へ」の指導法では、何よりもまず、読むことの動機づけを大切にする。普通、人は何の目的もなく、ただ渡されたものを一生懸命読むということはしない。母語であれ、外国語であれ、読むのには、それなりの理由と目的があって然るべきである。そこで、「森から木へ」への指導では、まず実物、絵、写真を使ったり、生徒の興味・関心を喚起させる**オーラル・イントロダクション（oral introduction）**、ないし**オーラル・インタラクション（oral interaction）**を使ったりして指導を始める。そうして生徒のスキーマを活性化させ、読む意欲を高めていく。

そうして意欲が高まったところで、初めて文章を読んでもらうわけだが、いきなり最初から一文一文丁寧に読むのではなく、まずは話の概要を捉えるところから始める。そのやり方は、大きく分けて二通りある。一つが要点を捉えていく**スキミング（skimming）**であり、もう一つが、求める情報だけを探して読む**スキャニング（scanning）**である。この二つに加えて、読み始める前の準備段階で得たコンテクストから、さまざまな事柄を推測してから読む、**推測読み（predicting）**も重要となる。

◯ 展開のパート

「森を見て木を見ず」とならないように、全体像から細部の読みへと徐々に移行していくことも重要となる。細部の読みに入ると、重要語や難解な文法形式に

も注目していくこととなるが、何に注目するかは、それぞれ扱う文章によって変わってくる。指導方法としては、単語の意味説明や文法解説などが考えられるが、なるべく生徒主体でインタラクティブな授業展開となるよう心掛けていく。例えば、ある日本語表現に合う英語表現をテキストの中から探してもらったり、未知語の意味をコンテクストから推測してもらったりしながら、読解ストラテジーを身につけてもらう。文法形式に関しても、既習文法と新出文法を対比させて違いを考えさせたり、ターゲットとなる文法規則を使って、即興和文英訳を試してもらったりすることが考えられる。

◯ 精読の推進

さらなる精読を促す上では、意味のまとまりごとに英文を区切って読んでいく、**チャンク・リーディング（chunk reading；phrase reading や slash reading とも呼ばれる）** の手法を活用する。チャンク・リーディングでは、基本的に句や節を単位として読み進めるため、英語の語順を崩さずに文を理解していくことが大切になってくる。また、どこで文を切るべきかを判断する中で文構造を把握し、チャンクの一つ一つの修飾関係などにも注意を払うため、文の細部まで気を配りながら読み進めることができる。日本語で文の意味を確認する際は、文全体ではなく、チャンク単位での和訳を行う。それは、同時通訳で用いられる**サイト・トランスレーション（sight translation）** と似た手法となる。チャンクでの和訳は、日本語としては不自然に聞こえるが、英語の語順のまま意味を捉えるので、直読直解の読み方となる。そうして一度和訳されたものは、そのままの語順で、再度和文英訳に活用することもできる。

必要に応じては、**パラグラフ・リーディング（paragraph reading）** や**概念マッピング（concept / mind mapping）** などを取り入れて、文章構成や段落構成を意識した読み方を指導していくこともできる。こういった手法は、大きなくくりで文章を把握するため、速読力の養成に役立つだけでなく、読後のサマリー活動などを行う上でも有効である。意味を意識した音読練習が有効に働くのも、文章内容をしっかりと把握したこの時点である。

◯ さらなる展開のパート

文章の内容が理解できた時点で、次は読後の発展活動へとつなげていく。一旦一本一本の木々を細かく見た後は、もう一度「森」へ視点を戻して、より深く広

く考える活動へと移行していく。最終的には、リーディングを通して自分自身や世界について考えるところまでもっていきたい。読後活動には、ディスカッション、ロールプレー、ディベート、プレゼンテーション等、さまざまな活動が考えられるが、それらの活動には、**"Think globally, act locally."**(「地球規模で考え、足もとから行動せよ」)の姿勢で取り組んでいく。つまり、大きな視点から我々を取り巻くさまざまな事象や問題について検証しながらも、それを単なる抽象論や観念論として終わらせるのでなく、自分自身の身近な問題として考える機会としていく。

「森から木へ」の指導法の特徴と利点

ここで、「森から木へ」の指導法の特徴について整理しておこう。

◯ 授業内で読み、授業外で復習や活動準備

従来型の授業では、授業外で予習、プラス授業内で説明・確認という形が取られてきたが、「森から木へ」の授業では、授業内での読解訓練と、授業外での復習をより重視する。読解訓練には、トップダウン処理を扱うものから、ボトムアップ処理を扱うものまでさまざまな活動があるが、授業時間をそれらの訓練活動に当てることで、生徒がテキストの全体と細部の両方を理解できるように助けていく。授業外の復習としては、授業で学んだことを振り返るだけでなく、音読、チャンク・リーディング／トランスレーションなど、授業でやり方を教えたことを家庭学習として取り入れてもらう。また宿題として、読んだ文章のまとめや、リアクション・ペーパー、テキスト題材の背景調査、そしてディスカッション、ディベート、プレゼンテーションの準備といったことも考えられる。

◯ 教科書を何回も読む

従来型の授業では、テキストを読む回数が限られていたが、「森から木へ」の授業では、さまざまな角度からテキストに触れるため、何度も英文を読むことになる。最初は概要や特定の情報に焦点を当てた読み方から始まり、徐々に細部に気を配る読み方を行っていく。そうして内容を理解した後も、ディスカッションやロールプレーなどの活動を行う際に、再度テキストを情報源として活用していく。復習としても、教科書の音読練習などを課すため、テキストを読む回数は、

授業内外で格段に増えることとなる。こうやって、教科書をとことん使うことを目指す。

◯ 「読むことを学ぶ」と「学ぶために読む」

「森から木へ」の授業では、リーディングが主目的となる。ここで言うリーディングには、**「読むことを学ぶ」**(learning to read) とともに、**「学ぶために読む」**(reading to learn) ことの両方が含まれている。前者が読み方を学ぶことに焦点を当てるのに対して、後者は情報や知識などを得るために読むことに焦点を当てている。本来のリーディングでは、学ぶために読むことが重要であることは言うまでもないが、「森から木へ」の授業では、その目的のために、英語読解力が未熟な生徒に対して、多角的な観点からリーディング指導を行っていく。

このような考え方は、CLILで「言語学習」と「言語使用」を相互補完・補強関係と捉えることと一致している。学習したことは使用したくなるし、使用する中でもっと学習したくなるといった関係である。同様に、読み方を学べば内容理解が深まり、もっと知りたいと読むことへの動機づけが高まる。また、それは自然と内容について皆と語り合いたいという欲求にもつながってくる。リーディングの中で言語指導をする際は、それがまさに内容理解を助けるために起こるので、フォーカス・オン・フォームの考え方に則したものとなることは言うまでもない。

◯ 生徒主体、活動中心、インタラクティブな授業

「森から木へ」の授業では、知識の伝授ももちろん行うが、読解ストラテジーの指導を通して、生徒のリーディング能力を育成することが主な目的となってくる。読解ストラテジーは、講義中心の授業では教えられないので、自然と活動中心の授業となっていく。また、活動中心の授業では、インタラクションが重要となるため、授業形態は一斉授業や個人作業だけでなく、ペアやグループ活動が豊富に含まれることになる。

◯ 全体と細部のバランス

「森から木へ」の授業では、全体から細部へと移行する中で、要点を押さえられるだけでなく、細部にまで注意を払って指導できる。語彙や文法構造といったことも、他と切り離して教えるのではなく、段落や文章全体との関連の中で教えられるため、本来のリーディングの目的にかなった学習となる。また、全体から

細部へと焦点を変えていく流れは、種々の活動の意義や位置づけも明確にし、無理のない形で生徒の文章理解を深めていける。たとえるなら、地図を見る際に、まず広範囲を確認してから特定の場所をズームアップするとわかりやすくなるのと同じである。「森から木へ」の授業では、授業の流れを工夫することによって、認知的にも情緒的にも生徒の負担を軽減して、学習の効率化を目指す。

◯ 英語使用と日本語使用

「森から木へ」の授業を行う際は、英語を主体として使っていく。言語習得の基本がインプットにあることを考えると、これは理にかなったことである。生徒主体の活動が授業の中心となることも、英語使用を増やす上で重要である。活動中心だと説明の時間は少なくなり、メタ言語を多用した日本語での解説ではなく、英語インプットによる例示が多くを占めるようになる。また、文章理解には、コンテクスト情報が多く使われるので、英語での授業理解が従来よりも容易になるだろう。意味内容に注目する分、生徒と教師双方の英語使用の緊張感をほぐすことにもつながる。

◯ 森から木へ、そしてまた森へ

「森から木へ」の授業では、全体から細部へと注意を向けた後、再度全体に戻っていく。これはちょうど、「鳥の眼」で上空から全体像を見た後、「虫の眼」で細部を確認し、再び上空へ上がることにたとえられる。「森から木へ」の授業の場合は、意味から形式に移った後、再び意味へと戻る。その流れは、インプットからインテイクを通してアウトプットへと比重を移していくものでもある。すでに全体像がつかめて、細部の理解も深まった段階なので、要約活動や内容に関する意見交換といった活動も、円滑に運びやすくなる。ここでは「森から木へ」の指導と便宜的に呼んでいるが、実際は、「森から木へ、そして森へ」の授業の流れとなる。

ここまで述べてきた「森から木へ」の授業の特徴と利点を、「木から森への」授業と対比して、表7（188ページ）にまとめて記しておこう。

表7 ●「森から木へ」と「木から森へ」の指導法の対比

	「森から木へ」の指導法	「木から森へ」の指導法
授業外でやること	音読、背景調査、また応用活動の準備等を行う。	未知語調べと和訳の予習が重視される。
授業内でやること	授業中は、実際に読む訓練を多角的な方法で行う。	授業では、生徒の和訳チェックに多くの時間が割かれる。
英文に触れる量	異なった角度からの読みを複数回課すことで、英文に触れる量が増える。	単文に焦点を当てた訳読中心の授業となるため、英文に触れる回数と量が限られる。
授業目的	「読むことを学ぶ」と同時に「学ぶために読む」。	和訳と文法構造の分析・理解、及び語彙・構文等の学習を行う。
授業形態	さまざまな活動を通じて授業を展開していくため、より生徒主体の授業形態が可能となる。	教師主導、解説中心、知識伝授型の授業となり、生徒は受け身になりがちとなる。
全体と細部のバランス	全体から細部へ焦点を移していくため、要点とともに細部まで目が行き届く指導が可能となる。	単文の分析と和訳作業に集中するため、全体、段落の要点、文と文の間のつながりが把握しづらくなる。
認知的・情緒的負担	細部の前に全体像を提示することで、読むことに対する認知的・情緒的負担を軽減する。	全体像を見る前に細部に焦点を当てるため、認知的・情緒的負担が大きい。
読解方略の指導	柔軟な読解ストラテジーの養成が可能となる。	単文の分析的な読みに偏りがちとなる。
使用言語	英語の使用が増える。	日本語の使用が増える。
読後活動へのつなぎ	ディスカッションなどの読後活動へつなげやすい。	ディスカッションなどの読後活動へつなげにくい。
授業の流れ	「森から木へ、そして森へ」とつながる、深みと広がりのある授業となる。	「木から森へ行くはずだが、実際は難しい」こととなり、道に迷いやすくなる。

まとめ

本章では、リーディング指導に焦点を当てて、さまざまな角度からリーディング指導のあり方について考えてきた。まず始めに、口語での言語使用と同様に、リーディングにおいても、いかにコンテクストが重要な役割を果たすかについて論じた。従来のように狭い意味でのボトムアップ処理に偏った指導に終始するのではなく、コンテクストをもっと積極的に活用して、全体像を捉えるトップダウン処理能力を育成する必要性を訴えた。そして、究極的には、トップダウンとボトムアップの両方が交じり合った、インタラクティブ・リーディングが重要となることを強調した。それを具現化する指導方法として、従来の「木から森へ」の指導スタイルから、CLIL、フォーカス・オン・フォーム、そしてタスクを使ったラウンド制指導の考え方を融合した「森

から木へ」の指導スタイルへと転換することを提案した。

　従来型の指導法は、分析的な読みと訳読に徹するあまりに、全体像が見えにくくなり、細部の学習にも問題が生じやすくなる。それに対して、「森から木へ」の指導法では、コンテクストとともに読む目的と動機づけを大切にし、ラウンドごとに読み方を変えていくので、全体と細部の両方の把握を可能にしていく。全体から細部へ、そして再び全体を捉えた読後の発展活動へと移行していく流れとなる。こういった指導方法は、「読むことを学ぶ」ことと「学ぶために読む」ことの融合を図り、言語学習と内容学習の相乗効果を狙う授業となる。次章では、その具体的な授業例を紹介していきたい。

Column 6　Lee & Macaro (2013)

母語の効用

　文部科学省は、2013年度施行の高等学校学習指導要領に、「授業は英語で行うことを基本とする」との方針を盛り込んだ。また、同様の方針は、中学校英語科でも近いうちに施行されることになる。英語をコミュニケーションの手段として捉える姿勢だが、教育現場からは、「英語だけで教えた方が本当に効果的なのか」、「日本語の役割はないのか」といった疑問も出されている。それはもっともな疑問であり、検証していくべき課題であると考える。Lee & Macaro（2013）の研究は、その疑問に対する一つの試みであり、その研究結果は注目に値する。

　この研究では、韓国で英語を学ぶ小学校6年生と大学1年生を対象に、リーディング主体の英語授業を、英語だけで教えた場合と、英語と母語を混ぜて教えた場合とを比較して、語彙習得にどういった違いが見られるかを調べている。図Gに、語彙知識スケール（Vocabulary Knowledge Scale）で測ったグループごとの結果を、事前、授業直後、そして3週間後の遅延テストに分けて示してある。

図G ● 年齢と母語使用による語彙習得の違いの比較

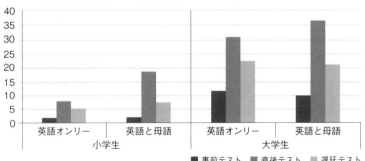

全てのグループにおいて直後テストで伸びが見られ、また遅延テストでは忘却による後退が見られつつも、事前テストからの伸びは維持していることがわかる。グループ間の比較では、小学生では英語オンリーよりも英語と母語を混ぜた指導を受けたグループの方が、直後テストで大きな伸びを示しており、両者間の有意差は遅延テストでも維持されている。大学生の場合は、小学生ほどではないが、直後テストでの伸びは英語と母語を混ぜた指導を受けたグループの方が大きくなっている。しかし、遅延テストでは、両者の有意差はなくなっている。この研究は、母語を交えた指導の効果を示しており、特に英語力がまだ限られている小学生にとっては、その影響が強く見られたということが興味深い。同時に行われたアンケート調査の結果でも、大学生よりも小学生の方が、母語を伴った指導を好む傾向が確認されている。「小学生のうちはとにかく"英語のシャワー"を浴びせておけばどうにかなる」といった乱暴な意見を聞くことがあるが、このような研究結果は、そういった考えに大きく警鐘を鳴らすものである。

　ここで指摘しておきたい点は、この研究で調査対象となった授業では、英語対母語使用の比率が約8：2であり、英語が主で、母語が補助的に使われていたことである。そのため、小学校であれ大学であれ、この研究の結果をもって母語主体の英語授業を擁護することはできない。考えるべきことは、理解可能な英語のインプットを豊富に与えつつも、いつどこで母語を効果的に使っていけるかである。例えば、語彙を説明する際、まず英語で説明してから、日本語で確認する。もしくは、日本語で言ってから、英語で説明して確認するといったように、両方の言語をうまく使って、両者が相乗効果をもたらすような指導を考えていくことが必要であろう。そのためには、いくら日本語の方が簡単、もしくは理解しやすいからといって、日本語ばかりの指導に安易に走らないように注意していかなければならない。

　これまでの英語教育論争では、英語 vs. 日本語といったように、極論と極論をぶつけて議論を煽ってきたことが多かったように感じられる。他の二極化論争として、コミュニケーション vs. 文法、形式 vs. 意味、受験指導 vs. コミュニケーション英語指導、EFL vs. ESL、トップダウン処理 vs. ボトムアップ処理、インプット vs. アウトプット、インプット vs. 説明などが挙げられる。しかし、ほとんどの場合、その解決策は、両者の真中に位置しており、両者の量のみならず、質的なバランスを考えていくことが賢明であろう。どちら

かを引いて残りがもう片方といった「引き算」的な発想ではなく、また、ただ二つを合わせるだけの「足し算」的な発想でもなく、両者の絶妙な調和を模索する「掛け算」的な発想での英語教育改善が必要である。そういったバランスを見出すためには、表層的な議論を越えて、もっと本質的で建設的な話し合いが展開されていかなければならないだろう。

第7章
「森から木へ」の授業例

前章の理論的説明に続き、本章ではリーディングを中心に、「森から木へ」の指導法の具体例を示したい。この指導法は、中学校・高校のどちらでも応用可能であるが、本章では特に高校英語科の教科書をベースに指導案を考えていくこととする。

レッスン全体像　194
トップダウン活動　198
ボトムアップ活動　207
発展的活動：ラウンド10　220
「森から木へ」の授業作成の留意点　231

【おことわり】本章では、授業の流れを把握するのを助けるため、さまざまな図表を引用しているが、出典元の画像の画質の状況により、大きく表示できない図表もあることをあらかじめ了承願いたい。また、グレースケールで色分けがわかりにくい場合もあるため、より鮮明な画像は、出典元の画像で確認していただければ幸いである。

レッスン全体像

ここでは Water Crisis をテーマとした高校の英語教科書を例に、実際の授業の展開例を示す。「森から木へ」の授業例の参考としてほしい。

教科書の内容の確認

下に示すのは、Genius English Communication I（平成27年度版、大修館書店）の Lesson 8 に登場する、"Water Crisis" の文章である。この課の最初のページには、大勢の人たちがバケツを持って並んでいる写真が掲載されている。以下の文章を一読して、読者ならどういった授業展開を考えるだろうか。最初に何を行い、それをどう次の活動・指導につなげていくか。生徒たちに全体像をどのように捉えさせ、どういった順序で細部への読みへと結びつけていくか。そして、読後活動として何を行い、最終的に、生徒に何を学んでもらいたいか。授業は通常パートごとに進めることになるだろうが、ここでは全体観を持ってもらうためにも、課全体の文章を提示しておこう。

Part 1

The Earth is often called "The Water Planet" because over 70 percent of its surface is covered with water. Almost all of the water, however, is seawater and only 0.01 percent of it is good for drinking. About 900,000,000 people, one eighth of the world population, cannot drink safe water.

The World Wide Fund for Nature (WWF) says in its report that poor resource management, together with global warming, is leading to water shortages even in the most developed countries. Economic wealth does not always mean a lot of water. Some of the world's wealthiest cities such as Houston and Sydney are using more water than they can supply. In London, leaks from aging water pipes are wasting 300 Olympic swimming pools' worth of water every single day. At the same time, southern Europe is becoming drier as a result of climate change and further north Alpine glaciers — an important source of water — are shrinking.

To make matters worse, the rapid increase in the world population and global water shortages seem to be almost certain to happen. The WWF calls for water conservation on a global scale and asks rich states to set an example by improving water supply systems and solving climate problems.

Part 2

Moreover, wealthy countries indirectly use the water of the developing world. The production of fruit, vegetables, clothing and even cars requires water. To import those goods is to import water used in their production. The water used is known as "virtual water" because the real water which was used is no longer contained in what is finally produced.

The concept of virtual water helps us realize how much water is needed to produce different goods and services. Though there is virtual water in household products and industrial products, the great majority of water we consume is hidden in the food we eat. The production of 1 kilogram of wheat requires about 1,300 liters of water; 1 kilogram of eggs about 3,000 liters of water; 1 kilogram of beef about 13,000 liters of water. The reason why beef requires ten times as much water as wheat is that beef cows not only drink water themselves but eat grass and grain, and to grow grass and grain also requires water.

To eat a bowl of *gyudon*, rice with cooked beef on top of it, is to consume about 2,000 liters of water!

Part 3

At first glance, Japan might seem to be rich in water. Its annual rainfall is about 1,700 mm, which is twice the world's average annual rainfall. However, the amount of water available for human consumption is less than we might imagine. As a natural resource per person in Japan, water is less than half the world average. If you have the impression that there is no shortage of water here, that is because Japan imports a very large amount of water, in the form of food, from overseas.

In fact, Japan is the largest food importer in the world and relies on imports for 60 percent of its food. Let's take a bowl of *tempura soba*, supposedly a very Japanese dish, for example. You may be surprised to learn that only 20 percent of its ingredients are produced in Japan. All this importing of various kinds of food makes Japan one of the largest importers of virtual water in the world.

It should be noted that exporter countries of virtual water are not necessarily water-rich countries. If the consumers in importer countries demand cheaper products, it often encourages a more wasteful use of scarce water resources.

Part 4

It is of course important to save and manage water in a better way than we do now. However, that might not be enough. One possible way to increase the supply of fresh water that is good enough for human consumption is the use of desalination technology, which removes the salt from seawater. A number of methods have been developed for desalination, but at present "reverse osmosis" seems to be the most promising one.

Osmosis is a process where liquid passes through a membrane. Under natural conditions, pure water goes through the membrane and thins the salt water. This is why you cannot drink too much salt water. If you did, all the water in your body would go to your stomach to thin the salt water and you would become sick because your body would need more water.

Reverse osmosis works in the opposite direction. The pressure put on the salt water forces it through the membrane, but the special "reverse osmosis membrane" keeps the salt on one side and lets only the pure water pass to the other side.

Researchers and engineers have been trying to come up with better, cheaper methods for water purification. It is our hope that these efforts will find ways to ease the water crisis.

出典：Genius English Communication I, pp. 94-101（平成 27 年度版、大修館書店）

パート構成と授業の流れ

このテキストは4部構成になっており、それぞれのパートの主題は、以下のようにまとめられる。各パートの後には、教材作成上、内容的観点から見て特に必要になると思われる工夫のポイントが示されている。この時点で、教科書の内容とともに必要なポイントを整理しておくと、資料収集の際に役立つ。

Part 1：Worldwide water problem
　・写真を使って生徒に内容を予測させてからテキストを導入する。
　・図表を使って世界の水問題について考える。
Part 2：Virtual water
　・日常生活の例を用いて仮想水とは何かを示す。
Part 3：Japan's case
　・日本が水輸入大国であることを示す図表を見ながら考えてもらう。
　・世界の問題と日本の問題の相互関係について考えてもらう。
Part 4：Possible solutions
　・水問題に関して我々に何ができるか解決策を考えてもらう。

　図29に、「森から木へ」の授業案の全体像を示そう。図左側の番号は、ラウンド数を示している。全てのラウンドを一つの授業で行う必要はないが、読者にさまざまなアイデアを示すためにも、ここでは多少多めにラウンドを入れてある。全体の流れは、トップダウン活動 → ボトムアップ活動 → 発展的活動となっているが、その背景には前章で述べた、全体 → 細部 → 全体、意味 → 形式 → 意味、インプット → インテイク → アウトプットの流れがある。

図29 ●「森から木へ」の英語授業の流れ

　次に、図29に示したラウンド順に、詳しい授業の流れを示していこう。

トップダウン活動

ここではトップダウン活動として、オーラル・インタラクション、スキャニング、スキミングの順に活動の詳細を記していく。

ラウンド1：オーラル・インタラクション

　授業ではいきなり本文を読み始めるのではなく、写真などを使ってまず視覚的に迫り、ティーチャー・トークを駆使して始めたい。生徒のスキーマを活性化させ、テキスト内容への好奇心を抱かせて、本文を読むための心の準備を整えさせていく。具体的には、オーラル・インタラクションで、生徒に発問しながら始めていく。その際、教科書掲載の写真を使うのが手っ取り早い方法だが、ここでは教材収集の過程で集めた図30、31の写真を使って始めてみよう。授業時間に応じて、扱う写真の数は決めればいいだろう。次ページから示すクラスのやりとりでは、Tは教師を、Sは特定または不特定の生徒を表す。各所に授業での留意点を示しておく。

図30 ● 世界の水問題を描く写真1

写真：山本つねお／アフロ

図 31 ● 世界の水問題を描く写真 2

写真：Design Pics/アフロ

T：Take a look at this photograph. Who are these people?
S：People in Africa?
T：Maybe so. Are they children or adults?
S：Many children.
T：Right. Many of them are children. And there are some adults too. Where are they?
S：Lake?
S：River?
T：I see. Maybe a lake or a river. What do you think they are doing?
S：They get water?
T：Right. They are getting water. When do you think this photograph was taken? 50 years ago? 20 years ago? Or now?
S：Now?
T：Yes, this photograph was taken recently, not 50 years ago. Not 20 years ago. How do you think they are going to use the water?
S：Maybe drink?!
S：No, it's too dirty!
T：We need water to drink, yes. What else do we need water for? We need water for many purposes, right?
S：To wash our bodies.
S：For bath.
S：For toilet.
S：To cook the dishes. To wash the dishes.
T：Right. We need water for many uses. I have one more

図30の写真を提示しながら発問していく。発問の際は、5W1Hを基本として、生徒に写真から得られる情報を読み取らせていく。

question for you. Why do they need to get water in this not-so-clean place?
S： Because they don't have 水道 ... in their house.
T： Good point. They probably don't have water pipes leading into their houses. They don't have a good water system in their village yet. ... <u>Now, take a look at another photograph here.</u> This time, make a pair and ask each other questions about this photograph. Ask questions using the 5Ws and 1H. Remember what they are? ... Yes, *who, what, when, where, why,* and *how*, OK? I'll ask what you discussed in three minutes, OK? Now, go!

> 図31を提示してから、5W1Hを板書していく。

　この例では、写真を使ったオーラル・インタラクションを2段階で行っている。1段階目は教師主導で行い、2段階目は生徒主体のペア活動となっている。最初に教師の発問の例を聞いているので、生徒主体のペア活動では、生徒はそれに習って質問し合うことができる。その際、5W1Hを板書して、ペア活動を円滑に行うための**足場がけ（scaffolding）**を作っておくとよい。ペア活動の後は、全体で各ペアから出た質問の答えについて簡単に確認する。このようなオーラル・インタラクションは、各課の導入時点では特に重要な役割を果たすが、その後の各パートでは省略しても構わないだろう。

　日本の生徒にとって、水問題に対する実感はなかなか湧かないかもしれない。しかし、日本でも昭和の時代には、水道がまだ整備されていないところがたくさんあり、水汲みは毎日の日課だった。朝、水を汲んできて、かまどで湯を沸かすのは、もっぱら女性の仕事であったが、今も世界各地で、多くの女性や子どもが水汲みの仕事に追われている。そのため、必要な教育を受けられなかったり、他のことが何もできなかったりという事態が起こっているのである。水汲みが、ジェンダー問題や教育問題と大きく関係していると言われるのも頷けるだろう。また、水は健康の源であり、水質が悪いところでは、水関連の病気で命を落とす人々が絶えない。水道が完備していない国では、かつて日本であったのと同じ状況がいまだ続いているのである。このテキストを読む生徒には、ぜひともこういった水問題が、自分たちにも関連した問題であることに気づいてほしい。こういったことを踏まえた上で、オーラル・インタラクションの導入授業を展開していっていただきたい。

◎ レッスン導入のバリエーション1：キーワードから推測読みへ

先ほど示したオーラル・インタラクション以外にも、レッスン導入のバリエーションにはさまざまなものが考えられる。例えば、キーワードからテキストの内容を予測してもらうことは、推測読みを促す上で有効だろう。パート1の文章の場合は、キーワードとして次のようなものが考えられる：seawater、drinking、shortages、supply、drier、shrinking、population。これらの単語の意味を確認してから、これから読む文章の中でそれらがどうつながっているかを予測してもらうのである。特に写真を使った導入と併用すると、かなりの内容が予測できるのではないだろうか。そして、実際の文章を読んだ後は、生徒の予測がどこまで合っていたかを確認しつつ、キーワードがテキストのどこでどんな単語と一緒に使われているかを見るのもいいだろう。

◎ レッスン導入のバリエーション2：発問とスモール・トーク

別の導入方法として、身近な話題に関して発問することが考えられる。例えば、次のような発問はどうだろうか。

- How much water do you use a day? What are the uses?
- Have you ever experienced any water shortage in the past (in your family or in your community)? What happened? How did you solve the problem?
- What would you do if you could get only a limited amount of water a day? How would you try to save water?
- What is the one thing you would take with you if you had to be on a deserted island for one week? (You can survive for up to 2 weeks or so without food, but you would only last 3-4 days without water.)
- Is there anything you do to save water in your everyday life?
- Where does the water we drink come from?

このような発問を使って、ペアで聞き合ってもらう。ただ発問を提示するだけでは、生徒もすぐに答えられないかもしれないので、教師の答えの例を紹介してからペア活動に移ってもいいだろう。例えば、What would you do if you could get only a limited amount of water a day? なら、筆者の答えはこうなる：I would try not to take a bath. I would take a shower only once every two weeks. It may be a bit hard in the summer, but I could probably do that in the winter. If I took a bath, I would save the water and reuse it for other purposes, like doing the laundry and flushing the toilet. どの発問を生徒に投げかけるにしても、最終的に行き着きたい結論は、"Water is essential in our lives."というポイントであり、Can we take it for granted? という問いかけである。

◯ レッスン導入のバリエーション3：図表を使って考えさせる

図表を使って、ペアや小グループで話し合うことから始めることもできる。以下は、その一例である。

T : Hello, class. What did you do during the weekend? ... In my case, I was at home surfing the Internet. And I found something interesting that I want to show you. I want you to tell me what the figures show. Here are two questions for you to discuss with your partner: What can you understand from these figures? And what do you think about them? Note that "water withdrawal" means water usage. So, the big percentage of water withdrawal here means more water problems. OK? I'll give you two minutes for your discussion.

こう言いつつ、図32を提示する。

質問を板書する。

図32 ● 世界の水問題の移り変わり

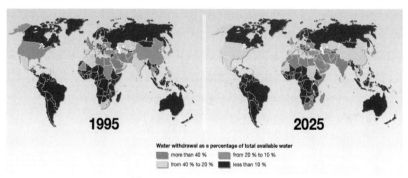

出典：GRID-A（Philippe Rekacewicz <Le Monde diplomatique>, February 2006）

この場合、生徒同士で話し合ってもらうか、それとも教師主導で話し合うかは、授業時間等に応じて選択していっていただきたい。いずれにせよ、図32から読

み取ってもらいたいことは、水問題がこの30年間で大きく広がりつつあるということである。さらに2050年までには、世界の人口の約40%に当たる40億人もの人々が水不足に直面すると言われている。ここにもう一問発問を付け足すとしたら、Why is this happening? What are the causes? といった原因究明の質問が考えられるだろう。テキスト・パート1には、その答えとしてpoor resource management, global warming, rapid increase in the world populationといった表現が登場する。続くラウンド2で、こういった表現を探すスキャニング活動につなげていってもいいだろう。

ラウンド2：スキャニング

ラウンド2では、スキャニング活動を行う。スキャニングは、速読して必要な情報だけを拾っていく活動だが、その際に関係のない情報は飛ばし読みをすることになる。例えば、何かの名前を問われれば、それに関する名詞を探し、いつ起こったのかを問われれば、時を表す表現を探していくといった具合である。以下は、パート1の一段落目のテキストを使っての会話の例である。図33（205ページ）に、探すべき単語の場所を示しておこう。

T：So, we examined two photographs just now. These photos are closely related to the topic of the text we are studying in this lesson. Let's move on to Round 2. In Round 2, we focus on scanning. Scanning means quick reading to find the necessary information. I will ask you some questions. So, I want you to scan the text. I want you to read over the text quickly to find the answer to my question. Raise your hand when you get the answer, but don't say it immediately. Just raise your hand, OK? 〔最初にわかった生徒が答えを言ってしまわないように、まず挙手させる。〕

S：OK.

T：We will focus only on the first paragraph now. So, look for the answer only in the first paragraph. Are you ready? Here is Question 1: What is another name for the Earth? What is another name for the Earth? … **A-san**. 〔生徒の挙手を少し待ってから、指名する。〕

S：The Water Planet.

T：That's right. The Water Planet. How do you say it in Japanese? 〔日本語で馴染みのある単語は日本語でも確認する。〕

S： 水の惑星
T： 水の惑星. That's right. The Water Planet. Here is Question 2: How much of the water on the Earth can we drink? How much of the water on the Earth can we drink? ... I'll give you a hint. Let me rephrase the question: What is the percentage of the water we can drink on the Earth? Raise your hand if you find the answer. ... OK, how about B-kun?
S： Zero zero one percent.
T： You mean, zero point zero one percent?
S： Yes, zero point zero one percent.
T： Right. Zero point zero one percent. Did you know that? We cannot drink all the water on the Earth, even though we have a lot of water. Even though the Earth is called the Water Planet. So, here is another question. You can answer this question very quickly. Are you ready? We cannot drink all of the water on the Earth, even though we have a lot of water. Why? ... OK, C-san.
S: Because almost all of the water is seawater.
T: Because almost all of the water is seawater. Perfect! What is seawater in Japanese?
S: 海水
T: Good. 海水, seawater, そのままだね, sea 海 water 水. Here is one more question. This one needs some thinking, so I want you to discuss with your partner what the answer is. Here is the question: If Earth's population were eight people, how many people would be able to drink safe water? I repeat. If Earth's population were eight people, how many people would be able to drink safe water? Now check your answer with your partner.
[AFTER STUDENTS' DISCUSSION]
T: Did you get the answer? How about this pair over here?
S: Seven!
T: Seven. Is that right, everybody? What does the text say? In the third line from the top, it says, "one eighth of the world population cannot drink safe water." "One eighth." What is "one eighth?" One out of eight. "1/8" cannot drink safe water. So, 7/8 can drink safe water. So, the answer is, you are right, seven. Do you think it is a serious problem?

	意味交渉を通してフィードバックする。
	質問の答えを確認する過程で、テキストの内容について軽く触れていく。
	こう言いつつ、1/8を板書する。

S: Maybe ...
T: Maybe? Definitely! It IS a serious problem. How many people are there in this class?
S: 40.
T: Now help me with the calculation here. What is 1/8 of 40 people? 40 divided by 8 equals ...
S: Five!
T: So, five students in this class would not be able to drink safe water. These five people in this corner, for example, would not be able to drink safe water. Maybe they would only be able to drink dirty water. Is that OK? How about this entire grade, 学年全部では? ... In the entire school? ...

身近な例に置き換えることで、問題をわかりやすくしてあげる。

図33 ● スキャニングの質問と答え

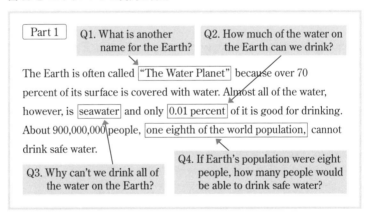

ここでは1段落目だけを対象にスキャニング活動を行ったが、生徒のレベル次第では、パート1の3段落全てをスキャニングの対象としてもいいだろう。また、スキャニングの難易度を上げるには、探す単語を上から順番に示すのではなく、順不同で提示することもできる。

ラウンド3：スキミング

ラウンド3では、スキミングを行う。スキミングはスキャニングと同様にざっと読むことを意味するが、スキャニングと違って、特定の情報を探すのではなく、

全体の要旨をつかむことを目的とする。スキミングでは、わからない単語や文があってもとにかく読み進め、止まらずに一気に読むことがコツである。そのためには、目を引く名詞、動詞、形容詞といったキーワードだけを拾って読んでいくこととなる。ここで、スキミングの活動をスキャニングより後のラウンドに回した理由は、スキミングが難易度の高い活動であるからである。ラウンド2でスキャニング活動を踏んで、テキストの内容が少しわかってから行う方が、初心者には特にやりやすいであろう。

要旨を捉えると言っても、最初のうちはなかなか難しいので、まず段落ごとに行っていき、徐々にパートごとの要旨に挑戦していってもらいたい。また、最初は日本語で要旨をまとめ、必ずしもまとまった文でなくてもいいことにしておくとやりやすいだろう。これも慣れるに従って、英語の要旨へと変えていくといい。下に示すのは、パート1の段落ごとの比較的容易な日本語でのフレーズでの要旨と、より難しい英語のセンテンスでの要旨の例である。

- 第1段落の要旨：水の惑星の真実. *Although there is a lot of water on the Earth, not much of it is drinkable.*
- 第2段落の要旨：世界の水不足の現実. *There are water problems all over the world because of poor resource management and global warming.*
- 第3段落の要旨：早期解決策の必要性. *We have to act now because the world will certainly face global water shortages as its population increases rapidly.*
- パート1全体の要旨：世界の水問題. *The world is facing a water crisis today that is caused by multiple reasons and that requires serious global attention.*

こういったスキミングやスキャニングの訓練は、入試対策にも役立つ。特に最近の大学入試は、読解問題が長文化する傾向にあることを考えると、目的に応じた速読のスキルを身につけることは必須である。当然、実社会でのリーディングでは、読みの速度と正確さはどちらも重要な要素となる。そういった意味でも、英語授業にスキミングやスキャニングの活動を、ぜひ取り入れていっていただきたい。

ボトムアップ活動

トップダウン活動でスキーマを活性化し、大体の要旨がつかめたら、今度は徐々にテキストの細部に焦点を当てていく。ボトムアップ活動としてここで紹介したいのは、語彙に注目したワード／フレーズ・ハント、文法に着目した文法・語法フォーカス、そして文を細かく読み込むチャンク・リーディングとチャンク・トランスレーションである。

ラウンド4・5：ワード／フレーズ・ハント（日→英・英→日）

　ボトムアップ活動の最初のラウンドは、ワード／フレーズ・ハントである。ワード／フレーズ・ハントは、語彙を探すスキャニング活動の一種だが、ここでは、コンテクストや語形から語彙を推測する訓練活動として活用したい。やり方には、日本語から英語へと、英語から日本語へという2種類の方法があるが、それぞれラウンドに分けて行うことにする。

　図34に、ラウンド4で行うワード／フレーズ・ハント（日→英）を示す。図35（208ページ）に、ラウンド5で扱うワード／フレーズ・ハント（英→日）を示そう。図36（208ページ）には、テキストとともにラウンド4で答えとなる英語の語句（下線で表す）と、ラウンド5で質問となる英語の語句（ボックスで表す）を示しておこう。

図34 ● ワード／フレーズ・ハント（日→英）の問題と答え

Round 4 (J → E)：Find the following words or phrases in the text.

Q1：覆われている	→	is covered with
Q2：報告書	→	report
Q3：水不足	→	water shortages
Q4：漏れ	→	leaks
Q5：縮小している	→	are shrinking
Q6：さらに悪いことには	→	To make matters worse
Q7：ほぼ確実に起こる	→	almost certain to happen

図 35 ● ワード／フレーズ・ハント（英→日）の問題と答え

Round 5 (E → J)：What do the following words or phrases mean in context?
Make your best guess!

Q1：surface	→	表面・地表
Q2：is good for	→	〜に適している
Q3：poor resource management	→	粗末な資源管理
Q4：is leading to	→	〜につながっている
Q5：aging	→	古くなった
Q6：as a result of	→	〜の結果として
Q7：conservation	→	保護・維持

図 36 ● パート１のワード／フレーズ・ハントの解答

　　The Earth is often called "The Water Planet" because over 70 percent of its $_{Q1}$surface $_{Q1}$is covered with water. Almost all of the water, however, is seawater and only 0.01 percent of it $_{Q2}$is good for drinking. About 900,000,000 people, one eighth of the world population cannot drink safe water.

　　The World Wide Fund for Nature (WWF) says in its $_{Q2}$report that $_{Q3}$poor resource management, together with global warming, $_{Q4}$is leading to $_{Q3}$water shortages even in the most developed countries. Economic wealth does not always mean a lot of water. Some of the world's wealthiest cities such as Houston and Sydney are using more water than they can supply. In London, $_{Q4}$leaks from $_{Q5}$aging water pipes are wasting 300 Olympic swimming pools' worth of water every single day. At the same time, southern Europe is becoming drier $_{Q6}$as a result of climate change and further north Alpine glaciers — an important source of water — $_{Q5}$are shrinking.

　　$_{Q6}$To make matters worse, the rapid increase in the world population and global water shortages seem to be $_{Q7}$almost certain to happen. The WWF calls for water $_{Q7}$conservation on a global scale and asks rich states to set an example by improving water supply systems and solving climate problems.

出典：Genius English Communication I, p.94（平成 27 年度版、大修館書店）

◯ 語句の推測ストラテジーの育成

　ここで選択された対象語句は、日 → 英、英 → 日のどちらの場合も、コンテクストや語形情報などから、ある程度予測が可能なものであるところがポイントである。未知語でも前後関係から推測が可能であるので、どう推測すべきかのコツを教えたい。例えば、日 → 英のワード／フレーズ・ハントでは、「覆われている」→ "is covered with" の場合、「何が」「何で」覆われているのかということと、"Earth"、"water" といった単語を結びつけると、"is covered with" という表現が浮かび上がってくるだろう。また、"cover" という単語を見て、「カバーする」＝「覆う」と判断することも可能であろう。「報告書」の場合、生徒にとって必ずしも新出語彙ではないかもしれないが、「報告書」＝ "report" ≠「レポート・宿題」の関係を見出してほしいという意図がある。"leak" や "shrink" といった単語も、カタカナで「リーク」や「シュリンク」と言われもするが、それが一体何を意味するのか、今一度確認させたい。「水不足」→ "water shortages" の場合は、short（短い、足りない）の派生語としての "shortage" を認識させたい。

　同様のことは英 → 日でも言える。例えば、もし生徒が "surface" という英単語を知らなくても、同じ文の中の "70 percent"、"cover"、"water" という情報から、何となくその意味を推測できるのではないだろうか。"is good for" は、特に難しい単語は含まれていないが、それが「〜のために良い」＝「適している」という意味になることを推測させたい。"aging" は "water pipes" が "age"（＝ getting older）すると、"wasting water" につながるとはどういうことかを考えると、自然と意味が導き出せるだろう。また、カタカナの「エージング」から意味を推測することもできる。

　いずれの場合も、もし生徒が推測に困ったら、教師が上に書いたような情報をヒントとして与えてあげるといいだろう。「覆われている」→ "is covered with" は、「覆われている」と言いながら、ジェスチャーで球体を包むような仕草を見せると良いヒントになるだろう。「水不足」→ "water shortages" も同様に、"This is how much you need, but you only have this much" と言いながら「必要な分よりも『少ない』」とジェスチャーを示してあげるといいだろう。

　英→日の場合は、"surface" の意味の導き出しには、"70 percent of the Earth's surface is water" と言いながら、ジェスチャーで球体を示しつつ、さらに "Earth's surface, not inside, but outside" と言い添えてあげると良いヒントになるだろう。

"conservation"は難しい単語かもしれないが、"What do you think we need to do with water?"と尋ねつつ、WWFが常識的に言って皆に何を求めているかを予測させるといいだろう。また、語源を手掛かりに、con=[together（一緒に）] + [serve（仕える）または save（保つ）]から意味を予測させてもいいだろう。

また、poor resource management などは、たとえ大まかに訳せたとしても、具体的には何を意味しているかわからないかもしれない。そういった場合は、具体例をいくつか示してあげるといいだろう。例えば、中国第2の大河である黄河は、取水が増えたり、干ばつが続いたりしたため、2000年以降に対策が取られるまでは河口まで水が流れない断流という現象が毎年のように起こっていた。また、1950年代には世界第4位の湖であった中央アジアのアラル海は、近代農業のために水量が激減し、2014年にはほぼ消滅してしまった。こういった例も、授業前の情報収集の際に集めておくといいだろう。ティーチャー・トークを使っての説明の例は、以下のようになる。

> T： Do you know the Yellow River, the second biggest river in China? They used too much water from the river for agriculture, industry, and home use. As a result, the water started to run out. So, people living down the river had trouble getting enough water to drink, for bathing, and for toilets. The situation has started to improve, as they realized the problem and started to take some countermeasures. Another example is the Aral Sea. Do you know the Aral Sea? The Aral Sea is in Central Asia, between Uzbekistan and Kazakhstan. It used to be the fourth biggest lake in the world, 100 times bigger than Lake Biwa in Japan. It's about the size of Hokkaido, a beautiful lake full of fish. You know what has happened to it now? It has disappeared. The water is all gone and the fish have all died. People used too much water for agriculture and industry. All this happened because of poor resource management. People did not use their limited resources well, and that resulted in serious water problems in those areas.

（注：世界地図で場所を示せると、より一層効果的である。）

こういった一見余分とも思われる情報や説明が、英語科の授業内容を豊かにする。英語が、意味ある内容を伝えるコミュニケーション手段として使われる良い例である。生徒も、poor resource management といった単語が、もっと生きた言

葉として感じられるだろうし、その記憶も鮮明なものとなるだろう。

　活動の手順としては、ラウンド4も5も、クラス全体で一つ一つ順番に探していってもいいし、一度に何語かを与えて、まず一旦個人で考えてもらい、それからペアで話し合って全体で確認という流れでもよい。もし生徒がこういった活動に慣れていないなら、最初の1〜2問は教師主導で行い、その後で生徒主体の活動に移ってもいいだろう。答える際は、教科書に下線を引かせてもいいし、事前にプリントを用意して、そこに書き込ませることもできる。

　単語の意味を推測する能力は、スキャニングやスキミングと同様、入試対策に有効なだけでなく、実社会でも使えるコミュニケーション能力となる。わからない単語が出てくるたびに辞書を引くのではなく、柔軟な思考力と対応力を育てていきたい。もし、どうしても推測が困難な場合は、それを見極める力も必要であろう。そしてその際は、教師に聞くなり、辞書で調べるなりすることが当然大切になってくる。

ラウンド6：文法・語法フォーカス

　次の活動は、文法・語法フォーカスである。パート1で焦点を当てたい箇所はいくつかあるが、ここでは特に次の二つに絞って考えたい。

 ***"One eighth of the world population* cannot drink safe water."**

　「世界人口の1/8」といった分数の表現は、前にもスキャニング活動で扱ったが、ここで改めて分数の表現を確認しておきたい。その際のティーチャー・トークの例を、以下に示そう。

T：This time, let's look more closely at the grammar in the text. Take a look at this sentence: "One eighth of the world population cannot drink safe water." What does it mean again?

（キーセンテンスを板書しながら始める。ポイントの箇所は下線で示す。）

S：世界の人口の1/8は安全な水が飲めない。
T：Right. 1/8. This reads as "one eighth." Do you notice something here?
S：One eighth, not eight.
T：Very keen! Yes, eigh*th*. This is 序数. Usually, we count, one,

T : two, three, four, ... right? But in 序数, we say, first, ...
S : Second
T : Yes?
S : Third
T : Yes? What's next? ... Next is four<u>th</u>, fif<u>th</u>, ... 〔th を強調しながら発音する。〕
S : Sixth, seventh, eighth.
T : <u>There you go, eigh<u>th</u>, nin<u>th</u>, and ...</u> 〔このように、できるだけ生徒から引き出しながら進め、英語の序数を板書していく。〕
S : Tenth.
T : Very good! Ten<u>th</u>. So, when we say 分数 or fractions, we use 序数 like third, fourth, fifth, etc. <u>I will write down some fractions on the board here, so say these fractions in English,</u> OK? 〔こう言って、分数を板書していく。〕

T : How about this (1/3)?
S : One third?
T : Yes, one third. How about this (1/4)?
S : One fourth?
T : Yes, one fourth. How about this (2/3)?
S : Two third?
T : Very close, but not right. This reads as "two thirds." If you have more than one here in 分子 or the numerator, you need to add –s in 分母 or the denominator. So, this becomes "two third<u>s</u>." OK? How about this (3/5) then?
S : Three fifths?
T : Good. It's hard to pronounce, but you say "three fifth<u>s</u>." How about one more (1/2)?
S : One second?
T : Nice try! But this is "one half" or just "half." Sorry, this is a tricky question. <u>Now, this time, I want you to quickly translate these sentences into English.</u> ... I will give you two minutes. Ready? Go! 〔こう言いつつ、図37のプリントを配布する。〕
　　　... OK, now, compare your translations with your partner. ...

　文法・語法フォーカスの問題と解答例は、図37に示す通りである。文法練習が目的だからと言って、適当な文を選ぶのではなく、できるだけ内容的に関連のあるものが提示できるといいだろう。

図37 ● 文法フォーカスの問題と解答例

> Round 6 (Grammar Focus): How do you say the following in English? Note that these are all facts!
> Q1：世界人口の1/2の人々しか家で水道（tap water）を利用できない。
> → <u>Only (one) half of the world population can use tap water at home.</u>
> Q2：世界人口の1/5の人々が、トイレを利用できない。
> → <u>One fifth of the world population cannot use toilets.</u>
> Q3：2025年には世界人口の2/3の人々が水問題を抱えることになる。
> → <u>Two thirds of the world population will experience water problems in 2025.</u>

◯ *"Economic wealth <u>does not always mean</u> a lot of water."*

文法・語法フォーカスの次のポイントは、"does not always mean"の使い方である。分数の表現の例では、和文英訳の活動を使ったが、ここではオーセンティックなインプットを活用して、生徒に考えさせたい。図38と図39は、"does not always mean"を含んだ内容のある例文である。

図38 ● "does not always mean" を含んだ例1

Apologizing does not always mean you're wrong and the other person is right. It just means that you value your relationship more than your ego.

by Mark Matthews　写真：ピクスタ

図39 ● "does not always mean" を含んだ例2

写真：ピクスタ

　こういった例文を紹介する際は、図に示されるようなイメージ写真とともに提示して、生徒にその意味をしっかりと考えさせたい。内容確認のために和訳を使うなら、「なりきり和訳」の手法を使うことをお勧めしたい。「翻訳家になったつもりで」（"Translate as if you were a professional interpreter."）、もしくは「先輩から後輩へアドバイスをあげると想定して」（"Imagine that you are a *senpai* giving advice to a *kohai* who is having a problem."）といった感じで、状況を設定してあげるといいだろう。教師がモデルを与える際は、映画のセリフのようになりきって言うといいだろう。例えば、図38（213ページ）を使った例は、次のようになる：「謝るってことは、必ずしも自分が間違っていて相手が正しいってことを認めるってことじゃないんだよ。ちっぽけなプライドより、お互いの関係を大事にしてるってことさ。」

　逆に、和文英訳を課すこともできる。ここでも「なりきり」の発想で、わざと生徒が普段使うような日本語で提示して、それを英訳してもらう。

- 「お金があれば、必ずしも幸せってことにはならないでしょ！」
  （→ *Having money doesn't always mean happiness, you know!*）
- 「多ければ多いほど、いいってもんじゃねえんだよ！」
  （→ *More doesn't always mean better. Don't you know that?*）
- 「男だからと言って必ずしも泣かないわけじゃない。」
  （→ *Being a man doesn't always mean you don't cry.*）

　英訳した後は、これらのセリフがどんな場面で言えるかを考えてもらってもい

いだろう。また、紹介した例以外にも、次のような例もあるので、参考にしていただきたい。

- More convenience doesn't always mean a better life.
- Hearing doesn't always mean understanding.
- Sharing doesn't always mean caring.
- Helping doesn't always mean giving money.
- Being busy doesn't always mean being productive.

　十分に例を示した後で、最終的には、生徒自身がこの表現を使って、独自の文を作成するところまでもっていけるといいだろう。そして、テキストの本題に戻る際は、次のようにつなげるのはどうだろうか："Having a lot of water in Japan doesn't mean there is enough water for everybody in the world. Our convenience doesn't always mean others' convenience. We should think not only about Japan, but also about the world. Don't you think?"

ラウンド7：チャンク・リーディング

　ラウンド7では、チャンク・リーディングの手法を使って、文章を最初から読んでいく。チャンク・リーディングは、文を読みやすくするために、意味と文法のまとまりで区切って読んでいく読み方である。チャンクの仕方には、大まかに言って、句単位（名詞句、前置詞句等）で小さく区切るやり方と、節単位（主節、従属節等）で大きく区切るやり方がある。しかし、区切り方には絶対的なルールはないので、文法と意味の区切りに注意しながら、理解のしやすさを最優先していけばいいだろう。ただ、細か過ぎるチャンクは逆に読みづらくなるので、気をつけるべきである。次のラウンドでチャンクによる同時通訳を行うので、そのときの訳しやすさも考慮に入れてチャンクを考えたい。図40（216ページ）に、パート1のチャンク例を示しておこう。

図40 ● チャンク・リーディングの区切りの例

> The Earth is often called / "The Water Planet" / because over 70 percent of its surface / is covered with water. // Almost all of the water, / however, / is seawater / and only 0.01 percent of it / is good for drinking. // About 900,000,000 people, / one eighth of the world population, / cannot drink safe water. //
>
> The World Wide Fund for Nature (WWF) / says in its report / that poor resource management, / together with global warming, / is leading to water shortages / even in the most developed countries. // Economic wealth / does not always mean / a lot of water. // Some of the world's wealthiest cities / such as Houston and Sydney / are using more water / than they can supply. // In London, / leaks from aging water pipes / are wasting 300 Olympic swimming pools' worth of water / every single day. // At the same time, / southern Europe is becoming drier / as a result of climate change / and further north Alpine glaciers / — an important source of water / — are shrinking. //
>
> To make matters worse, / the rapid increase in the world population / and global water shortages / seem to be almost certain to happen. // The WWF calls for water conservation / on a global scale / and asks rich states / to set an example / by improving water supply systems / and solving climate problems. //

Genius English Communication I, p. 94（平成27年度版、大修館書店）

　手順としては、まず個人で区切る箇所を考えさせてから、ペアで確認、そしてクラス全体でチェックしていく流れとなる。ペアで区切りを確認するときは、区切りの場所で「スラッシュ」と言ったり、机を軽く叩いたりして、区切りの位置を確認させるといいだろう。全体チェックの際も、同様に行えるが、パワーポイントなどを使って見せると、なおわかりやすいだろう。細かくなるが、個人、ペア、全体で区切る箇所が異なり、文章が読みづらくなることを避けるために、音読用のプリントを配布して、そこに色違いのペンで（例えば、個人作業では黒、ペアでは青、全体では赤で）スラッシュを書くよう指示するといいだろう。チェックの際は、読みやすさの点から言って、区切るのに望ましい箇所と、そうでない箇所があることを生徒に認識させたい。

ラウンド8・9：チャンク・トランスレーション
（英→日・日→英）

チャンキングの作業が終わったら、次のラウンドは、チャンクを基に和訳を使って内容の理解確認を行う。チャンク・トランスレーションは、通常の訳読と違って、文単位できれいな和訳をすることはしない。日本語としては不自然だが、英文をチャンクごとにそのままの順序で理解していくことを目指す。同時通訳が行うリアルタイム翻訳のようになるので、実践的な活動とも言える。もし、生徒がより良い内容理解のため、全文の和訳を要望するようなら、活動後にプリントとして配布してもいいだろう。しかし、和訳それ自体がここでの目的ではないので、一度内容を確認したら、その後は、英文をそのままの語順で理解しながら何度も読むことを勧めたい。

図41（219ページ）に、テキストのパート1を使ったチャンク・トランスレーションの例を示しておこう。ラウンド8では、英語から日本語へ、ラウンド9では、日本語から英語へ訳していく。図41のプリントは、真ん中で折って使ってもらい、ラウンド8では日本語部分を隠して、ラウンド9では英語部分を隠して活動を行うといいだろう。活動に慣れてきたら、前に紹介した「なりきり和訳」の手法を使って、「同時通訳になったつもりで」（Pretend that you are a simultaneous interpreter）、「高校生水問題国際会議のボランティア通訳として」（Imagine that you are translating as a volunteer for the International Conference on the Water Crisis for High School Students）などの指示を与えて行うと、より一層現実味が増して、やる気が出るだろう。

手順としては、英→日・日→英どちらのラウンドでも、まず教師がやり方のモデルを示す。代表の生徒に英語をチャンクで読んでもらい、それを教師があたかも同時通訳が行うように訳していくと、生徒もイメージしやすくなるだろう。モデリングの後は、ペアで活動してもらうが、相手が困っていたら、ヒントを出してもいいことにする。活動のペースがペアによって違ってくる可能性もあるので、終わったら自由に役割交代をして構わないこととして、教師がストップと言うまで、何度も練習を重ねるよう指示しておくといいだろう。

ペア活動の際に質問が出ることもあるだろうが、質問には基本ペアごとに対処することにして、答えのポイントは板書してクラス全員が見られるようにするといいだろう。ペア活動後は、全体で再度確認となる。ここで改めて、生徒からの

質問を受けつけて、フィードバックしてあげるといいだろう。生徒たちはお互いに協力してチャンク・トランスレーションに取り組んだ後なので、より能動的な姿勢で学習できるはずである。なお、こういった練習に積極的に取り組んでもらうためにも、チャンク・トランスレーションの評価も、定期評価の一部に組み入れてみてはどうだろうか。

図41 ● チャンク・トランスレーションの例

英語	日本語
The Earth is often called "The Water Planet" because over 70 percent of its surface is covered with water.	地球はよく呼ばれている 「水の惑星」と なぜならその地表の70％以上は 水で覆われているからである。
Almost all of the water, however, is seawater and only 0.01 percent of it is good for drinking.	そのほとんどの水は しかしながら 海水である そしてそのほんの0.01％だけが 飲み水に適している。
About 900,000,000 people, one eighth of the world population, cannot drink safe water.	約9億人の人が 世界の人口の8分の1の人が 安全な水を飲むことができない。
The World Wide Fund for Nature (WWF) says in its report that poor resource management, together with global warming, is leading to water shortages even in the most developed countries.	世界自然保護基金は その報告書で書いているが 粗末な資源管理が また同時に地球温暖化が 水不足を引き起こしている 最も発達した国においてでも。
Economic wealth does not always mean a lot of water.	経済的な豊かさは 必ずしも意味しない 多くの水を持っているとは。
Some of the world's wealthiest cities such as Houston and Sydney are using more water than they can supply.	世界で最も裕福な都市は 例えばヒューストンやシドニーなどは もっと水を使っている 自分たちで供給できるよりも。
In London, leaks from aging water pipes are wasting 300 Olympic swimming pools' worth of water every single day.	ロンドンでは 古くなった水道管からの漏水は 無駄にしている オリンピック・サイズのプール300杯分の水を 毎日のように。
At the same time, southern Europe is becoming drier as a result of climate change and further north Alpine glaciers — an important source of water — are shrinking.	同時に 南ヨーロッパはどんどん乾いてきている 気候変動の結果として そしてより北に位置するアルペン氷河は 重要な水の源であるが 現在縮小が進んでいる。
To make matters worse, the rapid increase in the world population and global water shortages seem to be almost certain to happen.	さらに悪いことには 世界人口の急激な増加は そして地球規模の水不足は ほぼ確実に起こるようである。
The WWF calls for water conservation on a global scale and asks rich states to set an example by improving water supply systems and solving climate problems.	世界自然保護基金は 水の保護を訴えている 地球規模で そして裕福な国に要請している 模範を示してほしいと 水の供給システムの向上によって また気候問題の解決によって。

発展的活動：ラウンド10

発展的活動では、改めて「森」を見て、さらに深い解釈と応用を試みていきたい。発展的活動は、課のパートを終えるごとに行うことも可能であるし、全てのパートが終了してから行うこともできる。これは授業進度や授業時間、テキスト内容に応じて決めていけばいいだろう。できるだけ豊富なアイデアを示す上でも、以下ではパートごとに発展活動の例を示していくこととする。

パート1：世界の水問題について考える

　パート1では、地球が「水の惑星」と呼ばれているのにもかかわらず、飲料水として使える水の量は、非常に限られていることを学んだ。そして、不十分な資源管理、地球温暖化、気候変動、さらに世界人口の急速な増加などが複合的に交じり合って、現在の世界的な水問題を引き起こしていることも学んだ。そこで、テキスト本文の背景について、もう少し話を深めていきたい。

　水は地球の循環資源なので、地球上の水の総量は変化しないと言われている。しかし、世界の人口は近年爆発的に増加しているため、水の争奪競争が世界では絶え間なく起こっている。そこで、まず世界の人口増加について、生徒に問いかけたい。

> T：So, we read in the text that even though the Earth is called "The Water Planet," we don't really have a lot of water that is good for drinking. Only 0.01% is good for drinking. That was OK in the past, but because of modernization, 近代化, modernization, global warming, climate change, poor resource management, and population increase, the world is now facing a water crisis. It is a "crisis," not just a problem, but a huge problem, a crisis, in need of immediate action. So, let's look at the population increase now. Do you know how many people there are in the world today? Anybody? 〔これまでの話の流れを簡単にまとめる。〕
>
> S：60億？
>
> T：How do you say that in English? Let's write it down, 6000000000. That's a lot of zeros. It's hard to read. So, we usually put a comma at each thousand, so it looks like this: 6,000,000,000. What does the first comma show? 〔こう言って、数を板書する。〕〔こう言いつつ、コンマを書き入れていく。〕

S：Thousand.
T：Yes, thousand or 千. What about the second comma?
S：Million.
T：Good, million or 百万. How about the third comma? ... The third comma is billion or 十億. So, 60億 is six billion people. So, the world has 6 billion people now?
S：No, maybe more now.
T：You are right. There were 6 billion people in the year 1998. How about now? ... There are about 7.3 billion people, 73億, 7,300,000,000 people in 2015. That's a lot of people, isn't it?

｜正しい答えをコンマを入れて板書する。

S：Yes.
T：Let me show you something interesting. I will show you a graph that shows population change over time in the world. Please discuss with your partner what the graphs show, OK?

｜図42のグラフを見せる。

図42 ● 世界人口の推移

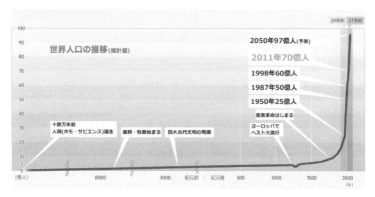

※国連人口部は1999年に世界人口が60億人に到達したと発表したが、その後の人口統計の改定により60億人に到達したのは1998年だったと改定した。
出典：国連人口基金東京事務所ホームページ（http://www.unfpa.or.jp/publications/index.php?eid=00033）

　図42では、世界人口の推移を人類誕生から2050年にかけて示している。いかに近代においての人口増加が急激であるかがわかるだろう。特に産業革命以降の人口は爆発的に増加しており、ここ10年だけでも優に10億人以上増えている。ちなみに、Worldometers（http://www.worldometers.info/world-population/）というサイトでは、現在の世界人口の変化をリアルタイムで示している。ものすごい速度で人口が増えている様子がわかるので、参考としてぜひ見ておいていただきたい。それ以外にも、人口増加の人種別内訳を示したデータなどもあるので、

授業時間に余裕があれば活用するといいだろう（http://www.sustainablescale. org/areasofconcern/population/populationandscale/quickfacts.aspx、http://www. worldmapper.org/display.php?selected=11参照）。

世界人口の増加の次に見てもらいたいのは、図43に示される世界の物理的水不足と経済的水不足の現状である。物理的な水欠乏（physical water scarcity）とは、実際に水が足りない状態を表し、経済的な水欠乏（economic water scarcity）とは、供給可能な水がありながら、供給システムの不備や政府の問題などから水を手に入れることが困難な状況を指す。

図43からわかることは、世界では日本やヨーロッパ、また北米の地域など、ほとんど水問題がない地域もあれば、濃い色で示されているアジア諸国やアフリカ、また北米から南米にかけての一部などでは水問題が深刻な地域があることである。しかも、人的な理由で水が得られない地域も多く存在するということは、ショッキングである。授業では、物理的水不足と経済的水不足の概念を説明した上で、図43を見ながら世界の水問題の現状についての理解を深めていってもらいたい。どの地域で水問題があり、それがなぜ起こっているのかについても、思いを馳せていきたい。

図43 ● 世界の物理的水不足と経済的水不足

■ 物理的な水欠乏の水域
　河川水の75％以上を取水し持続的な限界を超えた地域。
■ ほぼ物理的な水欠乏の地域
　河川水の60％以上を取水し近い将来持続的な限界を超えるであろう地域。
■ 経済的な水欠乏の地域
　河川水の25％以下の取水と資源に余裕はあるが経済的な理由で水需要が満たされていない地域。
■ 水資源の豊富な地域
　河川水の25％より少ない取水で水資源に余裕がある地域。
■ データ無し。

資料：FAO Webサイト。

出典：経済産業省ウェブサイト
（http://www.meti.go.jp/report/tsuhaku2008/2008honbun/html/i3410000.html）

パート2：仮想水について考える

　教科書のパート2では、仮想水（virtual water）についての話が紹介されている。水問題というと、とかく飲料水や生活用水のことだけを考えがちだが、実はかなりの量の水が、食物や商品の生産のために使われている。教科書では、麦、卵、牛肉、牛丼の例が紹介されているが、こういった身近な例をもっと紹介して、仮想水の事実について生徒たちにもっと知ってもらいたい。その前に、我々の1日の水の使用量から話を始めると、仮想水の実態がより鮮明になってくるだろう。

T : We studied about virtual water in this part of the lesson. I have more examples to show you about virtual water. But before that, let's think about "real water" we use every day. What do we use water for in our everyday lives? And how much water do you think we use every day for each purpose? Two questions are posed here: What do we use water for? And how much water is used for each purpose? OK? I will give you two minutes. Please discuss your answers with your partner. Ready? Go! 〔質問を板書する。〕
[AFTER STUDENTS' DISCUSSION]
T : So, what is your answer to these questions? A-kun?
S : We use water for drinking. Maybe 2 liters. 〔生徒から引き出した案を板書していく。〕
T : OK. Anything else? B-san?
S : We use water for shower and bath. We need maybe 50 liters?
T : Shower and bath, 50 liters. Do you all agree? Anything else? ... I found some information about the average amount of water we use every day. Let's see if it matches your guesses. ... 〔…と続けてアイデアを聞いていく。〕〔このように言って、図44（224ページ）を見せて、ペアまたは全体で、水の使用量を確認していく。〕
[AFTER DISCUSSION]
T : Do you think it's a lot of water?
S : Yes.
T : But we are talking here about real water, right? How about virtual water? This time, let's think about how much water is needed to produce some food items we eat or drink every day. How much water do you think is needed to produce the following items? One kilogram of beef, pork, chicken, rice, etc. Make your best guesses with your partner. 〔代表的な食品をいくつか板書して、生徒に予測してもらう。〕
[AFTER STUDENTS' DISCUSSION]

T : Now, I will show you the data for our use of virtual water. Check your answers with your partner again.
[AFTER STUDENTS' DISCUSSION]

T : So, what do you think? What can you tell from all this data?
S : We use a lot of virtual water!
T : Yes. Which do we use more, real water or virtual water?
S : Virtual water.
T : Right. We are using a lot more virtual water than real water. We don't realize it because we can't see virtual water. We don't think about it because we don't know so much about it. Japan doesn't seem to have any problem with real water. But how about virtual water? Do we have a problem with virtual water in Japan? ... In the next part of the lesson, we will study about Japan's use of virtual water.

ペアで図45の データを見て、 内容を確認して もらう。

仮想水の使用量 のデータから教 科書の次のパー トの内容につな げていく。

図44 ● 家庭で使用されている水の量

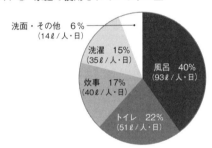

＊東京都水道局ホームページと「東京都水道局　平成24年度一般家庭水使用目的別実態調査」のデータを基に作成

図 45 ● 食品別の仮想水の量

© FAO. 2009. How much water is needed to produce ...? http://www.fao.org/resources/infographics/infographics-details/en/c/218877/ 02/02/2016 downloaded.

パート3：仮想水貿易と日本について考える

　パート3では、仮想水貿易と日本の現状について書かれており、日本が仮想水輸入大国であることが指摘されている。日本のような仮想水輸入国では、食料自給率の低下とともに、国内農業の衰退、そしてそれに関連した失業問題などが生じやすくなると言われている。農林水産省のホームページによると、日本の場合、食料自給率はカロリーベースで39％であり、先進国の中で最低の水準となっている（http://www.maff.go.jp/j/zyukyu/zikyu_ritu/011.html）。昭和40年度のカロリーベースの食料自給率が73％であったことと比較すると、大幅な低下であることがよくわかる。

　一方、アメリカなどの仮想水輸出国は、その大量な農産物の輸出によって、国内の水資源を消耗させている。これらの国々でも、水は無尽蔵にあるわけではなく、一部の地域では、地下水の枯渇や河川の断流が起こりつつある。世界の水問題が深刻化すれば、世界各地で十分な食料を生産することができなくなり、世界的な食料危機に結びついてくる。つまり、水危機の問題は、対岸の火事として見過ごせない問題なのである。

このパートでは、生徒にこういった現状への理解を深めてもらいたい。具体的には、図46に示されるデータを使って、生徒に情報を読み取ってもらい、その背景にある事柄について考えてもらいたい。

T: In this part of the lesson, we learned that Japan is a big importer of virtual water. Do you know which countries in the world are exporters and which countries are importers of virtual water? Discuss and make your best guess with your partner.

> データを見る前に、まずペアで世界の仮想水輸入国・輸出国を推測してもらう。

[AFTER STUDENTS' DISCUSSION]

T: OK, what is your guess? …
Now, let's look at the map that shows virtual water balance in the world. Discuss with your partner what the map shows.

> 図46を見て、世界の仮想水バランスについて知ってもらう。

[AFTER STUDENTS' DISCUSSION]

T: So, which countries are exporters of virtual water?
S: America.
T: Yes, definitely, the U.S.A. And what is the country north of the U.S.A?
S: Canada.
T: Yes, Canada is a big exporter of virtual water. What other countries are exporters of virtual water?
S: Australia.
T: Yes, Australia. How about in South America?
S: Brazil.
T: OK, and below Brazil is …
S: アルゼンチン？
T: Right. In English?
S: …
T: It's called "Argentina," "Argentina."
What countries are importers of virtual water?

> できるだけ生徒から引き出しつつ、教師からは明確な発音でリキャストする。

S: Japan.
T: Yes, definitely Japan. In fact, Japan is the biggest importer of virtual water in the world. What other countries are importers?
S: China, Italy, Germany, the U.K. …
T: What is the U.K.?
S: イギリス？
T: Yes, but it includes England, Scotland, Wales and Northern

Ireland. What does U.K. stand for?

S：...

T：It stands for "United Kingdom," or 連合王国. So, what we usually call England is actually the U.K. What other countries are importers of virtual water? ... Now, let's focus on Japan's situation. Here is the data that focuses on Japan. From which countries is Japan importing virtual water the most?

> このように仮想水貿易の世界バランスを見た上で、話を日本の現状に移していき、図47（228ページ）を見せる。

S：U.S.A.

T：Yes, Japan relies a lot on the U.S.A. And next?

S：Australia and New ジーランド.

T：New ジーランド？

S：New Jirand?

T：New Zealand!

S：Ah, New Zealand.

T：And where else?

S：Brazil and Argentina.

T：Good. Brazil and Argentina. ...

> 形式交渉をしつつ、正しい発音を教えていく。

図46 ● 仮想水貿易の世界バランス

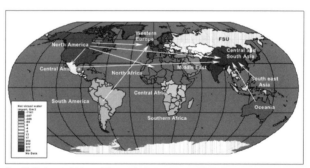

Figure 5.2. Virtual water trade balances of thirteen world regions over the period 1995-1999. The arrows show the largest net virtual water flows between regions (>100 Gm³).

出典：Value of water research report series No. 12, p. 18
(http://waterfootprint.org/media/downloads/Report12.pdf)

第7章　「森から木へ」の授業例

図47 日本の仮想水貿易事情

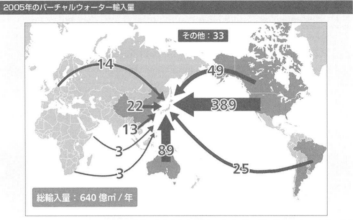

国立大学法人東京大学生産技術研究所　沖・鼎研究室のデータを基に作成
出典：国土交通省ホームページ
〈http://www.mlit.go.jp/tochimizushigen/mizsei/j_international/about/about003.html〉

　このようなデータを見た上で、最後に投げかけたい質問は、次のことである：What do all these data suggest? What does it mean to say that Japan is a big importer of virtual water? What potential problems are there with it? これらの質問についてクラスで話し合ってもらい、まとめとしてライティングの宿題を課してもいいだろう。

パート4：将来の見通しと我々の責任について考える

　本レッスン最終部のパート4では、世界の水問題の解決方法として、海水の淡水化技術（desalination technology）に焦点を当てている。まさに日本の科学技術が生かされる分野である。しかし、このままで話が終わってしまうと、水問題は結局、研究者や技術者たちだけが努力して解決する問題であるという印象が強くなってしまう。そうなると、技術開発に直接関係のない生徒には、縁遠い話と捉えられかねない。Think globally, act locallyの精神を生かすためにも、ここでは一人一人が意識を高めて、この問題にどう責任を持っていくかを考える機会を作っていきたい。そこで、レッスン最後のパート4では、水問題の解決策と我々の責任について考えていく。

　世界の水資源を守るためには、途上国を支援することはもちろんのこと、先進

国に住む我々のライフスタイルを見直す必要がある。食料や水の無駄遣いを減らし、紙や木などの資源の有効な使い方を考え、省エネ活動に従事するなど、個人レベルでできることはたくさんあるはずである。そこで、我々に何ができるのかについて、クラスに質問を投げかけてみたい。

T: So, we have finished reading the entire lesson on the water crisis. We have learned that the world today is facing serious water problems. Do you remember what we talked about and learned so far? ... What problems are developing countries facing at the moment? And what problems are developed countries like Japan facing? Discuss in pairs what you remember from the readings and our class discussions.

[AFTER STUDENTS' DISCUSSION]

> 内容を思い出すのを助けるために、これまで見せた写真や資料を再提示してもいいだろう。

T: So, what are your answers to these questions? How about C-san's pair? ...

[AFTER CLASS DISCUSSION]

T: In developing countries, many women and children have to walk many kilometers to get water. That takes a lot of time, so they can't do other things. Women cannot work outside to make money, and children cannot go to school to study. So, water problems are their work problems and education problems too. And of course, water problems are health problems and life problems too because many people get sick and die due to unsafe water.

In developed countries too, water problems can be serious because we import many goods and foods that use a lot of water from other parts of the world. That is called virtual water. We learned that Japan is a big importer of virtual water. So, we are dependent on other countries for our survival. Also, let's not forget the fact that only until about 50 years ago, Japan used to be just like other developing countries with underdeveloped water systems. So, women and children had to go get water every day, and that was very hard work for them.

> 全体確認の後で、教師が追加情報を足しながら簡単にまとめていく。

Then, what solutions were suggested in the text to improve the situation? Discuss in pairs again what you remember.

[AFTER STUDENTS' DISCUSSION]

T: Do you remember the solution suggested in the textbook? ...

第7章 「森から木へ」の授業例　229

[AFTER CLASS DISCUSSION]
T：To improve the situation, technology is of course important, but can we leave the problems only in the hands of a few engineers and researchers? ... Even though what we can do may be limited, there must be something we can do in our everyday lives. What do you think we can do? What do you think we should do? Try to come up with anything we can and should do to help solve the problem. First discuss and write down your solutions in pairs ...

> 教師が質問を投げかけつつ、板書する。

　ここで示したように、内容の復習をまず生徒主体で行って、それを教師がまとめていく。その後、皆で水問題の解決作を話し合ってもらう。手順としては、まずペアでブレーン・ストーミングしてもらってから、ペアを合わせた小グループで話し合ってもらい、そこでグループが良いと考える解決策を全体に発表してもらう。以下は解決策の参考例である。

- 水問題（世界の現状、水の汚染、無駄遣い、上下水道の発達等）についてもっとよく知る。
- 節水に努める（洗面、歯磨き、風呂、シャワー、洗濯、炊事、トイレ、洗車、庭の水まきなど）。水を流しっぱなしにしない。
- 食べ物を無駄にしない。食べ物へのありがたみを深める。
- 生活排水を減らす（例：調理屑、食べ残し、油などを流さない、洗剤を使い過ぎない）。
- 資源問題解決のための４R（Refuse, Reduce, Reuse, Recycle）を水問題の中でも実践する。

　水問題のように、世界的規模で考えなければならない問題はまだまだたくさんある。英語を学ぶことによって、我々一人一人の意識がそうした世界の問題に向くことは、とても重要なことである。英語授業を通して意識を高めた生徒が将来、政治、経済、科学技術、国際貢献などあらゆる分野で活躍する人材になることを期待したい。そのときこそ、彼らが身につけた英語力が、真に役立つときでもある。

「森から木へ」の授業作成の留意点

最後に、「森から木へ」の指導法を取り入れた授業をするための、他のアイデアと留意点について述べておきたい。

その他の活動

　ここまで「森から木へ」の授業のさまざまな活動を見てきたが、そんなにたくさんの活動を、限られた授業時間に組み込むことは不可能と考える読者もおられるかもしれない。もちろん、本章で提案した活動を、全てそのまま授業に組み込む必要はない。教育現場の実情に合わせて、利用していっていただければと思う。最初はラウンドは少なめで、それぞれゆっくりのペースで行うことから始めていき、慣れるに従って徐々にペースを速め、1クラスで組み入れるラウンド数を増やしていければいいだろう。ポイントはあくまでも、全体感を踏まえた上での生徒の学びなので、レッスンの目的を忘れずに、やるべきラウンドを決めていくことが大事である。また、時間不足で困っている方は、訳読作業や練習問題に割いている時間を今一度見直すことで、新たな時間が創出できるのではないかと思う。
　ここには紹介できなかった活動もまだまだある。例えば、音読などは特に有効な活動である。しかし、意味に注目しない音読は、いくら繰り返し行ってもあまり良い効果が期待できないので、内容をしっかりと把握した上で行っていただきたい。練習方法も、個々の音素や抑揚に気をつけた読み方や、文法構造に注意をして読む方法など、さまざまなやり方があるので、慣れるまでは音読練習自体もラウンド制で行うといいだろう。また、チャンク・リーディングと組み合わせた音読練習は、より一層効果があると考えられる。最初はゆっくりとした速度で構わないので、チャンクごとに直読直解ができるように、何度も練習していくといいだろう。音読練習によって英語の処理能力が向上していくと、読解速度が上がるだけでなく、リスニング、スピーキング、ライティングといった他技能にも波及効果が及ぶことになる。そうすると、CLILの授業もどんどんやりやすくなっていくので、英語授業がより一層充実したものとなっていくだろう。なお、練習にそれなりの時間を費やすなら、チャンク・トランスレーションと同様に、音読も定期評価の一部として加えることをぜひ検討していただきたい。
　発展活動の一例として、国や地域ごとに事情を調べてもらう調べ学習を通して、

水問題について訴えるプレゼンテーションを行うこともできる。また、テキストの理解を深めた後で、教科書に掲載されているコンセプト・マップを使って(Genius English Communication I, p. 102 大修館書店)、英語でサマリーを書いて発表してもらう活動を行ってもいいだろう。さらには、水問題の「家族会議」と表して、それぞれが家族の一員を演じて行うロールプレー活動といった活動も考えられる。例えば、父親役の生徒が娘役の生徒に水の無駄遣いを指摘し、それに反論する娘が、逆に父親の水の無駄遣いを指摘し返す。その仲裁に母親役の生徒が入り、最終的に家族として何をすべきか結論を出していくといった具合である。役割をローテーションさせていくと、内容の深化・発展とともに、言語使用の向上も期待される。

教案作成のヒント

　教科書は、授業を行う際に最も重要な情報源であることは間違いない。しかし、情報源を教科書だけに頼るべきではないだろう。CLILを志向した授業では、内容学習は言語学習と同等か、それ以上に重要になることがある。そのため、教材研究においても、言語とともに内容にも十分な配慮を払う姿勢を貫きたい。教科書本文だけでは、言語面では参考になる例文が不足し、内容面では思考を刺激するための情報が限られてしまう。だから、教材研究の際は、教科書を熟読すると同時に、それを起点にリサーチして、教材を充実させる必要がある。決してその分野の専門家になる必要はないが、テキストに関する必要最低限の知識は事前に調べた上で、授業準備をしていきたい。

　そうは言っても、一歩踏み込んだ内容を調査するのに、二の足を踏む教師も少なくないのではないかと思われる。そういう筆者も、テキストで自分が興味を持っていない話題に遭遇すると、正直気持ちが重くなることがある。しかし、現代のインターネット時代は、そういった重い心を一掃してくれるほど簡単に、関連情報の入手が可能である。教科書を一読して扱われているトピックの概要がわかったら、時間のあるときに気軽にキーワードを入力して検索してみるといいだろう。ここで扱ったテキストでは、「水危機」、「水問題」、"water crisis"といった単語がキーワードとなるだろう。

　調べ始めは面倒に思うかもしれないが、一度調べ始めると、興味がどんどん湧いてくることがわかるだろう。文字情報だと気が重いようなら、画像情報（写真、

絵、漫画、表、図、グラフなど）から調べ始めてみるのもいいだろう。見つかった情報のいくつかは、そのまま授業で使えるかもしれない。短時間集中して調べただけでも、かなりの情報が入手できる。最初から英語で調べるのが大変なら、初めは日本語で情報を入手し、後から英語で調べることもできる。特に教科書に登場するようなトピックは普遍的なものが多いので、大抵の場合、関連情報は日本語と英語の両方で入手できるだろう。

　授業改革に着手するなら、以下のような選択肢もあるので、始められるところからスタートしていっていただきたい。

(1) 内容を深めるレッスンを、1学期に1～2個決めて行う。その際の選択基準として、自分の興味と生徒の興味の交わる部分に焦点を当てるといいだろう。
(2) 最初から課全体を大きく広げたり深めたりするのではなく、何か面白い裏情報を用意しておいて、それを授業で英語を使って紹介する。
(3) 同僚の先生方と協力して、定期的に勉強会・情報交換会を開く。集められた教材は、教材バンクとして共有できるようにする。
(4) 学期が始まると、なかなか教材研究の時間が取れないかもしれないので、長期休暇の時間をうまく活用する。良いと思われる図や表、解説などを取っておいて、できれば活動案を考えておく。

　新たな授業作りは、小さなところから始めて、少しずつ膨らませていくのがコツである。地味な作業なので、1人だと途中でアイデアに詰まってしまうかもしれないが、同僚や生徒たち（授業は生徒との共同事業である）と共同で取り組むと、さまざまな角度から進展する可能性がある。教師は忙しいので、効率的な時間の使い方を考えなければならない。効率性を上げるためには、慣れも必要になってくるが、問題は何に慣れるかである。従来通りの授業準備と方法に慣れていくのか、それともより良い授業のために挑戦を続けていくことに慣れていくのか。5年後、10年後の自分の姿は、まさに今の自分の生き方に凝縮されている。

教材準備の手順

　教材準備の際は、以下の手順を参考にしていただきたい。

（1）　教科書の本文をまずしっかりと読み、全体のテーマとメッセージを捉える。同時に、各パートのポイントを押さえておく。
（2）　「面白い」、「大切だ」、「驚きだ」と感じた箇所に下線を引く。内容の教育的価値とともに、生徒の生活や人生との関連性について考える。
（3）　キーワードを考え、それを基に下調べをし、題材トピックの知識を増やす。良いと思われる資料は保存しておく。
（4）　題材についての知識がある程度得られたところで、「内容目的」（content objectives）を設定する。生徒に何を知ってほしいのか、何を考えてほしいのかを検討する。
（5）　どの資料を、どこのパートで使いたいか、どのように使いたいかを考える。その上で、関係資料を"タスク化"する（授業で生徒に行ってもらう活動の形にする）。
（6）　テキストの「言語目的」（language objectives）について、パートごとにチェックしていく。どの語彙と文法を、どの時点で、どう教えるかを考える。
（7）　「森から木へ」の概念を参考に授業構成（ラウンドの骨格）を作る。
（8）　ラウンドの流れに無理がないかを検討し、適宜調整する。

　準備の際は、これらのステップを行ったり来たりするであろうが、その過程で、教師自身が教科書を何度も読み込むことが重要である。教材作成は、料理に似ていると言われる。全体を見通した素案作成、素材集め、下準備と調理、盛り付け、そして配膳、また後片付けに至るまで、その踏むべき段階で手を抜けば、どこかで必ずツケが回ってくる。お客（生徒）が料理をおいしく食べ、栄養として体に取り入れ、生活の活力としていけるかどうかは、料理人の腕に懸かっている。料理が"総合芸術"ならば、英語の授業作りも"総合芸術"である。「人間」対「人間」の教育では、ごまかしはきかない。最後は、教師の絶え間ない影の努力がものを言う。

まとめ 本章では、高校英語教科書をベースに、CLIL、フォーカス・オン・フォーム、そしてラウンド制指導の考え方を融合した「森から木へ」の指導例を紹介してきた。中学校の英語授業で使用する際は、タスクの難易度の調整とともに、より多くの視覚的な教材の活用も考慮すべきであろう。ティーチャー・トークも、速度の調整、繰り返し、言い換え、具体例の提示、板書等、必要な調整を試みていただきたい。

　現代世界には、国境を越えたさまざまな問題や課題が数限りなく存在する。英語科の教科書には、そういった問題や人類に普遍的な話題がたくさん含まれている。その豊かで価値ある内容に踏み込まずに、文法や単語ばかりに時間を割くのは、あまりにももったいないことである。何のための英語能力か、それが問われているのが現代のグローバル社会である。これからの英語科授業で、CLILの指導がどんどん浸透していくことを願っている。CLILの指導とは、内容と言語を統合し、生徒の思考を刺激して、協学を推進する指導のことである。そうなってこそ、世界の公用語である英語を教える意義が見えてくるし、また英語の学び自体もより深くなっていくと確信している。まだまだ発展途上であるが、今後「森から木へ」の指導がますます教育現場で広まり、さまざまな局面を経て、より一層発展・進化していくことを期待したい。

　次の最終章では、本書でこれまで取り上げた議論を振り返り、日本のこれからの英語教育のあるべき姿を改めて問い直してみたいと思う。

Column 7 Yonezaki & Ito (2012)

効果的な音読の仕方

　音読は幅広く行われている英語活動の一つだが、ともすると繰り返しを増やすといった量的な側面ばかりに目が向けられがちである。しかし、量よりも前に、まず練習内容の質にもっと注意が向けられなければならないだろう。この点で、Yonezaki & Ito (2012) の日本人の高校1年生を対象にした研究結果は示唆的である。この研究では、高校生に異なった音読練習を2カ月間課して、その成果を検証している。実験群の行った音読には、以下の練習方法が含まれた。

- Read & Look up：テキストを見た後で顔を上げ、記憶を頼りに音読する。
- Personalized 音読：読み手がテキスト内の人物になったふりをして音読する。その際、人称代名詞を変えながら読むことに注意する（例：she → I, they → we）。
- Q&A：読んだ内容に関して質問し合い、それに答える。Personalized 音読と合わせて行うと、インタビュー形式になる。

　これらの音読方法の特徴は、生徒ができるだけ意味に注目して音読練習ができるように工夫されていることである。実験群の生徒は、教師がテキスト内容を解説した後で、（1）CDの後に続く音読、（2）Personalized 音読、（3）Read & Look up を組み合わせた Personalized 音読、そして（4）1チャプター音読後のQ&Aを行った。一方、統制群の生徒は、テキスト内容の解説の後で、（1）CDの後に続く音読、（2）個人音読、そして（3）CDと同時に行う音読活動を行った。事前と事後テストとしては、与えられたトピックについて自由に話すスピーキング・テストが課された。結果は、図Hから図Kに示す通りである。

どの観点からの評価でも、実験群の方が、統制群よりも、スピーキング力が伸びていることがわかる。特に、内容充実度と流暢さ、及び全体の総合評価において、両群の間で有意な差が認められている。

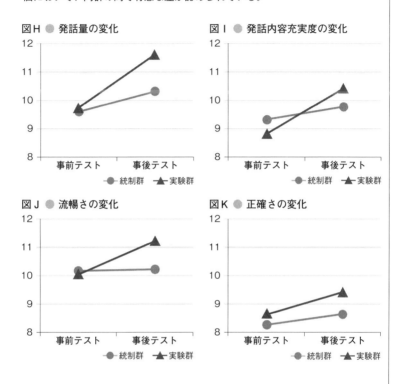

このような研究結果は、音読はその練習方法によって、効果に大きな違いを生じさせることを示している。通常の音読練習の一番大きな問題点は、必ずしも文構造や意味に注目して行われていないというところにある。いくら生徒に何度も繰り返し読ませようと、それが機械的になされてしまっている限り、その効果は限りなくゼロに近い。生徒が音読のやり方をしっかりと教わっていない場合や、飽きてしまっている、もしくはただ回数をこなすだけの練習になってしまっているような場合は、頭をスキップして「目から口へ」の惰性の音読練習になっていることになる。

英語学習に関して、「耳・口に慣れさせる」、もしくは「肌から吸収する」といった表現が聞かれることがあるが、それが比喩的な表現であったとしても、厳密に言えば「耳」「口」「肌」が言語に慣れたり、言語を学んだりすること

はない。学ぶのはあくまでも「脳」であるのだから、頭を使わないでいくら練習したとしても、そこに効果は期待できない。量は質を伴ってこそ初めて意味をなすということを、忘れてはならないだろう。意味ある音読練習の次は、自ら内容を考えて言葉を組み立てる、自己表現のためのスピーキング活動につなげていきたい。そして、そういった創造的な活動が、再び意味ある音読をより一層一生懸命に行う動機を高めていくのである。

第8章

これからの日本の英語教育に向けて

本書は、言語習得で大切な形式・意味・機能の3要素から議論を始め、次にそれを実現する手段として、フォーカス・オン・フォームの指導やCLILのアプローチを説明してきた。理論面のみならず実践的観点から検討することで、実際の授業での応用の可能性を探ってきた。本最終章では、これまでの議論を踏まえ、第2言語習得研究の観点から、日本の英語教育がこれから進むべき道を改めて確認していきたい。

- 教育言語の問題について考える　240
- 第2言語習得モデルから英語教育を考える　244
- テストと評価について考える　254
- 「振り返りシート」の活用と「省察的実践」のすすめ　257

教育言語の問題について考える

「中学・高校での英語の授業は英語で行う」という学習指導要領の指針をどう考えるか。また、授業を英語で行うことのメリットは何なのか。これらの問題についてここで整理してみたい。

日本語か英語か？

　平成25年度施行の学習指導要領では、高校では英語教師が原則英語を使用して指導する方針が明記されており、近い将来には、中学校でも同様の方針が採られることが明確になっている。こういった方針に関して、教育現場ではさまざまな議論が交わされてきている。そこで、まず英語授業での使用言語の問題について触れておきたい。

　最初に確認しておきたいのは、もともと授業で英語を使用すべきとの主張がなされるようになってきた背景には、日本の環境では教室外で英語を使う機会がほとんどないという現実がある。まず教室を実際のコミュニケーション場面にすることによって、生徒が英語に触れる機会を少しでも拡充していくという狙いである。言うまでもないが、言葉は使わなければ上達しない。もし生徒に積極的に英語を使って言語活動を行ってほしいと願うならば、その前提となる環境を教室で作っていかなければならないのは当然のことであろう。

◯ 英語でコミュニケートする努力と工夫の必要性

　教育言語に関する議論で、授業は英語で行うべきか、それとも日本語で行うべきかといった二者択一の議論としてしまうのは、問題をあまりにも単純化し過ぎている。この問題の本質は、どちらが良いとか正しいということではなく、教育効果と効率を考えた上でどちらを選ぶべきかという、バランスの問題である。英語使用は多ければ多いほどいいからと言って、教師が生徒の理解を無視して延々と英語で話していいわけはない。インタラクションを通して、教師が生徒の理解度を確かめながら授業を進めていくことは当然であろう。

　日本語は母語なので、日本語で説明すれば理解が容易なのは当たり前だが、逆にその容易さが落とし穴ともなりやすい。本当はよくわかっていなくても、「わかった気になる」で終わってしまうことがあるからである。一方、英語は外国語なので、母語の場合よりも理解するには努力がいる。しかし、その粘り強い努力が言

語習得には必要と言える。生徒は簡単にはわからないから、一生懸命に聞いて理解しようとする。教師はどうやったら生徒によりわかりやすくなるかを工夫することで、授業改善につながっていく。日本語ならついつい手を抜いてしまうようなことも、英語では手が抜けない。視覚情報の活用、具体例の豊富さ、ステップを踏んだわかりやすい説明、タスクを多く使った体験的学習の推進等々。英語では、話す側も聞く側も、日本語以上に細心の注意が必要になる。こういったことも、英語で授業を行う際の重要な側面である。授業を本当の意味で「コミュニケーションの場」にする努力が、英語で授業を行うことの最大のメリットと言っても過言ではないだろう。

教師の授業に対する姿勢は、「公式カリキュラム」と同等か、またはそれ以上に、**隠れたカリキュラム**（hidden curriculum）として生徒の人間形成に多大な影響を及ぼすと言われている。特に英語科の場合は、教師の英語使用に対する態度が、現在から将来にわたる生徒の英語使用に大きな影響を与えると考えられる。だからこそ、英語教師は普段からの自己研鑽を怠らず、真摯な態度でコミュニケーションを取る努力を生徒たちに見せ、良きロールモデルとなっていかなければならないだろう。

◯ 文法は英語では教えられないか？

日本語は、使い方によっては効率的で効果的な授業運営を可能にしてくれる。しかし、最初から英語では無理、日本語なら大丈夫などと決めつけるべきではない。一般的に、日本語の使用が推奨される場面として、文法説明が挙げられる。そこで、文法説明にどこまで日本語が必要であるのかについて、少し考えてみよう。例えば、不定詞の概念と用法を説明する際、以下のような説明がよくなされる。

不定詞名詞的用法：不定詞とは、動詞の意味を持ちながら、名詞や形容詞、副詞の働きをする言葉です。不定詞の名詞的用法とは、不定詞が「〜すること」の意味で名詞のような働きをすることを言います。従って、名詞の場合と同様に、次のように文中で目的語などの働きをします。

例文：I like to listen to music.
　　　Tom loves to play the guitar.

しかし、中学生にとって、このような説明は、どこまで本当に理解可能なのだろうか。まず、「不定詞」という文法用語自体が難しい。また、「動詞の意味を持ちながら、名詞や形容詞、副詞の働きをする言葉」といった表現も難解である。「〜すること」を表すと言われても、今一つピンと来ない。例文も挙げられているが、あくまで文法例示のためだけのもので、文脈も内容もほぼないに等しい。比率で言えば、日本語対英語は約6：1である。この説明で学べるのは、英語ではなく、むしろ日本語の方であろう。

この比率を逆転させると、どうなるだろうか。英語での例文を多くして、生徒に考えるように問いかけると、次のようになるだろう。

```
I am hungry.      I want / to eat something.
I am thirsty.     I want / to drink a soda.
I am cold.        I need / to buy a jacket.        } Do you see any pattern?
I am tired.       I need / to take a break.
After class,      I want / to play basketball.

   ➡  「to＋動詞の原形」＝「〜すること」
```

上の例では、英語対日本語の比率は、約8：1であり、圧倒的に英語の方が多くなっている。例文提示の際は、教師が発話の文脈を与えて生徒に示すと、例文はより一層わかりやすくなるだろう。また、生徒が文法規則を捉えやすくするために、口頭だけでなく、板書してスラッシュを入れ、注意すべき部分に下線を引くこともできる。その上で、日本語の説明「to＋動詞の原形」＝「〜すること」を確認として添えると、さらによくわかるのではないだろうか。

さて、読者はこの二つの教え方の、どちらがわかりやすいと感じただろうか。日本語が多い方が絶対にわかりやすいだろうか。英語が多いと、どうしても難しくなってしまうだろうか。問題の本質は、日本語対英語といった対立ではなく、どのように教えていくかという方法論にあるのではないだろうか。現実問題として、日本語ばかりが多くて、英語のインプットが少ない教え方では、言語習得はうまくいかない。しかし、文法をしっかり説明しようとすると、どうしても日本語が多くなりがちである。同時に、英語がどんどん少なくなりやすい。そうすると、例文の不足を補おうと、さらに日本語での解説が多くなっていく。悪循環で

ある。教師は、こういった傾向に陥らないように十分気をつけて、授業内での日本語と英語の使い分けを考えていかなければならない。

第2言語習得モデルから英語教育を考える

ここで、これまでの第2言語習得研究から明らかにされた第2言語習得モデルについて見ておきたい。最近では、日本の英語教育界でもかなり知れわたってきた習得モデルだが、必ずしも意図した内容が正しく理解されていないことも少なくないようである。そこで、まずモデルの外観を示した後で、よくある勘違い・間違いについて指摘していきたい。

第2言語習得のプロセス

図48に示すのが、第2言語習得プロセスのモデルである。一見単純に見えるが、そこにはさまざまな重要点が含まれている。言語習得の出発点は、**インプット(input)** である。人は**言語習得装置（Language Acquisition Device）** を持って生まれてくるという考え方に基づき、学習者の内的側面を重視する理論もあるが、そういった理論でも、外的刺激としてのインプットの重要性は十分に認められている。また、学習者と環境のインタラクションを重視する理論もあるが、インタラクションを通してインプットに触れていく必要性を説いている点で、インプットの重要性は変わらない。インプットなしに、言語習得は成されないというのが、言語習得の鉄則である。

図48 ● 第2言語習得プロセス

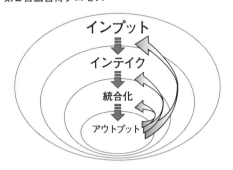

ただ、インプットといっても、それはあくまで言葉への接触（language exposure）を意味するだけであり、触れる言葉の全てを学習者が理解して、身につけていくわけではない。学びのためには、次のステップとなる**インテイク（intake）**が重要になる。インテイクとは、注意して読み聞きする過程で、インプットのメッセージ内容を理解して、そこで気づいたことを学習者が脳内に取り込む作業のことを指す。上の空で何となく聞いていて、理解もあやふやなような場合は、インプットはあっても、インテイクはほとんど起こっていない状態となる。当然、インプットがなければインテイクは起こり得ないが、「英語のシャワー」を浴びていれば、自然と英語がしみ込んでいくといったマジックは存在しない。

　しかし、いくら注意や理解が必要だと言っても、必ずしもいつも100％集中して聞いていなければならないわけではない。また、インプット内容を全て完璧に理解しなければならないわけでもない。もし100％理解できるなら、そのインプットには新しく学ぶ要素が含まれていないことになり、言語習得の点からさほど利点はないことになる。言語習得のためには、普通、未知語、未知表現、未知文法などが含まれた、難易度がやや高めのインプットが必要とされる。こういった未知の部分の理解を助けるために、トップダウン処理が役立つのであり、ティーチャー・トークを含む教師の指導工夫が重要となってくるのである。

　そして、インプットからインテイクへのプロセスを繰り返す中で、**再構築（restructuring）**と呼ばれる脳内整理が促され、蓄えられた知識を頭の中に**統合化（integration）**していくこととなる。しかし、この過程で失われたり、忘れ去られたりする情報もあるので、統合化される知識の総体は、インテイク量よりも少ないものとなる。そして、統合化された知識は、リスニングとリーディングの**受動能力（receptive skills）**とスピーキングやライティングといった**産出能力（productive skills）**の両方で使われることとなる。通常、人の言語能力は、受動能力の方が産出能力よりもはるかに上回っているため、アウトプットに使われる知識は、統合化された知識の一部となる。そのため、図48では、アウトプットは統合化された知識よりも小さな円で描かれている。

　さらに、人はアウトプットすることで、言語習得をさらに活性化させていくことができる。図48で、アウトプットから統合化へとつながる矢印が示すのは、発話することが、自己モニタリングを経て、自己訂正を促すことを表している。また、発話することで、既存知識の取り出しを強化して容易にし、自動化を推進することができる。これは、アウトプットの**流暢さ向上機能（fluency** function of output) として知られている。さらに、アウトプットからインテイクにつながる矢印は、自らの発話に対して対話相手からフィードバックを受けることで、自分の言語知識を再調整することを意味している。これは、アウトプットの**仮説検証機能 (hypothesis-testing function of output)** の働きである。

アウトプットからインプットへと伸びる矢印は、アウトプットが気づきを促す役割を持つということを意味する。聞いたり読んだりする上では問題がないことであっても、いざ発話するとなると、突然難しく感じることはよくあることである。アウトプットすることで、自らの言語能力の問題点を明らかにし、それがインプットへの注意を促して、気づきを誘発する役目を果たす。これが、アウトプットの**気づき促進機能 (noticing function of output)** である。こういったアウトプットの特性を生かして、アウトプット → インプット → アウトプットといった授業の流れを作り、気づきの循環による学習強化を狙うこともできる（本書第5章参照）。

以上述べてきたように、第2言語習得研究では、インプットからアウトプットへとつながる習得過程は、循環を経ながらダイナミックに展開していくものとして捉えられている。

第2言語習得のよくある誤解

日本の英語教育界にインプット、インテイク、アウトプットといった言葉が広がるに従って、誤解や勘違いと思える解釈も目立つようになってきた。そこで以下に、第2言語習得モデルに関してよくある誤解について、いくつか指摘しておきたいと思う。

◎ 文法説明＝インプット？

「授業では、まずインプットをしっかりと与えてから、アウトプット練習をたっぷりする」といった授業説明を聞くことがある。一見、理想的な授業運びに聞こえるが、内実をよく見てみると、インプットとは名ばかりで、実際に与えられているのは、第2言語習得で言われる「インプット」とは全く異なっていることがある。そういったことが起きるのは、教師の日本語での文法説明も含めてインプットと呼んでいるからである。第2言語習得研究で「インプット」と言うときは、学習対象言語のサンプルのことを指している。その言葉が、実際にコミュニケー

ションの手段として用いられて初めてインプットと呼べるのである。

　それに対して、インプットを分析・解説したりするときに使う言葉は、「説明」である。説明が日本語でなされる場合は、インプットは実質上ゼロとなる。その場合、唯一インプットと呼べるのは例文だけになるのだが、前の節で紹介した、"I like to listen to music."や"Tom loves to play the guitar."は、インプットとしては質的にも量的にも貧弱である。良質のインプットの条件は、学習者の英語レベルに合っていて、意味内容と文脈がなければならない。もっと言えば、学習者にとって興味深く、少し難しく感じられるが、理解可能なものを指す。そういった良質なインプットを豊富に提供していく中でこそ、言語習得が促進されていくのである。言語習得では、インプットが「主役」で、説明はあくまでも「脇役」でなければならない。主役の座を乗っ取るのではなく、引き立てることが、脇役の役割である。

◯ インプット（教えること）＝インテイク（定着）？

　文法説明＝インプットの誤解と関連して、インプット（＝教えること）＝インテイク（＝定着）というのがある。説明と例文を与え、それを練習問題やドリル練習で覚え込ませることによって、インテイクを期待するという意味である。つまり、教えて練習させれば、「インプット」即「インテイク」イコール「言語習得」といった方程式が成り立つと勘違いしている。インプットが教えることや説明と同義でないことは、前にも述べた通りである。インテイクとは、受け取ったインプットの意味を理解し、言葉の使い方について気づいたことを、脳内に取り込むことを指す。ここで言う「理解」とは、細かな文法構造の把握ではなく、メッセージ内容の理解であり、「気づき」とは意味と形式のつながりを認知することである。

　教えたことが、そのままインテイクとなるとは限らない。インテイクは生徒の英語の理解力のせいだけでなく、彼らの既存知識、興味・関心、得意分野、動機づけの強弱やタイプなど、さまざまな個人的要因が環境要因と交じり合って成されるからである。さらにインテイクは、あくまでも習得への第1ハードルであり、一度脳内に取り込まれたからといって、それが必ずしも統合化されていくとは限らない。関連するインプットが不足していたり、アウトプットの機会がなかったりすると、いつしか記憶から薄れていくこともある。従って、なかなか定着しないことを、ただ理解不足、練習不足、動機づけの弱さのせいにすることはできない。

日本の英語教育界では、「定着」という言葉が頻繁に使われるが、曖昧な意味で使われていることが多い。「定着」＝「文法の正確な理解」、「定着」＝「暗記」、「定着」＝「正確な言語使用」、どれも「定着」だが、それぞれ全く違った意味となる。どの意味で使われるにせよ、教師が教えたことが、全て生徒の「定着」につながるというのは、第２言語習得の事実から見ても間違った解釈である。そもそも言語習得の過程では、インテイクされた知識が変容することはよくあり、それまで正しく使えていた英語形式が、一時的にでも間違った形で現れることがある。そのため学習者は、知識の「再構築」（＝脳内知識の整理と再編成）を行って、再び正しい言語使用へと自らを導いていくのである。この「再構築」は、教師の説明や練習活動によってのみ誘発されるものでは決してない。「定着」と言うと、どうしても「教え込み」や「覚え込ませ」といった教える側からの発想から考えられがちだが、第２言語習得のダイナミックな本質的な姿は、定着といった概念で簡単に片付けることができないことなのである。

　言語習得は、最終的には学習者本人の意欲や努力によって成就されるものである。教師の役割は、あくまでもその習得を助けることであって、教師の期待やペースに沿って生徒に習得させるということではない。生徒がのびのびと上達していく過程を手伝うという謙虚な姿勢を、教師はいつも持っていたい。そのためにも、第２言語習得モデルの正しい理解は不可欠である。

◯ インプット＝アウトプット？

　図48（244ページ）でも描かれているように、習得過程でインプットからアウトプットへと進むに従って、内在する知識量が少なくなっていくのは必然的なことである。豊富なインプットの中で、その一部がインテイクされるのであるから、インプット自体が最初から少ないと、インテイク量もどうしても少なくなってしまう。同様のことは、その次に来る統合化やアウトプットにも当てはまる。だからこそ、習得過程の源となるインプットは、できるだけ多い方がいいと言えよう。

　しかし、昨今の英語教育界では発信能力向上の重要性が叫ばれてきたことから、アウトプット志向が強まり、照準を「言えるようにする」ことに合わせた授業を見ることが多くなってきた。授業全体が「言わせ活動」の様相を帯びてしまっている。アウトプットの重要性に着目することは大いに結構だが、その反動でインプットを犠牲にしてしまっては本末転倒である。インプットの制限が起きると、どうしてもアウトプットが機械的で貧弱なものとなりやすい。図48で言えば、

最初のインプットの円を小さくすることで、アウトプットの円がそれと比例して小さくなってしまうことを見れば、納得できよう。生徒にどんどんアウトプットしてほしいと願うなら、それに見合ったインプットが絶対に必要となってくるのである。

　生徒は、与えられたインプットを全て理解したり覚えたりするわけではないが、そういった一見無駄とも思えるインプットが、実はとても大事なのである。生徒には、ぜひとも豊富なインプットを通して聞く姿勢と理解力を鍛えてもらい、そこからインテイクを増やしていってもらいたい。同時に、その過程で、全てがわからなくてもコミュニケーションし続ける**曖昧さの許容性（tolerance of ambiguity）**を養っていただきたい。言語習得において、過度に完璧主義になるのは良くない。完璧に理解することや、完璧に発話することを目指すあまりに、習得に必要なインプット（またはアウトプット）の絶対量が確保できなくなってしまうからである。曖昧さの許容性は、インプットが豊富な環境でのみ育ち、豊富なインプットがアウトプットをますます促すのであるから、情報源としてのインプットが重要となるのは当然である。「急がば回れ」（"Slow and steady wins the race"）の言葉通り、生徒のアウトプットを促進するためには、質の良いインプットをできるだけ多く提供することを考えるべきである。インプット即アウトプットと、言語習得を単純解釈することは、大きな誤りである。

◯ ESL＝インプット主体？　EFL＝文法主体？

　日本の英語教育界でよく聞かれる別の議論として、「日本はEFL環境で、英語圏で英語を学ぶようなESL環境とは違う。だから、日本ではインプット主体ではなく、文法主体で英語教育を進める必要がある」というのがある。一見、説得力のある主張にも聞こえるが、そこには大きな論理的矛盾がある。確かに、日本では通常、教室の外で英語に触れる機会は少ない。そのため、学習効率がより一層求められることは事実である。しかし、だからと言って、日本では文法主体の教育が重要であると主張するのは、論理の飛躍である。ここで示した第2言語習得モデルは、EFL・ESLに関わらず、どんな状況にも当てはまることであり、インプットが習得の重要な出発点であることは、学習環境がどうであれ変わることではない。学習の効率性向上のために必要なのは、インプットに取って代わった指導ではなく、インプットを起点とした言語習得を補助する指導の工夫である。

　仮に、文法を主体とした教育を施したからといって、文法習得が進むとは限ら

ない。また、文法項目の「積み重ね指導」が、生徒の「積み重ね学習」につながるという保証もない。そのことは、「英語嫌い」や「英語苦手意識」を持った学習者が大量に生み出されている日本の英語教育の現状を見てもよくわかるだろう。多くの生徒が、「文法がよくわからない」、「規則の関係がわからない」、「理屈はわかっても、言葉の使い方がわからない」、「使えない」、「一体何のためにやっているのかわからない」と訴えている。「文法が『わかる』ということ自体、どういう意味かよくわからない」という意見さえ聞かれることがある。学習方法の意義を問うた声として捉えられよう。こういった声は、第2言語習得の過程を無視し、言語についての知識ばかりを追い求めてきた教育の結果と言えるのではないだろうか。

　このように言うと、「文法主体の教育で、英語力が伸びている子もいる」といった反論が返ってくることがある。反論している人自身も、文法学習が得意で、今現在の自分があるのはそのおかげだと思っていることが多い。しかし、こういった個別事例だけを取り上げて、物事を一般化することは危険である。そういった一見「成功した学習者」が、本当に英語で何ができるようになったのか。どういった学習プロセスを経て、そこに至ったのか。授業以外ではどんな努力をしたのか。他の生徒と違った特質や適性を何か持っていたのではないか。こういったさまざまな観点から検証して、初めて正当な解釈が可能な意見としての説得力が生まれてくるのではないだろうか。

　筆者の知る限り、文法主体の授業で比較的うまく英語力を伸ばしている生徒たちは、いくつかの複合的な要素を持ち合わせていることが多い。それは、教室外でも英語に触れる努力をかなりしている、文法学習の適性に特に優れている、学習の動機づけが人一倍強い、といったものである。そういった学習者は、文法学習で得た知識をうまく利用して、教室外で触れるインプットの中からインテイクを増やしていると考えられる。もしそうなら、それはそれで素晴らしいことであり、ケース・スタディとして研究するに値すべきことであろう。しかし、こういった少数派の事例をもって、従来型の教育方法を正当化することには明らかに無理がある。

　第3章で、現代のグローバル社会では、EFLやESLといった二元論ではなく、より包括的なEIL、ELF、もしくはGlobal Englishの概念を採用する必要性を訴えた。同様のことが、「インプット」対「文法説明」といった論争についても当てはまる。両者は相対立するものではなく、本来は習得を相互に支え合うものである。インプットなき英語教育は、もはや言語習得のための教育ではなくなってしまう。

一方、明示的学習が欠如すれば、第2言語習得は非効率的で行き詰まりやすい。効率性を全く考慮せず、ただ悠長に構えるのはどうかと思うが、逆に効果性を無視して効率性ばかりを気にするのは、全く無意味であり、無価値である。バランスよく考えて、より高い次元に立った上で、英語教育について考える必要がある。

口に出せば全てアウトプット？

　第2言語習得モデルに関する誤解で、もう一点だけ指摘しておきたいことがある。最近では、アウトプットを売りにする授業も多くなってきた。しかし、いくつかの事例で見られるアウトプット活動は、第2言語習得で意図されている「アウトプット」とは、少し違っていると感じることがある。それらの授業では、口頭ドリル、シャドーイング、音読、ダイアログの繰り返し練習等をアウトプットと呼んでいるからである。

　しかし、第2言語習得研究で言うアウトプットとは、通常、発話内容とそれを伝える手段としての言語形式に、それなりの自由度があるものを指す。自分の言いたいことを考え（message generation）、それを伝えるために必要な語彙を脳内から検索し（lexical access）、知っている文法規則にのっとって文を作り（grammatical encoding）、音声化して発話する（phonological encoding）、もしくは書き出す（orthographical encoding）、そして、最終的にできあがった表現と、最初に言わんとした内容が、どこまで一致しているかをチェックし、調整する（monitoring）。こういった一連の過程が、アウトプットでは不可欠であり、我々の日常生活でのアウトプットは、いつもこうしたプロセスを経て産出されているのである。

　こういった観点から考えると、与えられた形式をただ繰り返し声に出したり、単に形式を操作したりするだけの活動は、いくら口頭で行ったとしても、アウトプットとは言わない。上に挙げたような口頭ドリルやシャドーイング活動が必要ないと言っているわけではないが、それらは本来の意味でのアウトプット活動とは呼べないということを、しっかり理解しておくべきだろう。アウトプットの言語習得促進機能を期待してアウトプット活動を授業に取り入れるのであれば、それが上に述べたような要素をそれなりに含んだものであることを確認すべきであろう。その上で、良質のインプットと同様、意味内容や発話の目的、コンテクストを十分に考慮して、生徒が多少難しく感じたとしても、インタラクションの中でなんとか理解可能なアウトプットを産出するのを助けていってあげたい。

　生徒の発話力の弱さに悩む教師は多いが、それを解決するために説明と繰り返

し練習だけに頼っていては、絶対にどこかで行き詰まってしまう。発話を促す工夫には、ティーチャー・トークに始まり、話したくなるようなアウトプット活動の考案、教室の雰囲気作り、正確さを求め過ぎない配慮など、さまざまなものがある。また、形式にこだわり過ぎて、内容や機能を軽視していないかも注意が必要である。第2言語習得モデルを参考にして、授業でのインプットやアウトプットのあり方を、もう一度見つめ直していただけたらと思う。

フォーカス・オン・フォームの役割

　第2言語習得モデルをまとめるに当たって、最後にもう一度フォーカス・オン・フォームの役割を確認しておきたい。図49で示す点線の矢印が、第2言語習得過程でのフォーカス・オン・フォームの役割を表している。図には、これまで述べてきた良質のインプットとアウトプットの条件とともに、インプットからアウトプットに進む過程で重要と考えられる認知的な働きについても書き加えてある。

図49 ● 第2言語習得過程とフォーカス・オン・フォームの役割

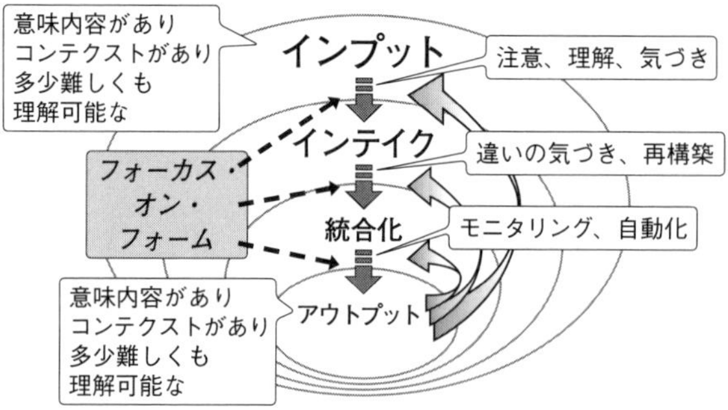

まず、一番上に示すインプットからインテイクの間へと延びる点線矢印では、フォーカス・オン・フォームがインプットへの注意を喚起し、その理解を助け、気づきを誘発する上で役立つことを示している。第2章で紹介したコンテクストの中での文法説明や、インプット洪水、インプット強化といった手法が、生徒のインテイクを助ける役割を果たすことになる。次に、インテイクから統合化へとつながる部分では、フォーカス・オン・フォームが、自らの言語知識と目標言語形態の違いの認識を促してくれる。その際に有効な手段となるのが、プロンプト、リキャスト、意味・形式交渉といったフィードバック手法である。また、意識高揚タスクは、関連する文法規則について考えさせることで、生徒が頭の中を整理し、知識の再構築をすることを助けるだろう。さらに、統合化からアウトプットの間へと延びる矢印は、フォーカス・オン・フォームがアウトプットのモニタリングや自動化を助ける働きがあることを示している。その際に役に立つのが、プランニングや、タスクの繰り返しといった手法である。

　いずれの場合も、フォーカス・オン・フォームは、インプット主体の言語習得過程をさまざまな形で支援することができる。CLILがインプット、アウトプット、インタラクションの豊富な言語環境を作り出し、その中でフォーカス・オン・フォームが第2言語習得モデルに沿って言語学習をサポートしていくのである。こういった考え方は、第4・5章の各種活動の中でも、また第5・6章で詳述した「森から木へ」の指導法でも生かされている。

テストと評価について考える

授業同様、テストと評価もより一層コミュニカティブなものに改善していくべきである。ここでは、その改善の方向性について言及しておきたい。

授業内容を反映したテスト作成

　授業と同様に重要になってくるのが、テストと評価である。授業では、内容にこだわった活動を一生懸命取り入れるが、評価のときは、文法・語彙テストの結果だけを参考にしていたのでは、せっかくの授業改善の効果も半減してしまう。授業改善を最大限に生かすためには、評価の方法もできるだけ授業活動にリンクしたものにすることが望ましい。本書で紹介してきた活動例でも、活動内容を部分的にでもテストに反映させることで、授業と評価をうまくリンクさせることができる。

　例えば、第4章でWhat do you want to be in the future?の活動を紹介したが、その活動に対するテストとしては、同質問に対して答えさせるとともに、理由を書かせるという形が考えられる。ホームステイのトピックに関して、will「やること」とwant to「やりたいこと」の使い分けを取り扱った活動に対しては、話すだけでなく書かせることを、テストで生徒に課すことができる。Homestay troubleshootingなどの言語項目を特定しない内容重視の質問を取り入れて、応用問題としていくのもいいだろう。授業同様に、英語テストを幅広い意味でコミュニカティブにしていくことが必要である。

　「森から木へ」の授業で行った、スキミング、スキャニング、ワード・ハント、文法フォーカスなどの活動、また「世界の水問題」で取り入れた発展活動等、これらのさまざまな活動が、バランスよくテストに反映されることも重要になってくる。さらには、単なる暗記ではなく、スキルの習得を評価するために、いつも既習のテキストに沿ってテストを作成するのではなく、関連した未習のマテリアルを使ってテストを作ることも必要である。こういったテスト作成の努力が、生徒の"Do-know"（知っている）や"Did-memorize"（覚えた）だけでなく、"Can-do"（できる）を評価することへとつながっていく。

　また昨今、グローバル社会のニーズを反映して、民間英語能力試験などでは、統合型のテスト形式が多く採用されるようになってきた。統合型のテスト形式とは、例えば、リーディングやリスニングから得た情報に基づいて、自分の考えを

述べたり書かせたりといった、複数のスキルを同時に試すテストのことである。

◯ TEAPに見られる統合型試験形態と評価方法からの示唆

統合型テスト形式の一例として、近年、上智大学と日本英語検定協会が共同で開発した、**アカデミック英語能力試験（Test of English for Academic Purposes: TEAP** http://www.eiken.or.jp/teap/参照**）**が挙げられる。TEAPは、「読む」「聞く」「書く」「話す」の4技能を測る試験であり、現在、上智大学を含む複数の大学で英語の入学試験として採用されている。そのライティング問題は、特にスキル統合型となっている。タスク1では、課題文を読み、要約を書くことが課され、タスク2では、図表などの複数の情報を読み取り、それを基にエッセーを書く課題が与えられている。こういったテスト形態は、TOEFLiBTなどの試験でも採用されており、以前のライティングのみに特化した形から、複数のスキルを組み合わせた形へと大きく移行してきている。

この傾向は、スピーキングにも反映されており、ただ1人でスピーチするだけではなく、対話者とのインタラクションの中で、話すスキルが評価されるようになっている。例えば、TEAPのスピーキング試験は4つのパートから成り、パート1では、受験者が自分のことについて紹介するよう試験官から求められ、パート2では、逆に受験者が試験官にインタビューすることが求められる。さらにパート3では、与えられたテーマに関してスピーチすること、パート4では、試験官からの質問に答えることが要求される。

評価方法としては、ライティングの場合は4〜5観点から、スピーキングの場合は5観点から見て、点数が与えられる。ライティングの評価項目は、主題の把握（main ideas）、一貫性（coherence）、結束性（cohesion）、語彙の幅と正確さ（lexical range and accuracy）、そして文法の幅と正確さ（grammatical range and accuracy）である。スピーキングの評価項目は、発音（pronunciation）、文法の幅と正確さ（grammatical range and accuracy）、語彙の幅と正確さ（lexical range and accuracy）、流暢さ（fluency）、そして対話交流（interaction effectiveness）である。テスト後に生徒に与えられる評価は、全体評価と各観点からの評価になっているので、自己分析とともに、今後の学習計画を立てる上でも役立てることができる。

今後、TEAP型の大学入試が増えていくと予想されるが、そういった入試の変化とともに、通常授業の評価も変化していくことが望まれる。定期評価で観点別

評価方法を活用する際は、生徒にできるだけわかりやすい形で提示してあげることを考えるといいだろう。例えば、ライティングなら、「分量」、「内容」、「形式」の3観点から見て、それぞれ3点（3＝good　2＝fair　1＝poor）の評価とするとか、スピーキングなら、「音声」、「流暢さ」、「内容」、「形式」の4観点から見るといった具合である。特に重要視したい観点がある場合は、そこだけ加重することも可能である。

テスト実施の際は、問題形式と評価規準を事前に生徒に知らせておくことも大事な配慮となろう。また、評価結果は、授業目標達成度を判断する**総括的評価 (summative evaluation)** としてだけではなく、生徒の学習向上のための**形成的評価（formative evaluation）**として使えるようにすべきであろう。一人一人の生徒の努力すべきポイントを明確にしてあげて、次にトライしたときにどれだけ伸びているかを評価するシステムを体系化できるといいだろう。

ここ数十年の大学入学試験の移り変わりは、目まぐるしいものがある。長文読解問題は増える傾向にあり、その一つ一つの長文はより長くなる傾向にある。その他、細かな文法問題の減少、リスニング問題の導入、そして意味や文脈を考えなければ答えられない問題の増加など、従来型の訳読式授業ではもはや対応できないものが、種々取り入れられている。今後も、外部試験を積極的に活用するなどの動きが活発になり、より一層の変化が起こることは間違いないだろう。そういった状況の中で、いまだ「入学試験が変わらないから、授業スタイルを変えることができない」などの声も聞こえてくるが、もはやそんなことは言ってはいられないだろう。

「振り返りシート」の活用と「省察的実践」のすすめ

自らの実践を振り返ることで、結果を今後の行動に生かしていく試みとして、ここでは「振り返りシート」の活用と「省察的実践」について触れたい。

振り返りシートの活用

　授業でもテストでも、何かいつもと違うことを行ったならば、今後の参考のためにも、生徒の率直な反応や感想を積極的に聞いていきたいものである。授業中の生徒の様子や、授業後に聞かれる限られた感想だけを頼りにするのではなく、生徒全員のフィードバックを集めることを勧めたい。その際に役立つのが、「振り返りシート」である。

　図50（258ページ）に、振り返りシートのサンプルを掲載しておこう。ここではあえて最もシンプルなものを紹介している。教師が教えようとしていることと、生徒が実際に学ぶことが、必ずしも一致するわけではないので、生徒の正直な感想を聞くことは重要であろう。まず、「今日のクラスで自分が学んだと思うこと、または考えたこと」について書いてもらう。次に、授業改善や追加指導の情報として、「疑問に思ったり、もっと知りたいと思ったりしたこと」について答えてもらう。そして最後に、その他のコメントを自由に書いてもらうといった構成である。こういった振り返りシートを利用して、生徒の声を拾ってみると、普段気づかないことにいろいろ気づかされるに違いない。時には生徒の反応が励みになったり、逆に現実を突きつけられ落ち込んだりすることもあろうが、ジグザグに進む英語習得の過程と同じように、授業改善もさまざまな紆余曲折を経て、どんどん良い方向に進んでいけば、それでいいのだと思う。

図 50 ● 振り返りシート

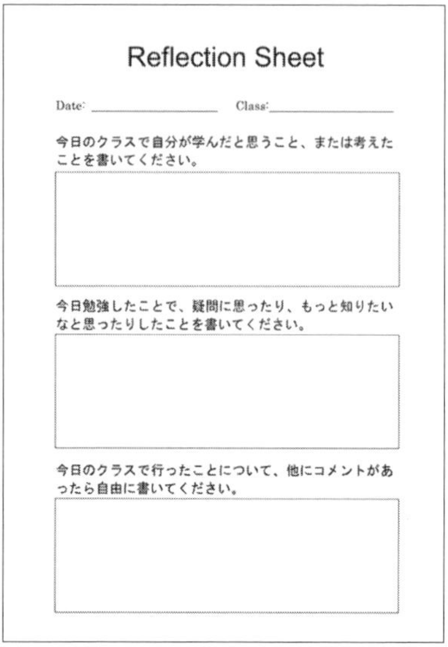
Reflection Sheet

Date: ________________ Class:________________

今日のクラスで自分が学んだと思うこと、または考えたことを書いてください。

今日勉強したことで、疑問に思ったり、もっと知りたいなと思ったりしたことを書いてください。

今日のクラスで行ったことについて、他にコメントがあったら自由に書いてください。

省察的実践のすすめ

振り返りシートの活用で期待されるのは、**省察的実践・反省的実践（reflective practice）**と呼ばれる行為である。経験したことを、単なる過去のできごとにするのではなく、今一度振り返って反省点を見出し、これからの行動に生かそうという試みである。我々は、行動している最中にも、自分と周りのことをモニターして省察を行っているが（**reflection in action**）、これに加えて、行動した後でも、改めて自分を振り返って反省している（**reflection on action**）。これらの省察はどちらも、自己向上の過程で欠かすことができない要因と考えられている。ここで大事なことは、単に何か行動を起こすというだけでは不十分であり、その後に振り返るという行為があって、初めて学びと成長が生まれるという点である。

図51に示されるように、教師はまず授業計画を立てて準備をした上で、授業を行う。忙しさに追われると、教師はついついこの計画と経験の間だけを行ったり来たりしてしまいがちだが、それでは授業はマンネリ化してしまい、生徒のニーズ、興味、関心等に答えることができなくなってしまう。ここに省察的実践を加えると、日頃何気なく行っている授業を深く観察、省察することができ、授業内

容を見直すきっかけとなっていく。そして、そうすることによって、授業準備の段階で新たな視点や工夫が加えられ、教師の授業経験が広がり、それがまた新たな観察と省察へとつながっていく。省察的実践は、研究や理論と実践をつなぐ役割も果たす。言語習得理論として学んだことを授業で実践し、その実践したことを振り返って、また新たな授業作りへと挑んでいく。この繰り返しが、永続的な学びと成長につながっていく。

図51 ● 省察的実践のサイクル

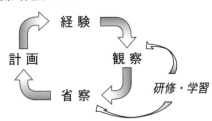

　実際、どのような省察をすべきなのか。省察の内容は、教育現場の状況によって多少変わってくるが、以下に、自問自答できる質問例を掲載しておくので、参考にしていただければと思う。

- 授業で自分はどのように教えたか。どういうステップを踏んだか。改善すべきステップはあったか。省いてもよさそうなステップはあったか。
- 授業でどういった活動を行ったか。その段取りは十分だったか。
- 生徒の応答に対してどう対応したか。より良い対応の仕方はあったか。
- 自分の授業に対してどのように感じたか。教師として満足のいくものであったか。何を学んだか。
- 授業中の英語使用と日本語使用は適切だったか。偏りや、甘えた部分が、教師・生徒のどちらの側にもなかったか。こう言えば良かったと思えることはあったか。
- 授業経験は自分が思い描いていた理想の授業のあり方と一致したか。何が一致して、何が一致しなかったか。また、それはなぜか。
- 自分の授業への考え方は、何かの理論や、通説・俗説、または他の教師の授業などによってどう影響を受けているか。
- どのようにしたら自分の理想とする授業に近づけるか。そのために何をすべきか。短期的に、また中・長期的に何ができるか。

なお、こういった質問に対して熟考して答えられるためには、普段から文献を読んで勉強したり、教育セミナーに参加したり、教員間で意見交換や勉強会をするなどして、自己研鑽を続けることが必要である。こういった自己研鑽なしでは、観察や省察の焦点が定まらず、せっかくの振り返りも単なる感想や感情の吐露で終わってしまう。あくまでも次の授業計画につなげるための振り返りなので、外からの見識や評価も十分に受けた上で、批判的かつ建設的な省察となることが求められる。

まとめ これからの英語教育への提案（Do's & Don'ts）

最後に、本書で主張してきたさまざまな議論や提案をまとめて、「すべきこと」（Do's）と「すべきでないこと」（Don'ts）を記しておきたい。英語教育全般に関して、全ての事柄を網羅できているわけではないが、読者の省察的実践の上で、参考にしていただければ幸いである。

「すべきこと」（Do's）

- 意味内容と文脈があり、既習事項と未習事項を織り交ぜ、生徒にとって理解が可能なインプットを、できるだけ豊富に提供する。
- ティーチャー・トークを通して授業を展開する。
- インタラクションの豊富な授業を心掛ける。インタラクションは、教師とクラス全体との間だけでなく、生徒同士、またティーム・ティーチングの際は、教師同士の掛け合いも含め、多面的に展開していく。
- 授業テーマに沿った形で、言語面と内容面の両方を考慮したタスクを活用する。
- アウトプット活動の際は、意味内容と発話コンテクストに十分配慮し、生徒にとって多少難しくとも、理解可能なアウトプットの産出ができるように支援していく。
- CLILの4つのC（Content, Communication, Cognition, Community）を意識した授業構成と展開を考える。
- 生徒に言語形式・意味内容・言語機能の3要素の結びつきを気づかせるフォーカス・オン・フォームの指導を、タイミングよく取り入れていく。
- リーディング指導では、全体 → 細部 → 全体、意味 → 形式 → 意味、インプット → インテイク → アウトプットの流れの授業展開を心掛ける。

- 授業活動と評価方法をできるだけ連動させていく。
- 振り返りを大事にした授業実践を繰り広げていく。

「すべきでないこと」(Don'ts)

- 生徒の完璧な理解を目指してインプットを制限し過ぎない。
- 機械的な練習活動に終始しない。
- 説明とインプットを混同しない。「インプットが主体で、説明は補助」の原則を逆にしない。
- インプット即アウトプットと勘違いして、インプットを不必要に制限したり、教えたことを全てアウトプットさせようと無理強いしたりしない。
- 定着を意識し過ぎて、覚え込ませるような指導はしない。
- 日本語の方が言いやすいし、わかりやすいからといって、安易に日本語に頼った授業を行わない。
- 教師が間違いを恐れて、英語を使うことをためらうようなことはしない。

Column 8 Shin (2012)

「英語は英語で」を阻む要因への挑戦

　新米教師が、「やはり英語は英語で教えたい」と張り切って新学期を始めても、その意気込みが急速に萎えてしまうことがある。なぜだろうか。また、そういった決意を大切にしつつ、能力ある教員を育てていくことはできないのだろうか。これは、英語教育改革を考える上で、避けて通れない課題である。Shin (2012) の研究は、韓国の英語教育現場の事例に焦点を当てて、この問題の原因究明を試みている。

　韓国では、日本よりも先んじて、英語は英語で教えていこうとする試みが政府主導で行われてきた。しかし、実際の教育現場では、まだまだこの呼びかけが定着していないようである。Shinの研究で研究対象となった教員は、教師歴がまだ3年未満の人たちだが、全員英語が堪能な韓国人の新人教師たちである。これらの教師たちは全員、学期初めから英語で授業を行うことを試みた。しかし、数週間、数カ月と経つうちに、皆そのスタイルをあきらめて、韓国語での英語授業へと移行してしまっている。Shinは、アンケートやインタビューを通してこれらの教師からデータを集め、その分析結果から、彼らが英語で授業をしなくなった理由として三つの要因を特定している。

　一つ目の要因は、環境的制約である。ここで言う環境的制約には、学年共通で行われる定期試験や、他の教師たちと歩調を合わせて授業内容や授業速度を考えなければならないことなどが含まれている。「一人前」の教師として認められるためには、自分の授業を進歩させる前に、まず他の教師と同じことができなければいけないといったプレッシャーがある。その結果、日々の忙しさに追われ、次第に気持ちが順応志向、安全志向へと傾いてしまい、わざわざ苦労して英語を使わなくても、という気持ちに陥っていくのである。

　二つ目の要因は、「学校文化」(school culture) である。この要因も広くは環境的要因の一部と考えられるが、ここでは特に、学校の持つ特有な雰囲気

などが含まれる。ある教師は、校長に呼び出され、大学と現場は違うので、ここでは他の先輩教員をしっかり見習って、現実の仕事に早く慣れるようにと注意を受けている。また、別の教師は、生徒主体の活動を授業で行っていて、他のクラスの迷惑になるので静かにするように注意されたり、英語で授業を行うことは、組織の調和を乱す傲慢な行為として捉えられ、肩身の狭い思いをしたりしている。そういった学校文化の中で、他の教師と違ったことをすることは、「独立宣言」もしくは「宣戦布告」とまで感じられるようになってしまい、やむなく「人と違う取り組み」に努力することをあきらめてしまうのである。

　そして三つ目の要因が、英語学習と教育に関する、他の教師と生徒の考え方である。これまでの教育経験に基づいて、多くの教師と生徒たちは、皆同じことを同じように学ぶ一斉授業を期待している。彼らは、母語を主体とした解説中心の授業が、最善の勉強方法であると信じている。その考え方に挑戦を突きつける試みは、他の教師からも生徒からも、効果的な勉強を妨げる危険な動きとして捉えられるのである。かくして、最初は意気込んで英語を使っていた教師も、この周りからの反発と攻撃で、次第にやる気を失っていく。理想と現実のギャップをどうにか埋めたいともがきながらも、孤立した厳しい環境の中で、いつしか初心が失われていく。そして、他の教師と同じように、母語主体で行う一斉授業の「一人前」となる道を歩んでいくようになるのである。

　この研究は韓国で行われたものであるが、現在の日本でも、かなり似た状況があちこちの教育現場で起こっているのではないだろうか。これまでは、英語での授業がなかなか浸透してこなかった理由として、教師の英語運用能力が挙げられることが多かった。しかし、Shinの研究は、たとえ教師に英語力があったとしても、英語で授業を運営することが想像以上に難しいということを示している。英語授業改革を実現するためには、教師の英語力の向上や入試の改革も必要だが、それ以上に、教師の態度の変革と教師間の協力が必要であることを、これらの教師の例は訴えている。教育現場は常に忙しく、日々与えられた仕事をこなすだけで精一杯ということも少なくない。そこに授業改革などと言われたら、反発する教師が出てきても不思議ではないだろう。だが、教師が「教育環境を変えることは厄介だ」といった態度では、生徒を本当に立派な人材に育てていくことはできないだろう。強い志の教師が１人立ち上がり、そこに連帯の輪を広げて教育改革を進めるより他に、前進の道はないだろう。

　この論文のタイトルは"It cannot be done alone"、つまり「英語教育改

革は1人では成し得ない」である。確かにその通りである。しかし、問われるべきなのは、It cannot be done alone <u>at the beginning</u> なのかどうかということである。最後までずっと（<u>until the very end</u>）1人では成し得ないのは事実だろう。しかし、最初から1人ではできないと考えるべきではない。誰かが始めるのを待っていても、いつまで経っても何事も始まらないからである。いつか、そのうち、どこからか協力者が現れるのを待っていても、何の動きもないところにひょっこり協力者は現れてはこない。何事においても、勇気と信念がある1人が最初に立ち上がって初めて事が動き始め、理解の輪が徐々に広まっていき、協力者が生まれてくるのではないだろうか。本物の味方は、考え行動する人の周りにしか集まらない。

　さまざまな制約がある中で、できないこともあれば、できることも何か必ずあるはずである。例えば、生徒間で自由に話し合える small talk の活動を、毎週少なくとも一回は取り入れてみる。各課の最初に、内容重視のオーラル・イントロダクションを行って、生徒の反応を見てみる。例文を提示する際は、何か面白みのある内容の例文を取り入れてみる。定期テストでも、一つでもいいから内容重視の問題を取り入れて、生徒の英語使用能力の実態について見てみる。最初はボーナス・ポイントとして新しい問題を試してみて、問題の効果を検証し、同僚教師たちと分かち合ってみる。どのような努力をするにしても、要は、一旦点いた「改革」という火種を絶やさずに、地道な努力を継続し、その動きを少しずつでも広げていくことである。

　Shinの研究では、英語で授業を行うことをあきらめてしまった教師を研究対象としている。しかし、韓国、日本両国で、苦境にめげずに挑戦し続け、新境地を開拓していった教師はあちこちに存在するはずである。そういった教師たちは、なぜ自分たちの信念を貫いたのか。どういった努力をしたのか。どんな要因が関係しているのか。そのようなことを解明する研究も、今後大いに期待されるだろう。筆者が望むところは、本書の読者の中で1人でも多くの教師が、その研究対象となるような模範の教師となってくれることである。そういった理想高き教師が、後に続く若手の教師たちを温かく見守り、ともに成長していってほしいと願う。

　It cannot be done alone. And that is all the more reason why we, each of us, have to continue our challenges so as not to leave anybody alone. Let's hang in there!!

第8章

索引

あ

曖昧さの許容性
（tolerance of ambiguity）………… 249
アカデミック英語能力試験（Test of English for Academic Purposes: TEAP）
…………………………… 255
足場がけ（scaffolding）………… 63, 200
暗示的知識（implicit knowledge）……… 47
暗示的な手法（implicit attention-attracting technique）……… 64

い

意識高揚タスク
（consciousness-raising task）………… 60
意味交渉（negotiation of meaning）… 58, 61
意味重視の教授法
（focus on meaning）………… 51
意味内容（meaning）………… 14
インタラクション強化
（interaction enhancement）………… 62
インタラクティブ処理
（interactive processing）………… 172
インテイク（intake）………… 245
インプット（input）………… 244
インプット強化
（input enhancement）………… 59
インプット洪水（input flood）………… 59

お

オーセンティシティー（authenticity）…… 79
オーラル・インタラクション
（oral interaction）………… 183
オーラル・イントロダクション
（oral introduction）………… 183

オンライン・プランニング
（online planning）………… 62

か

外国人言葉（foreigner talk）………… 106
概念マッピング
（concept / mind mapping）………… 184
隠れたカリキュラム
（hidden curriculum）………… 241
仮説検証機能（hypothesis-testing function of output）………… 246
活動後の振り返り
（post-task reflection）………… 63
観察の徒弟制
（apprenticeship of observation）…… 69

き

記述文法（descriptive grammar）…… 162
気づき（noticing）………… 52
気づき促進機能
（noticing function of output）…… 145, 246
規範文法（prescriptive grammar）…… 162
強制アウトプット（pushed output）… 151
協働学習（collaborative learning）…… 63

け

形式・意味・機能の結びつき（form-meaning-function connection）……… 17
形式交渉（negotiation of form）…… 58, 61
形式重視の教授法（focus on forms）… 51
形成的評価（formative evaluation）… 256
言語機能（function）………… 14
言語形式（form）………… 14
言語習得装置
（Language Acquisition Device）…… 244
言語についての知識

(knowledge about language) ……… 47
言語の知識
(knowledge of language) ……………… 47
言語不安（language anxiety）……… 80

【こ】

広範型フォーカス・オン・フォーム
(extensive focus on form) ……… 55
コミュニケーション能力
(communicative proficiency) ………… 17
コンピテンス基盤型教育
(competency-based education) …… 277

【さ】

再構築（restructuring）……………… 245
サイト・トランスレーション
(sight translation) ……………………… 184
先取り型フォーカス・オン・フォーム
(proactive focus on form) ……… 56
産出能力（productive skills）………… 245

【し】

自己主導型フォーカス・オン・フォーム
(self-initiated focus on form) ……… 58
集中型フォーカス・オン・フォーム
(intensive focus on form) ……… 55
受動能力（receptive skills）………… 245
自律性（learner autonomy）………… 80
自律要約法
(autonomous summarizing) …………… 60

【す】

推測読み（predicting）……………… 183
スキーマ（schema）………………… 169
スキミング（skimming）…………… 183
スキャニング（scanning）…………… 183

【せ】

省察的実践・反省的実践

(reflective practice) ………………… 258

【そ】

総括的評価
(summative evaluation) ……………… 256
相互補完モデル（interactive-
compensatory model）……………… 173

【た】

体験的学習（experiential learning）…… 42
他者主導型フォーカス・オン・フォーム
(other-initiated focus on form) ……… 58
多重知能（multiple intelligences）……… 77
タスク（task）…………………………… 17
タスク後のモデル提示
(post-task modeling) ………………… 63
タスク中心教授法（Task-Based
Language Teaching: TBLT）……… 49
タスクの繰り返し（task repetition）…… 63
タスクの複雑さ
(task complexity) …………………… 60

【ち】

知識基盤社会
(knowledge-based society) ………… 276
チャンク・リーディング
(chunk/phrase/slash reading) …… 184
中間言語（interlanguage）…………… 52
聴衆意識（audience awareness）……… 63

【て】

ティーチャー・トーク
(teacher talk) ……………………… 106
ディクトグロス（dictogloss）………… 62

【と】

統合化（integration）………………… 245
統合型フォーカス・オン・フォーム
(integrated focus on form) …………… 57

267

読解ストラテジー
(reading strategies) ……………… 180
トップダウン処理
(top-down processing) …………… 172

な

内容中心教授法（Content-Based
Language Teaching: CBLT）……… 49

は

パラグラフ・リーディング
(paragraph reading) ……………… 184
反応型フォーカス・オン・フォーム
(reactive focus on form) …………… 56

ひ

ピア・エディティング（peer editing）… 63
ピア・チューターリング
(peer tutoring) …………………… 63

ふ

フォーカス・オン・フォーム
(focus on form) ………………… 2, 51
フォーカス・オン・フォームズ
(focus on forms) ………………… 2, 51
フォーカス・オン・ミーニング
(focus on meaning) ……………… 2, 51
複合シラバス（mixed syllabus）…… 98
プレタスク・プランニング
(pre-task planning) ……………… 62
プロセス・ライティング
(process writing) ………………… 182
プロンプト（prompt）……………… 61
分析的学習（analytic learning）…… 42
文法・語彙説明 ……………………… 59

ほ

ボトムアップ処理
(bottom-up processing) …………… 172

ま

学ぶために読む（reading to learn）… 186

め

明示的知識（explicit knowledge）…… 47
明示的な手法（explicit attention-directing technique）………………………… 64
メタ言語知識
(metalinguistic knowledge) ……… 47
メタトーク（metatalk）……………… 61

も

「森から木へ」の指導法 …………… 181

ゆ

誘導要約法（guided summarizing）… 60

よ

養育者言葉（parentese）…………… 106
4つのC（4Cs）……………………… 75
読むことを学ぶ（learning to read）… 186

ら

ラウンド制指導 ……………………… 181

り

リキャスト（recast）………………… 61
流暢さ向上機能
(fluency function of output) ……… 245

れ

連続型フォーカス・オン・フォーム
(sequential focus on form) ………… 57

ろ

ロールモデル（role model）………… 70

B

Bilingual CLIL ·· 86

C

CEFR（Common European Framework of Reference）············ 176
Cognition ·· 75
Communication ·· 75
CommunityまたはCulture················ 75
Content ··· 75
Content and Language Integrated Learning（内容言語統合型学習）······ 72

E

EIL（English as an International Language）·· 89
ELF（English as a Lingua Franca）···· 89

G

GE（Global English）························ 89
given-new原則
（given-new principle）······················ 27

H

Hard CLIL ·· 85
Heavy CLIL ·· 86

L

Light CLIL ·· 86

M

Monolingual CLIL ······························· 86

P

Partial CLIL ··· 86
PPPアプローチ（Presentation-Practice-Production Approach）········ 90

R

reflection in action ···························· 258
reflection on action ··························· 258

S

Soft CLIL ··· 85

T

Total CLIL ··· 86

参考文献

Birdsong, D. (Ed.)(1999). Second language acquisition and the critical period hypothesis. Mahwah, NJ: Lawrence Erlbaum.

Blanchard, K. & Root, C. (1996). The power of music (pp.147-152). For your information. New York. Addison-Wesley Publishing Company.

Bostwick, M. (2005). Two languages, many worlds. In M. Bostwick (Ed.), Katoh Gakuen symposium report (pp.15-27). Numazu, Shizuoka: Katoh School.

Bransford, J. D., & Johnson, M. K. (1972). Contextual prerequisites for understanding: Some investigations of comprehension and recall. Journal of Verbal Learning and Verbal Behavior, 11(6), 717-726.

Bygate, M., Skehan, P., & Swain, M. (Eds.)(2001). Researching pedagogic tasks: Second language learning, teaching, and testing. Harlow: Pearson Education.

Celce-Murcia, M., & Larsen-Freeman, D. (1999). The grammar book: An ESL/EFL teacher's course. 2nd edition. Boston: Heinle and Heinle.

Charkova, K. D., & Halliday, L. J. (2011). Second- and foreign-language variation in tense backshifting in indirect reported speech. Studies in Second Language Acquisition, 33, 1-32.

Cook, V. (2001). Second language learning and language teaching. London: Arnold.

Crystal, D. (2003). English as a global language. Cambridge: Cambridge University Press.

DeKeyser, R. (2000). The robustness of critical period effects in second language acquisition. Studies in Second Language Acquisition, 22, 499-533.

DeKeyser, R. (Ed.)(2007). Practice in a second language: Perspectives from applied linguistics and cognitive psychology. Cambridge: Cambridge University Press.

Di Pietro. (1987). Strategic interaction: Learning languages through scenarios. New York: Cambridge University Press.

Dörnyei, Z., & Murphey, T. (2003). Group dynamics in the language classroom. Cambridge: Cambridge University Press.

Doughty, C. (2001). Cognitive underpinnings of focus on form. In P. Robinson (Ed.), Cognition and second language instruction (pp.206-257). Cambridge: Cambridge University Press.

Doughty, C., & Long, M. (2003). Optimal psycholinguistic environments for distance foreign language learning. Language Learning and Technology, 7, 50-80. Available at <http://llt.msu.edu/vol7num3/doughty/>.

Doughty, C., & Long, M. (Eds.)(2003). The handbook of second language acquisition. MA: Blackwell.

Doughty, C., & Williams, J. (1998)(Eds.), Focus on form in classroom second language acquisition. New York: Cambridge University Press.

Echevarria, J., Vogt, M. E., & Short, D. (2008). Making content comprehensible for English learners: The SIOP model. Boston: Pearson/Allyn & Bacon.

Ellis, N. (2005). At the interface: Dynamic interactions of explicit and implicit language knowledge. Studies in Second Language Acquisition, 27, 305-352.

Ellis, R. (1999). Learning a second language through interaction. Philadelphia: John Benjamins.

Ellis, R. (2003). Task-based language learning and teaching. Oxford: Oxford University Press.

Ellis, R. (2008). The study of second language acquisition. 2nd edition. Oxford: Oxford University Press.

Ellis, R. (Ed.)(2005). Planning and task performance in a second language. Philadelphia: John Benjamins.

Fukuda, T., Sakata, H., & Takeuchi, M. (2011). Facilitating autonomy to enhance motivation: Examining the effects of a guided-autonomy syllabus. Electronic Journal

of Foreign Language Teaching, 8(1), 71-86.
Gardner, H. (1999). Intelligence reframed: Multiple intelligences for the 21st century. New York: Basic Books.
Gass, S. (1997). Input, interaction, and the second language learner. Mahwah, NJ: Lawrence Erlbaum.
Gass, S. (2013). Second language acquisition: An Introductory course. 4th edition. KY: Routledge.
Hanaoka, O, & Izumi, S. (2012). Noticing and uptake: Addressing pre-articulated covert problems in L2 writing. Journal of Second Language Writing, 21:4, 332-347.
Hanaoka, O. (2006). Exploring the role of models in promoting noticing in L2 writing. JACET Bulletin, 42, 1-13.
Hanaoka, O. (2007). Output, noticing, and learning: An investigation into the role of spontaneous attention to form in a four-stage writing task. Language Teaching Research 11, 4, 459-479.
Hanaoka, O. (2012). Spontaneous attention to form in EFL writing: The role of output and feedback texts. Unpublished Ph.D. dissertation, Sophia University.
Hinkel, E. (Ed.)(2005). Handbook of research in second language teaching and learning. Mahwah, NJ: Laurence Erlbaum.
Hoekstra A.Y.(2003). Virtual water: An introduction. In A.Y. Hoekstra(Ed.), Virtual water trade proceedings of the international expert meeting on virtual water trade, Value of water research report series No. 12, 13
Ikeda, M., Pinner, P., Mehisto, P., & Marsh, D. (Eds.)(2013). Special issue on CLIL in Japan. International CLIL Research Journal, 2(1), Available at <http://www.icrj.eu/21/contents.html>
Izumi, S, Miura, D., & Machida, S. (2016). Beliefs, learning strategies, teaching practices, and confidence of EFL teachers in Japan. Sophia Linguistica, 63, 117-147.
Izumi, S, Shiwaku, R., & Okuda, T. (2011). Beliefs about language learning, learning strategy use, and self-efficacy/confidence of EFL learners with and without living-abroad experience. Sophia Linguistica, 59, 151-184.
Izumi, S. (2002). Output, input enhancement, and the Noticing Hypothesis: An experimental study on ESL relativization. Studies in Second Language Acquisition, 24, 541-577.
Izumi, S. (2003). Comprehension and production processes in second language learning: In search of the psycholinguistic rationale of the Output Hypothesis. Applied Linguistics, 24, 168-196.
Izumi, S. (2013). Noticing and L2 Development: Theoretical, Empirical, and Pedagogical Issues. In J. M. Bergsleithner, S. N. Frota, & J. K. Yoshioka, (Eds.), Noticing and second language acquisition: Studies in honor of Richard Schmidt (pp. 25-38). Honolulu: University of Hawai'i, National Foreign Language Resource Center.
Lee, J-H. & Macaro, E. (2013). Investigating age in the use of L1 or English-only instruction: Vocabulary acquisition by Korean ESL learners. The Modern Language Journal 97, 4, 887-901.
Levelt, W. (1989). Speaking: From intention to articulation. Cambridge, Mass.: The MIT Press.
Lightbown, P., & Spada, N. (2013). How languages are learned. 4th edition. Oxford: Oxford University Press.
Long, M. (1991). Focus on form: A design feature in language teaching methodology. In K. de Bot, C. Kramsch & R. Ginsberg (Eds.), Foreign language research in cross-cultural perspective (pp.39-52). Amsterdam: John Benjamins.

Long, M. (1996). The role of the linguistic environment in second language acquisition. In W. Ritchie & T.K. Bhatia (Eds.), Handbook of second language acquisition (pp.413-468). New York: Academic Press.

Long, M. (2006). Problems in SLA. Mahwah, NJ: Lawrence Erlbaum.

Long, M. (2009). Methodological principles for language teaching. In M. H. Long & C. J. Doughty (Eds.), The handbook of language teaching (pp. 373-394). Malden, MA: Wiley-Blackwell.

Long, M. (Ed.) (2005). Second language needs analysis. Cambridge: Cambridge University Press.

Lyster, R. (2007). Learning and teaching languages through content: A counterbalanced approach. Amsterdam: John Benjamins.

Mackey, A. (Ed.)(2007). Conversational interaction in second language acquisition: A collection of empirical studies. Oxford: Oxford University Press.

Mehisto, P., Marsh, D. & Frigols, M.J. (2008). Uncovering CLIL. Macmillan Education.

Ogawa, E. & Izumi, S. (2015). Belief, strategy use, and confidence in L2 abilities of EFL learners at different levels of L2 proficiency. JACET Journal 59, 1-18.

Ortega, L. (2009). Understanding second language acquisition. London: Routledge.

Richards, J. C., & Rodgers, T. S. (2001). Approaches and methods in language teaching: Cambridge: Cambridge University Press.

Robinson, P. (Ed.)(2001). Cognition and second language instruction. Cambridge: Cambridge University Press.

Robinson, P. (Ed.)(2002). Individual differences and instructed language learning. Amsterdam: John Benjamins.

Samuda, V., & Bygate, M. (2008). Tasks in second language learning. London: Palgrave.

Sasayama, S., & Izumi, S. (2012). Effects of task complexity and pre-task planning on Japanese EFL learners' oral production. In A. Shehadeh & C. A. Coombe (Eds.), Task-based language teaching in foreign language contexts: Research and implementation (pp. 23-42). Amsterdam: John Benjamins.

Sato, M., & Lyster, R. (2007). Modified output of Japanese EFL learners: Variable effects of interlocutor versus feedback types. In A. Mackey (Ed.), Conversational interaction in second language acquisition: A collection of empirical studies (pp. 123-142). Oxford: Oxford University Press.

Scharle, A. & Szabo, A. (2000). Learner autonomy: A guide to developing learner responsibility. Cambridge: Cambridge University Press.

Shin, S-K. (2012). "It cannot be done alone": The socialization of novice English teachers in South Korea. TESOL Quarterly, 46: 3, 542-567.

Storch, N. (2002). Patterns of interaction in ESL pair work. Language Learning, 52:1, 119-158.

Van den Branden, K. (Ed.)(2006). Task-based language education: From theory to practice. Cambridge: Cambridge University Press.

VanPatten, B. (Ed.) (2004). Processing instruction: Theory, research, and commentary. Mahwah, NJ: Lawrence Erlbaum.

Wajnryb, R. (1990). Grammar dictation. Oxford: Oxford University Press.

Williams, J. (2005). Form-focused instruction. In E. Hinkel (Ed.). Handbook of research in second language teaching and learning (pp.671-691). Mahwah, NJ: Laurence Erlbaum.

Willis, D., & Willis, J. (2007). Doing task-based teaching. Oxford: Oxford University Press.

Yonezaki, M., & Ito, H. (2012). A study on the effectiveness of oral reading activities to improve speaking ability. JACET Journal, 55, 93-110.

池田真 (2011a)「CLILの基本原理」渡部良典、池田真、和泉伸一（編）『CLIL（内容言語統合型学習）：上智大学外国語教育の新たなる挑戦―第1巻 原理と方法』(pp.1-13) 上智大学出版

池田真、渡部良典、和泉伸一（編）(2016)『CLIL（内容言語統合型学習）：上智大学外国語教育の新たなる挑戦―第3巻 授業と教材』上智大学出版

和泉伸一 (2009)『「フォーカス・オン・フォーム」を取り入れた新しい英語教育』大修館書店

和泉伸一 (2013)「英語学習における「正確さ」と「流暢さ」の関係とは」『英語教育』October, Vol.62, No.7, pp.10-13

和泉伸一 (2014a)「SLAの視点から見た『定着』の意味」『英語教育』June, Vol.63, No.3, pp.10-12

和泉伸一 (2014b)「ティーチャー・トークのすすめ：即興で対応できる英語力のトレーニング」『英語教育』Vol. 63, No. 8, pp.34-37

和泉伸一、池田真、渡部良典（編）(2012)『CLIL（内容言語統合型学習）：上智大学外国語教育の新たなる挑戦―第2巻 実践と応用』上智大学出版

大石晴美 (2006)『脳科学からの第二言語習得論』昭和堂

太田洋 (2012)『英語の授業が変わる50のポイント』光村図書出版

笠島準一・関典明、他 (2016)『NEW HORIZON English Course 1, 2, 3』東京書籍

門田修平 (2007)『シャドーイングと音読の科学』コスモピア

門田修平、野呂忠司、氏木道人（編著）(2010)『英語リーディング指導ハンドブック』大修館書店

金谷憲（編著）(2012)『高校英語教科書を2度使う！ 山形スピークアウト方式』アルク

金谷憲・高知県高校授業研究プロジェクト・チーム (2004)『高校英語教育を変える 和訳先渡し授業の試み』三省堂

鈴木寿一 (2007)「コミュニケーションのための基礎力と入試に対応できる英語力を育成するための効果的な指導法―ラウンド制指導法」http://www.kufs.ac.jp/nishiko/SELHi/pdf/H18_ReferenceData.pdf

鈴木寿一、門田修平 (2012)『英語音読指導ハンドブック―フォニックスからシャドーイングまで』大修館書店

高橋貞雄 (2012)『NEW CROWN ENGLISH SERIES 1, 2, 3』三省堂

竹内理 (2003)『より良い外国語学習法を求めて―外国語学習成功者の研究』松柏社

田中武夫、田中知聡 (2009)『英語教師のための発問テクニック―英語授業を活性化するリーディング指導』大修館書店

中経出版 (2004)『English Zone No. 7』中経出版

中嶋洋一 (1997)『英語のディベート授業30の技』明治図書出版

中嶋洋一 (2000)『学習集団をエンパワーする30の技』明治図書出版

西林克彦 (2006)『わかったつもり：読解力がつかない本当の原因』光文社新書

松本茂、鈴木健、青沼智 (2009)『英語ディベート 理論と実践』玉川大学出版部

三浦孝, 中嶋洋一, 池岡慎 (2006)『ヒューマンな英語授業がしたい！：かかわる、つながるコミュニケーション活動をデザインする』研究社

三浦孝、弘山貞夫、中嶋洋一（編著）(2002)『だから英語は教育なんだ―心を育てる英語授業のアプローチ』研究社

南出康世、他 (2002)『POLESTAR English Course I』数研出版

村野井仁 (2006)『第二言語習得研究から見た効果的な英語学習法・指導法』大修館書店

森岡裕一、他 (2011)『BIG DIPPER English Course I』数研出版

吉田研作、狩野晶子、和泉伸一、清水崇文、他 (2015)「小学校・中学校・高等学校におけるALTの実態に関する大規模アンケート調査研究中間報告書」上智大学. Available at <pweb.cc.sophia.ac.jp/1974ky/>.

吉田研作、柳瀬和明 (2003)『日本語を活かした英語授業のすすめ』大修館書店

米山朝二、他 (2008)『Genius English Course II Revised』大修館書店

米山朝二、他 (2015)『Genius English Communication I』大修館書店

渡部良典、池田真、和泉伸一（編）(2011)『CLIL（内容言語統合型学習）：上智大学外国語

教育の新たなる挑戦―第1巻 原理と方法』上智大学出版
和田玲 (2009)『5STEPアクティブ・リーディング―単語・聴解・読解・音読・確認』アルク
和田玲 (2010)『論理を読み解く英語リーディング』アルク

和泉　伸一（いずみ　しんいち）

上智大学外国語学部英語学科・言語科学大学院教授（第二言語習得、英語教育学）。ジョージタウン大学博士課程修了。Ph.D.（応用言語学）。ハワイ大学、オークランド大学（ニュージーランド）、ウィラメット大学（アメリカ、オレゴン州）客員研究員等を経て現職。主な単著に『英語学習の「新常識」』（大修館書店）、『フォーカス・オン・フォームとCLILの英語授業：生徒の主体性を伸ばす授業の提案』（アルク）、『「フォーカス・オン・フォーム」を取り入れた新しい英語教育』（大修館書店）、共著に『実践例に学ぶ！ CLILで広がる英語授業』（大修館書店）、『CLIL：内容言語統合型学習：上智大学外国語教育の新たなる挑戦』全3巻（上智大学出版）、『コミュニカティブな英語教育を考える：日本の教育現場に役立つ理論と実践』（アルク）、*Soft CLIL and English Language Teaching: Understanding Japanese Policy, Practice and Implications*（Routledge）などがある。他に、中学校検定英語教科書『New Horizon English Course』（東京書籍）編集代表委員、日本英語検定協会「研究助成制度」選考委員、東京都英語村（Tokyo Global Gateway）企画運営委員会副委員長、ベネッセ教育総合研究所 英語教育研究会（ARCLE）委員なども務める。

撮影：著者。本書執筆当時に滞在していたニュージーランド・オークランドにて。

終わりに

　リーディング指導では、細部を注意深く読み込む「虫の目」だけでなく、全体感をしっかりとつかむ「鳥の目」の視点が必要であることを述べた。本書を締めくくるに当たり、それに習って、最後に鳥のように空高く飛翔して、世界史的な視点から英語教育を考えてみたい。

　世界史の流れは、長い期間続いた農耕社会（agricultural society）から産業社会（industrial society）へと移り変わり、社会構造は一変した。農耕社会の時代、人々は自然とともにつつましく暮らしつつも、自然の猛威に翻弄されてもいた。しかし、18世紀半ばから19世紀にかけて起こった産業革命で、モノの生産と流通を基盤とする産業社会が築かれた。この社会変革は、それまで自然の摂理に振り回されていた人々を救い、より安定した生活へと導いた。しかし、それと同時に、人間は単調で創造性に欠いた労働を強いられることになる。大量生産と大量消費が加速する中で、過度の合理化と効率主義が追求され、その結果、人間も機械のように扱われ、環境破壊もどんどん進行していった。

　そして、20世紀を経て21世紀となる現代では、モノを基軸とした産業社会を経て、知識や情報の獲得、創造、活用を基盤とする**知識基盤社会（knowledge-based society）**へと移行してきていると言われている。知識基盤社会と言うと、たくさんの知識の獲得が重要な時代と勘違いされかねないが、重要なのは、単なる知識の獲得ではなく、幅広く得た知識を使って、いかに未知の課題に対応できるかである。コンピューターやインターネットが高度に発達した社会では、知識や情報そのものを入手することはさほど難しくなく、大事なのは信頼できる情報の入手と選択であり、それに基づいて価値的なアイデアを創出することである。それには、知識に振り回されずに、うまく使いこなしていけるだけの思考力、創造性、柔軟性、適応力などが問われることになる。そういった意味からも、知識基盤社会というより知恵基軸社会と呼んだ方がふさわしいのかもしれない。

　このような世界史的流れの中で、教育はどう変化していっているのか。産業社会の発達の中で、その社会的ニーズに合った大衆型の学校制度が

生まれた。そこでは、生徒たちが皆一つの「正解」を得られるように、しかも決められた時間の中で大量に学べるようにと配慮されてきた。初めから与えられた正解があるので、疑問を挟む余地はなく、個性や独自のアイデア、工夫といったことも尊ばれない。逆に、そういった行為は、全体の調和を乱すものとして忌み嫌われた。また、教科教育では、それぞれの領域に特化した、固有の知識の伝授が重んじられた。そして、個別に学んだ知識が、コンテクストやタスクが変わろうとも、当然活用され得ると信じられてきた。しかし、時代の流れの中で、従来型の授業内容やテスト結果では、人の能力や成功、活躍といったものを、うまく予測できないことが明らかになってきた。苦労して積み重ねた知識も、応用してさまざまな問題を解決する能力へとは結びついていなかったのである。

　世界は今、グローバル化、技術革新、情報化、相互依存化が進み、不確実性が増す社会へと変わってきた。こういった歴史的変化の中で、現代の知識基盤・知恵基軸社会の教育は、狭く固定的な知識の注入を超越した、汎用性の高い能力（competency）の育成に注目が集まっている。**コンピテンス基盤型教育（competency-based education）** への転換である。「何を知っているか」から「何ができるのか」、また「どのような課題を成し遂げられるか」へのパラダイム・シフトである。そういった教育は、教師が一方通行に「教える」という視点から、生徒が何をいかに「学ぶ」のかという視点への切り替えを意味している。

　我々の従事する英語教育も、こういった大きな世界的潮流の中で存在している。その置かれた状況で、英語教育のあるべき姿とは、どのようなものなのか。グローバル社会における英語の役割については、EFL・ESLを越えた、EILへと発展してきていることは前述したが、このグローバル社会で、コミュニケーション手段として欠かせない英語を、今後どのように教えていくべきなのか。もし産業社会を支えた英語教育が、「正解」だけにこだわった、訳読と暗記中心の一斉授業だったとしたならば、知識基盤・知恵基軸社会を支える英語教育の姿は、どうあるべきなのか。答えは、おのずとCLIL的な教育へとつながっていると筆者は

考える。言葉を価値ある内容学習と密に結びつけて、他者との協学を奨励し、生徒個人個人の豊かな創造性を刺激して、ともに分かち合う教育である。そうしたCLILの豊かな英語学習環境の中で、形式・意味・機能を結びつけて言語習得を助けるフォーカス・オン・フォームの指導を取り入れた言語教育こそ、今最も求められている教育形態ではないだろうか。

　「話す辞書」や機械翻訳などの技術が進む中で、外国語学習はもう必要ないのではないかといった声もちらほら聞こえてくる。時代が目まぐるしく変遷する中で、英語科のあり方を改めて見つめ直し、言葉とコミュニケーションについて考えていくことは、とても重要であるだろう。本書の目的は、そういった教育のあり方を探ることであり、単なる方法論や技術論を語ろうとしているのではない。変わろうとする力と、それを拒もうとする力がある中で、日本の英語教育をより良い方向に変革することに少しでも貢献したいというのが、筆者の正直な願いである。変化に富み、さまざまな課題を抱えた時代だからこそ、我々英語教師はより一層活躍することができるだろうし、その中で能力も最大限に開花させることができるだろう。生徒のために、我々教師が地道に努力し働くことは、必ず社会に大きく貢献することと信じて止まない。

　時代の移り変わりを見極めていくことはもちろん大事である。同時に、時代は変わっても、変わらずに大事なことがあることも忘れてはならないだろう。教育で言えば、生徒が教師の姿から根本的な「生き方」や「あり方」を学んでいるということは、いつの時代も変わらぬことである。CLILとフォーカス・オン・フォームを取り入れた英語授業を実践する上で、まず何よりも、教師自身が真のコミュニケーション手段として、率先して楽しく英語を使っていくことが大事だろう。その姿をもって、生徒のモチベーションをかき立て、彼らの英語発話への勇気と意欲を存分に引き出していってもらいたい。そうした中でこそ初めて、他の創意工夫や、授業準備が最大限に生きてくるからである。

　CLILの展開学習を考えるとき、一つの大きな指針は、"Think globally, act locally."（「地球規模で考え、足もとから行動せよ」）であると書いた。

この言葉は、英語教育や教師のあり方を考える上でも当てはまる。広く、大きく、高い次元で英語教育について考えた上で、今いるその場所で、目の前の生徒たちと何をしていくのか。それが、今我々一人一人に問われている。

2016年3月
和泉 伸一

アルク選書シリーズ

フォーカス・オン・フォームとCLILの英語授業

発行日　2016 年 4 月 12 日（初版）
　　　　2024 年 10 月 10 日（第 5 刷）

著者　　和泉伸一
編集　　株式会社アルク 文教編集部、松川香子
英文校正　Peter Branscombe、Margaret Stalker
写真　　和泉伸一、アフロ、ピクスタ
デザイン　松本君子
DTP　　株式会社創樹
印刷・製本　萩原印刷株式会社
発行者　天野智之
発行所　株式会社アルク
　　　　〒 141-0001　東京都品川区北品川 6-7-29　ガーデンシティ品川御殿山
　　　　Website：https://www.alc.co.jp/

地球人ネットワークを創る
アルクのシンボル
「地球人マーク」です。

落丁本、乱丁本は弊社にてお取り替えいたしております。
Web お問い合わせフォームにてご連絡ください。
https://www.alc.co.jp/inquiry/

本書の全部または一部の無断転載を禁じます。著作権法上
で認められた場合を除いて、本書からのコピーを禁じます。
定価はカバーに表示してあります。
ご購入いただいた書籍の最新サポート情報は、以下の「製
品サポート」ページでご提供いたします。
製品サポート：https://www.alc.co.jp/usersupport/

©2016 Shinichi Izumi / AFLO / PIXTA / ALC PRESS INC.
Printed in Japan.
PC：7016031
ISBN：978-4-7574-2805-8